Dr. Alexander Milicevic

Intelligent Erben und Vererben

Die hohe Schule des Estate Planning

Vermögensübertrag · Vermögensschutz · Finessen in Sachen Steuern
Stiftungen und Schenkungen · Der Letzte Wille · Das Testament

Autor: Dr. Alexander Milicevic

Verlag: Wirtschaftsverlag W.V. GmbH, 98527 Suhl
www.wirtschaftsverlag-suhl.de

ISBN 978-3-936652-46-8
1. Auflage

1. DAS ESTATE PLANNING oder DIE HOHE SCHULE DER VERMÖGENS- UND NACHLASSPLANUNG

Die Nachricht, die in vielen Zeitungen und Zeitschriften publiziert wurde, erregte die Gemüter: Wir leben in einer Periode in Deutschland, da die ältere Generation, die Nachkriegsgeneration, im Moment die Zügel abgibt. *Jedes Jahr* werden deshalb rund 400 Milliarden Euro vererbt.[1] Die Nachkriegsgeneration, die buchstäblich goldene Jahre nach 1945 erlebte, tritt ab. Eine neue Generation übernimmt das Ruder. Milliardenvermögen wechseln den Besitzer. Es wird sich um eine der größten Besitz- und Machtverschiebungen in Deutschland handeln, die man sich vorstellen kann. In vielen Unternehmen wird kein Stein auf dem anderen bleiben. Es werden völlig neue kluge (und törichte) Entscheidungen getroffen werden. Eine vollkommen neue Denke wird teilweise Einzug halten.

Damit sehen wir uns auf dem wirtschaftlichen Parkett einer gewaltigen Herausforderung gegenüber. Denn im Einzelfall ist ein höchst umfangreiches Know-how notwendig, um diesen Transfer von Geld, Macht und Besitztümern reibungslos und vor allem *intelligent* zu bewerkstelligen. Eine regelrecht neue Disziplin ist hierzu notwendig, die man „Estate Planning" nennt, was wörtlich übersetzt so viel bedeutet wie „Nachlassplanung". Das Estate Planning umfasst in Wahrheit jedoch *sehr* viel mehr. In den Kreisen renommierter Vermögensverwalter und Finanzberater wird sie als die Königsdisziplin der Finanzberatung betrachtet, weil viel spezielles Know-how notwendig ist.

In dem vorliegenden Buch werden Sie über dieses Know-how informiert. Mit anderen Worten: Man kann Besitztümer und Gelder klug übereignen – oder bedeutende Fehler dabei begehen. Was sind die „richtigen" Maßnahmen? Drehen wir das Rad zunächst noch einmal zurück.

DIE GOLDENEN JAHRE

Wir alle wissen, was ehemals geschah: Nachdem Nazi-Deutschland 1945 kapituliert und den Krieg verloren hatte – glücklicherweise, darf man hinzufügen –, waren zunächst umfangreiche Aufräumarbeiten notwendig, im wörtlichen und im übertragenen Sinne. Dieser Umstand barg jedoch auch gewaltige Chancen, denn Altes wurde beiseitegeschoben und Neues geschaffen. Kurz gesagt erlebte Deutschland in den folgenden Jahren einen unvorstellbaren Boom. Anfänglich wurde unser Land in vier Besatzungszonen aufgeteilt. Die Briten gaben den Ton an in Nordwestdeutschland, die Amerikaner in Süddeutschland, die Franzosen im Westen (Teilen Württembergs, Baden und Rheinland Pfalz) und die Russen im Osten.[2]

Jedenfalls entwickelte sich aus den drei westlichen Besatzungszonen (USA, England, Frankreich) die „Bundesrepublik Deutschland" (BRD), aus der sowjetischen Besatzungszone formte sich die „Deutsche Demokratische Republik", kurz DDR genannt. Erst 1990 „wuchs zusammen, was zusammengehört", wie es ein Politiker ausdrückte.

Die Bundesrepublik Deutschland nahm nach dem Zweiten Weltkrieg einen unglaublichen wirtschaftlichen Aufschwung, den Gegner wie Freunde nur mit ungläubigen Augen verfolgen konnten. Die Wirtschaft fasste relativ früh wieder Tritt. Deutsche Ingenieure und deutsche Wissenschaft legten sich ins Zeug, dass es nur so rauchte. In kürzester Zeit verfügte Deutschland schon wieder über eine der besten Infrastrukturen Europas. Das flächenmäßig kleine Land im Herzen Europas hatte in der Vergangenheit zahlreiche blitzgescheite Köpfe hervorgebracht; dies gereichte Deutschland jetzt zum Vorteil. Nahezu in jedem Fachgebiet und jeder Wissenschaft ließ sich nun erneut ein berühmter Name deutscher Herkunft finden. Die Industrie zog an und erlangte binnen ein paar Jahrzehnten wieder Weltbedeutung; denken wir nur an die elektronische Industrie, den Maschinenbau oder an die deutschen Autos. Der Export begann zu boomen. Die Statistiken schrieben eine fast ungebrochene Erfolgsgeschichte. „Schon zwischen 1948 und 1952 stieg die deutsche Industrieproduktion um 110 % und das reale Bruttoinlandsprodukt um 67 %."[3] Die Stahlproduktion, 1946 praktisch nicht existent, entwickelte sich zur größten Europas mit über 34 Millionen Tonnen im Jahre 1960. Ähnliche märchenhafte Traumraten hinsichtlich der Expansion trafen auf andere wichtige Industriezweige zu. Das Bruttosozialprodukt liest sich in nackten Zahlen wie folgt:

1952 – 32 Milliarden Dollar
1962 – 89 Milliarden Dollar
1979 – 600 Milliarden Dollar
2000 – über 1000 Milliarden Dollar

Das verfügbare Pro-Kopf-Einkommen betrug in Deutschland im Jahre 1960 1.186 Dollar – in den Vereinigten Staaten zu diesem Zeitpunkt 2.491 Dollar. 1970 sah es aber bereits wie folgt aus: In der Bundesrepublik Deutschland verdiente man im Durchschnitt 10.837 Dollar, in US-Amerika nur 9.595 Dollar.[4] Die Deutschen hatten selbst die „erfolgreichste Nation der Welt" überholt. Nach kürzester Zeit nahm Deutschland jedenfalls in wirtschaftlicher Hinsicht erneut eine der führenden Positionen auf dem Globus ein. MADE IN GERMANY wurde ein Begriff für Präzision und Langlebigkeit – ein Prädikat, mit dem allenfalls die Schweizer Uhren mithalten konnten.

Was hatte zu dem schier unvorstellbaren Aufschwung nach 1945 geführt? Es ist immer klug, Erfolgsprinzipien auf den Grund zu gehen. Erlauben wir uns deshalb eine kleine Rückblende.

DIE STUNDE NULL UND DIE ERFOLGSFORMELN

Um die Herausforderung wirklich zu verstehen, braucht es ein paar Fakten. In den von Engländern, Amerikanern und Franzosen besetzten Gebieten lebten 1946 43,7 Millionen Menschen; 1949, bedingt durch die Flüchtlinge, 46,8 Millionen. Die ausgelaugten Böden gaben kaum etwas her.

Düngemittel standen praktisch nicht zur Verfügung, Arbeitsgeräte waren nur rudimentär vorhanden und konnten aus Mangel an Ersatzteilen nicht repariert werden. Auch die Anzahl der Rinder und Schweine war während des Krieges stark zurückgegangen. Katastrophal war weiterhin das Fehlen von Gütern des täglichen Bedarfs, angefangen von der Kleidung und dem Hausrat bis hin zu Transportmitteln.

„Fahrgemeinschaften" dienten damals nicht als umweltpolitische Notlösung, sondern sie waren im Kampf ums nackte Überleben notwendig. Kurios mutet heute ein mit Holzfeuerung betriebenes Auto an (es gab kein Benzin!), dessen „Motor" in Form eines großen Kessels außen an der Seite befestigt war. Während der Fahrt musste ständig nachgeheizt werden. Die Ladekapazität dieser Fahrzeuge war wegen des schweren Heizkessels begrenzt, aber das Ganze funktionierte!

Die Deutschen konnten jedoch von Glück sagen, dass ein Plan des Jahres 1946 die Handschrift des amerikanischen Kriegsministers Henry Lewis Stimson (1867–1950) trug. Dieser hatte bereits während des Krieges für die Erhaltung der deutschen Industrie plädiert. Auf diese Weise sollten die Zahlungen der Reparationsleistungen sichergestellt werden, wozu ein gewisser Lebensstandard notwendig war.

Es ist erhellend, einmal diese beiden Pole so krass einander gegenüberzusetzen: auf der einen Seite ein Land vollständig am Boden – auf der anderen Seite die faszinierendste Erfolgsgeschichte, die die Welt bis heute gesehen hat. Fragen wir also nochmals: Was waren die Gründe für den phänomenalen Aufstieg?

- An erster Stelle muss man darauf verweisen, dass eine Unzahl destruktiver Persönlichkeiten ihrer Macht beraubt worden war. Sprich, die Nazis, ihre Schergen und ihre Steigbügelhalter wurden aller einflussreichen Posten einfach enthoben. Deutschland wurde „entnazifiziert". Zugegeben, es gab Ausnahmen: Viele alte

Nazi-Psychiater, Nazi-Polizisten, Nazi-Geheimdienstler und Nazi-Juristen krochen wieder im BKA, im BND, bei den Juristen und Ärzten unter.[4] Aber im Allgemeinen mussten sie sich in die Mauselöcher verkriechen. Eine neue konstruktive Generation trat an, die mit den alten Nazis und dem Krieg nichts mehr am Hut hatte. Übrig blieben die konstruktiven Persönlichkeiten, die jetzt nicht mehr von der Weltanschauung des Nationalsozialismus verblendet wurden. Eine unbelastete, fantastische, zum Teil hoch intelligente Nachkriegsgeneration wuchs heran und ergriff die Zügel.

- An zweiter Stelle ist die Wende in der Weltpolitik zu nennen. Die USA brauchten erstens Absatzmärkte und zweitens zuverlässige Bündnispartner im Kampf gegen den sowjetischen Einfluss in Europa. Was lag näher, als Deutschland zu helfen? Der alte Revanchist Franklin D. Roosevelt war 1945 kurz vor Kriegsende gestorben. Unter seinem Nachfolger Truman wehte schon bald ein anderer Wind. Es begann mit einer Rede des amerikanischen Staatssekretärs George C. Marshall vor Harvard-Studenten am 5. Juli 1947. Wenn Europa (und also auch Deutschland), so Marshall, nicht völlig verelenden solle, müsse es Hilfe von außen erhalten. So kam es zum Marshall-Plan; erstmalig erschien Licht am Ende des Tunnels. Da die Amerikaner weitaus mehr produzierten, als sie im eigenen Land verbrauchen konnten, mussten außerdem neue Märkte erschlossen werden. Und hier gab es ein Volk, welches einen riesigen Bedarf an Gütern jedweder Art hatte: die Deutschen. Teilweise als Darlehen, teilweise als Geschenk flossen von nun an harte US-Dollars in das ausgeblutete Land. Der Rahmen für die Marshallplan-Hilfe bildete das ERP (European Recovery Program), das von 1948 bis 1952 die europäische Wirtschaft auf Vordermann brachte. Besonders dankbar waren die Deutschen für Rohstoff- und Nahrungsmittellieferungen in Höhe von 1,8 Milliarden Dollar aus dem Programm. Doch die US-Hilfe kann nicht als alleinige Erklärung für den explosionsartigen deutschen Wirtschaftsaufschwung gelten, wenn sie auch einen wichtigen Stein in dem Gesamtmosaik bildete. Welche anderen Faktoren kamen hinzu, die verursachten, dass Deutschland den Sprung vom Armenhaus zur führenden Wirtschaftsmacht Europas schaffte?

- Die Bundesrepublik Deutschland entschloss sich damals, eine der freiheitlichsten Verfassungen der Welt ins Leben zu rufen, natürlich mit Rückenwind seitens der USA, Englands und Frankreichs. Ein neues Grundgesetz wurde konzipiert. Die Väter dieser Schöpfung hatten aus den Fehlern der Weimarer Republik gelernt. Sie hatten weiter in den USA, England und Frankreich intellektuelle Anleihen gemacht und waren ernstlich bemüht, einen vorbildlichen Rechtsstaat zu schaffen.

- Gleich nach der Waffenstillstandsvereinbarung begannen deutsche Frauen in Ermangelung männlicher Arbeitskräfte außerdem mit den Aufräumarbeiten der Bombenschäden. Sie gingen als die sogenannten „Trümmerfrauen" in die Geschichte ein. Der Wiederaufbau ging erst langsam, dafür aber stetig voran. Zusammen mit dem sprichwörtlich deutschen Erfindergeist und Einfallsreichtum wurde so mancher Rohstoffmangel überwunden.

- Ludwig Erhard muss ebenfalls genannt werden – ein Ausnahmepolitiker. Er rief die sogenannte Soziale Marktwirtschaft ins Leben. Marktwirtschaft heißt, im Gegensatz zur Planwirtschaft, dass das Wechselspiel von Angebot und Nachfrage der Motor der Preisentwicklung ist. Von Bedeutung ist also der freie Wettbewerb. Der Staat darf nur in Ausnahmefällen in die Wirtschaft eingreifen. Freier Wettbewerb hieß für Erhard in erster Linie: Weg mit Trusts und Kartellen! Monopolkapitalistische Ballungen in der Hand einiger weniger übermächtiger Wirtschaftsführer (Tycoons) sind also unvereinbar mit der Idee der Sozialen Marktwirtschaft. Die Prinzipien lauten:

(a) Freiheit bildet die Grundlage des Wohlstandes.
(b) Angebot und Nachfrage regeln den Markt, nicht Preiskontrollen.
(c) Unternehmergewinne sind zu begrüßen.
(d) Die Gesetzgebung fördert Reinvestitionen.
(e) Unternehmergewinne führen zu Arbeitsplätzen.
(f) Kartelle und Monopole sind verboten.
(g) Soziale Komponenten werden etabliert, die finanzierbar sind.[5]

Weiter trugen positive Einstellungen und bestimmte Fähigkeiten zu der Blüte bei, wie Fleiß, Sparsamkeit, unternehmerische Risikobereitschaft, Optimismus und Erfindungsreichtum.

Wir wollen das hochemotionale Kapitel der Wiedervereinigung in den Jahren 1989/90 überspringen und nur darauf verweisen, dass trotz vieler Klippen, die zu umschiffen waren, das Schiff Deutschland, die „Deutschland AG", weiter auf Kurs blieb. Das heißt, es wurde nach wie vor prächtig verdient, nach anfänglichen Schwierigkeiten auch in der ehemaligen DDR. Firmen und Unternehmen schossen weiterhin wie Pilze aus dem Boden. Die Deutschen begannen, reich zu werden. Bis heute, trotz aller Hindernisse, waren die Zeiten in Deutschland im Allgemeinen von wirtschaftlichem Erfolg gekrönt. Das Bruttoinlandsprodukt in Deutschland betrug im Jahre 2021 rund 3,6 Billionen Euro – es wuchs im Vergleich zum Vorjahr um 2,6 %. Die Nachkriegsgeneration kam in die Jahre.

UNTERNEHMEN UND VERMÖGEN

In allen möglichen Sparten wurden unglaubliche Vermögen zusammengetragen. Die Liste der 500 reichsten Deutschen, die regelmäßig vom Manager Magazin aktualisiert wird, verrät zumindest ansatzweise, dass in den verschiedensten Branchen gutes Geld, sehr gutes Geld verdient wurde. Ob im Lebensmittelbereich oder in der Sparte Autos, ob in der Vermögensverwaltung oder im Fall der Kraftfahrzeuge, ob im Banken- oder Versicherungsbereich – überall wurden Unsummen verdient, auch im Rahmen der Medien, in der pharmazeutischen Industrie oder überhaupt im Gesundheitswesen.

Und so nimmt es nicht Wunder, dass inzwischen Unsummen vererbt und Unternehmen übergeben werden müssen. Eine Generation, eine erstaunlich produktive Generation, ja eine grandiose Generation, tritt ab – und macht einer neuen Generation Platz. Schenkungen und Erbschaften sind mittlerweile an der Tagesordnung. Notare, Steuerberater und Juristen haben bereits alle Hände voll zu tun, wobei man festhalten muss, dass das Estate Planning, die Vermögens- und Nachlassplanung, weit, weit über die Kompetenz selbst eines guten Anwaltes hinausgeht. Normalerweise handelt es sich um einen ganzen Reigen von Spitzenexperten, die hinzugezogen werden müssen.

Bis 2027, so rechnen viele Experten vor, wird selbst das Vermögen vieler normaler Haushalte, die von über 70-Jährigen geführt werden, nicht selten ein Millionenvermögen sein. Doch es ist inzwischen nicht mehr so, dass nur über 70 Jahre alte Menschen ein paar Hunderttausend Euro oder eine „kleine" Million vererben. Wirtschaftlich bedeutsamer sind die Riesenvermögen der Unternehmen, die auf einen Schlag den Besitzer wechseln werden. Wir reden hier von teilweise unvorstellbar hohen Summen. Darunter befinden sich Immobilienvermögen im In- und Ausland, Betriebsvermögen, Rechte an Erfindungen und vieles mehr; das Bargeld ist dagegen oftmals fast nebensächlich. Längst ist hierauf auch die Politik aufmerksam geworden. Die riesigen Erbschaften, mitunter gesichert durch großzügige Freibeträge, erwecken Neid. Die Union lehnt – momentan – grundsätzlich höhere Steuern auf Erbschaften und Vermögen ab, die FDP ebenso. Die SPD dagegen will die Erben stärker zur Kasse bitten. Auch in dieser Beziehung ist also Know-how gefragt, selbst in dem Bereich der nationalen und internationalen Politik muss sich ein Estate Planner auskennen.

Jeder zwanzigste Bürger zwischen dreißig und sechzig kann mit einem Nachlass von mehr als 300.000 Euro rechnen, verriet eine Allensbach Studie.[6] Das verstellt jedoch wie gesagt manchmal den Blick auf die Giganten der Szene. Jedenfalls verfügen die Menschen in Deutschland über so viel Geld wie nie zuvor. Es gibt Vermögen in Form von Bargeld, Wertpapieren, wie Anleihen oder Aktien, weiter Bankeinlagen, Schmuck, Lebensversicherungen, Immobilien und Mobilien. Immer größere Vermögen werden vererbt. Die genauen Zahlen der einzelnen Institute widersprechen sich teilweise. Das Statistische Bundesamt stellt andere Zahlen zur Verfügung als die Postbank, wenn es um die Gesamtsumme geht, die jedes Jahr vererbt werden wird, von den Zeitungen und Zeitschriften ganz zu schweigen.[7]

Aber wenn wir von rund 400 Milliarden Euro pro Jahr ausgehen, liegen wir sicherlich nicht falsch. Das Gesamtvermögen in der Bundesrepublik beträgt geschätzt in etwa 24 Billionen Euro, zusammengesetzt aus 10 Billionen Euro fungiblen Vermögenswerten, wie z. B. Sparbuch, Aktien oder Lebensversicherungen, und aus Immobilien in der Höhe von 16 Billionen Euro. (Das deutsche Nettoanlagevermögen in Wohn- und Nichtwohnbauten betrug 2021 rund 10,4 Billionen Euro. Davon entfielen 62 % auf Wohnbauten und 38 % auf Wirtschaftsimmobilien. Zusammen mit den Grundstückswerten von 6,5 Billionen Euro summiert sich das gesamte deutsche Immobilienvermögen auf knapp 16,9 Billionen Euro. Zum Vergleich: Das Bruttoinlandsprodukt Deutschlands belief sich im Jahr 2022 auf knapp 3,87 Billionen Euro.)
Siehe auch https://zia-deutschland.de
Doch fragen wir uns: *Wer* wird erben? Gibt es überhaupt Erben?

DIE ERBEN-GENERATION

Es gibt kein statistisch aussagekräftiges Zahlenmaterial über die Erben, weil sie gar zu unterschiedlich sind. Nur so viel: Selten wird die bedürftige Bevölkerung erben. Nur bestimmte Bevölkerungsgruppen werden von der Erbschaftswelle angenehm überspült werden, und zwar die obersten zehn Prozent der ohnehin Begüterten. Man rechnet damit, dass sie fast zwei Drittel aller Besitztümer erben werden. Die Erben kommen also nicht aus „allen möglichen Gesellschaftsschichten“, sondern in der überwiegenden Mehrzahl aus Familien, die finanziell gut aufgestellt sind. Die Erben selbst sind in erster Linie daran interessiert, das Vermögen auf legale Art und Weise vor den Klauen des Staates zu schützen. Die Spatzen pfeifen es längst von den Dächern: Grundsätzlich sind die Steuern in Deutschland viel zu hoch, und es existieren zu viele Steuerarten. Von allen Seiten versucht also Vater Staat den Erben in die Taschen zu greifen.

Aber das ist nur eines der Probleme. Darüber hinaus gibt es noch viele andere Fragen: Wie legt man das Erbe gewinnbringend an? Wie stellt man sicher, dass ein bislang solventes Unternehmen weiter floriert? Wer tritt die Nachfolge an? Wird es sich um einen kompetenten Chef handeln, der durch das Stahlbad der Praxis-Erfahrungen gegangen ist oder nicht? Und weiter: Sollten bestimmte Versicherungen abgeschlossen werden, damit das Vermögen vollständig erhalten bleibt? Und immer wieder kommt diese Frage auf: Kann man mittels Stiftungen der Steuerbehörde ein Schnippchen schlagen?

Das Thema Estate Planning geht also über die normalen Erbschaftsregelungen hinaus. Es umfasst nicht selten das Spezial-Know-how von international operierenden Rechtsanwälten, Notaren, Steuerberatern, Finanzberatern, Management-Experten, Versicherungsexperten, Immobilienprofis, Aktienexperten, Stiftungs-Fachleuten und Beratern, die gelernt haben, einfach gut, ja sehr gut zuzuhören und bestimmte Schwerpunkte eines Klienten zu berücksichtigen. Zusammengeführt wird all dieses Know-how in der Hand des Estate Planners, der weit mehr als nur ein simpler Nachlass-Planer ist, obwohl auch dieses Know-how notwendig ist.

Definieren wir den Fachbegriff noch etwas genauer.

DER WAHRE UMFANG DES ESTATE PLANNINGS

Wörtlich übersetzt bedeutet „Estate Planning“ wie gesagt lediglich „Nachlass-Planung“, und was sich alles unter diesem Begriff verbirgt, haben wir bereits ansatzweise erörtert.

In Wahrheit handelt es sich hierbei um die Königsdisziplin innerhalb der Finanzplanung, weil ein extensiv ausgebildeter Fachmann als eine Art Generationenberater oder Generationenmanager tätig ist. Das Wort Generationenmanager beinhaltet die Generation und den Manager. Was tut ein Manager? Er führt, leitet, berät und kontrolliert Prozesse. Er verbindet die Generationen. Er muss das Zeug dazu haben, ansonsten kann er den Ansprüchen seiner Kunden nicht genügen.

Ein versierter Estate Planner kennt sich aus mit allen möglichen Arten von Versicherungen, mit der Vermögensverwaltung, mit der Vermögensentwicklung und dem Vermögensschutz. Unserer Erfahrung nach ist der nachfolgenden Generation vor allem daran gelegen, das ererbte Vermögen zunächst einmal zu erhalten. Es handelt sich um ein eigenes Fachgebiet, das sich *Asset Protection* nennt und über das man allein ein Buch schreiben könnte.

Ein Estate Planner ist in verschiedenen Anlagearten zu Hause und weiß um die unterschiedlichen Einstellungen seiner Anleger (von konservativ bis hoch spekulativ). Er kennt sich aus mit risikobehafteten und risikoarmen Aktien, mit Aktien, die regelmäßig Dividenden abwerfen und Aktien, wo dies nicht der Fall ist, bei denen jedoch hohe Wertsteigerungen zu erwarten sind. Zudem besitzt er umfangreiches Wissen rund um die Immobilie. Die Immobilie ist ein Fachgebiet, über das man allein zehn Bücher verfassen könnte. Steht die Wertsteigerung der Immobilie im Vordergrund oder ist die regelmäßige Einnahme von Mieten das erklärte Ziel? Wie viel Gewinn sollen Immobilien abwerfen? Ist die Sicherheit des Immobilienbesitzes wichtiger als es die momentanen Einnahmen sind? Sollen neue Immobilien erworben werden? In welchem

Land? Wie sehen in den verschiedenen Ländern die zu erwartenden Entwicklungen aus? Gibt es gute Chancen auf den nationalen Immobilienmärkten, das heißt, entwickeln sich bestimmte Standorte momentan vorteilhaft? Welche Makrostandorte, welche Mikrostandorte? Welche Standorte sind riskant, welche nicht? Wie steht es um das Immobilienmanagement? Wer beobachtet die Entwicklung der Immobilienmärkte? Wer ist ein vertrauenswürdiger Ansprechpartner, wenn es um Immobilien geht? Weitere Fragen lauten: Wie wird sich das existierende Vermögen aller Voraussicht nach entwickeln? In welchem Zeitraum? Wird es auch in Zukunft die gleichen Gewinne und Zinsen abwerfen? Auf welche Weise könnte man die Sicherheit des vorhandenen Vermögens auf ein höheres Niveau heben?

Dabei ist selbst das noch nicht das Ende des Fragenkatalogs. Sollte die Etablierung einer Stiftung in Erwägung gezogen werden oder nicht? Wie sieht das exakte Know-how aus, wenn es um eine Stiftung geht? Welche juristischen Hürden sind in diesem Fall zu nehmen? Und welches Stiftungs-Konstrukt ist besonders empfehlenswert? Wer soll in der Stiftung das Sagen haben? Darüber hinaus gibt es höchst individuelle Probleme. Wie geht man idealerweise vor, wenn keine Kinder existieren? Wie kann der momentane Besitzer seine Handlungsfähigkeit bewahren, selbst wenn er bereits erkrankt ist? Wie stellt er sicher, dass kein Streit zwischen den Familienmitgliedern entsteht, sodass die Familienharmonie erhalten bleibt? Und kann man das Vermögen nicht auch über viele Generationen hinweg bewahren, damit die grundlegenden (guten) Intentionen des Gründers über eine geraume Zeit hinweg bestehen bleiben?

Ist es möglich, bestimmte Personen (zum Beispiel ungeliebte Schwiegerkinder oder den sprichwörtlichen Erbschleicher) von der Erbschaft auszuschließen? Mit anderen Worten: Wie kann man zielgerichtet einige Personen in der Erbfolge beiseiteschieben, andere dagegen bedenken, die „eigentlich“ nicht erben dürften? Gibt es überhaupt Erben oder ist man kinderlos? Und wer kennt sich mit all den Steuerarten wie der Ertragssteuer, der Erbschaftssteuer, der Schenkungssteuer aus? Was sollte man in dieser Beziehung unternehmen? Ebenso wichtig ist die Frage, welche Gesetzesänderungen momentan in Deutschland, in „Europa", in verschiedenen Ländern auf dem Programm stehen, was Erbschaften angeht. Viele Gesetzesänderungen bergen beträchtliche Nachteile. Ist es also klüger, EWR-Länder (Länder im europäischen Wirtschaftsraum) ins Auge zu fassen? Hierunter fallen Länder wie Liechtenstein, aber auch Norwegen etwa, die nicht Teil der EU sind. Und wie hat man Großbritannien zu bewerten, das sich gerade von Europa abgenabelt hat, sowie einige englischsprachige Steueroasen?

Auf den ersten Blick handelt es sich um eine schier überwältigende Anzahl von Fachgebieten und Problemen. Der erfahrene Estate Planner kann jedoch genau diese Probleme lösen und einem Mandanten in jeder Beziehung zur Seite stehen. Er ist von einer ganzen Phalanx von Spezialisten umgeben. Jedenfalls ist er in der Lage, das Gefühl von Überwältigung von den Schultern seines Mandanten zu nehmen. Er kann gemeinsam mit ihm anhand von vorformulierten Schritten den idealen Ansatz finden und einen Mandanten bis zur Zielgeraden begleiten. Auf jede Frage kennt er die Antwort. Ein routinierter Estate Planner verfügt in diesem Feld über stetig gewachsene Konnexionen, gleichgültig, ob es sich um einen absolut vertrauenswürdigen und zuverlässigen Anwalt handelt oder um einen Profi in Sachen Immobilien. Dagegen ist der reine Anwalt, selbst wenn er sich Estate Planner nennt, selten kompetent auf allen notwendigen Fachgebieten. Deshalb gibt es inzwischen eine eigene Profession, eben den Estate Planner. Ein verantwortungsvoller Estate Planner besitzt außerdem eine ethisch-moralische Verpflichtung. Seine ausgesprochene Absicht besteht darin, die unerfahrene, junge Empfänger-Generation davon abzuhalten, das Vermögen zu verschleudern. Jedes dekadente Verhalten lehnt er ab. Er weiß, dass an fast allen Orten rund um den Globus die vier *Standardfallen* immer die gleichen sind, wenn überraschend viel, zu viel Geld zur Verfügung steht: Sie tragen die Namen (1) Alkohol, (2) Drogen, (3) Spielsucht und werden ergänzt durch die Fettnäpfchen, die der (4) Sexus bereithält. Der Jungmillionär tritt nur zu gern in sie hinein. Die Welt ist voll von den entsprechenden Geschichten, die leider nur allzu wahr und nicht übertrieben sind, und die über den Untergang von Erben berichten, die plötzlich mit Geld überschüttet werden. Lottomillionäre, über die unversehens ein Geldregen niedergegangen ist, bieten ebenfalls anschauliche Beispiele. Das Ziel muss immer darin bestehen, dass die Vermögenswerte, welche diese erstaunliche Nachkriegsgeneration geschaffen hat, nicht einfach verschleudert werden.

Man braucht, übertrieben gesprochen, ein Allround-Genie. Kann man all diesen Anforderungen überhaupt gerecht werden?

ZUR PERSON DES HAUPTAUTORS

Es ist immer hässlich, sich selbst zu besingen und zu beweihräuchern. Auf der anderen Seite hat der Leser ein Anrecht darauf zu wissen, mit wem er es zu tun bekommt, wenn er sich überlegt, einen bestimmten Estate Planner zu engagieren oder nicht. Wie steht es um den Erfahrungshorizont eines Beraters? Was zeichnet ihn aus? Wie ist es um seine Integrität bestellt? Das Thema Integrität ist ein zweischneidiges Schwert, denn Erfahrung lehrt, dass Figuren, die zu nachdrücklich auf sie abheben und sie wie eine Flagge vor sich hertragen, selten von den edelsten Absichten beseelt sind. Wahre Integrität besingt sich selten selbst.

Dennoch seien ein paar Takte erlaubt: Alexander Milicevic, der Hauptautor dieses Buches, spricht stets in der WIR-Form und dies aus dem Grund, weil er damit alle Experten einbeziehen will, die geholfen haben, den vorliegenden Band zu erstellen. Es handelt sich also keinesfalls um einen Pluralis Majestatis. Alexander Milicevic wurde 1972 in Neuenbürg in Baden-Württemberg geboren. Nach seinem erfolgreich abgeschlossenen Studium an der Hochschule Pforzheim zum Diplom Betriebswirt FH (Spezialisierung Steuern/Revision) im Jahre 1995 begann er im Fe-

bruar 1996 im Rahmen eines Vertriebs Finanzdienstleistungen zu offerieren. Er löste sich jedoch relativ schnell wieder von diesem Vertrieb. Die Gründe? Erstens: Ein Mitarbeiter wurde nicht ausgebildet, sondern lediglich motiviert, und dies bis unter die Haarspitzen. Das Motto hieß: *Tschakka, Tschakka! Tschakka* bedeutet wörtlich: „Du schaffst es!" Es ist ein Fantasiewort, das zur Selbstmotivation dient und sich auf den Titel eines 1998 erschienen Buches des niederländischen Motivationstrainers Ratelband bezieht. Vereinfacht gesagt: Die Mitarbeiter wurden und werden im Rahmen von diesen Vertrieben nur ständig angefeuert, bestimmte Finanzprodukte massenweise an den Mann zu bringen. Es ging bei diesem Vertrieb nur darum, innerhalb dieses Unternehmens die Erfolgsleiter so rasch wie möglich nach oben zu steigen.
Zweitens waren die meisten Finanzprodukte dieses Vertriebs zweifelhafter Natur, um es zurückhaltend zu formulieren. Es handelte sich keineswegs um die „besten" Produkte, aus der Perspektive des Kunden gesehen, sondern um Finanzprodukte, die vor allem dem Vertriebsunternehmen dienten und ihm hohe Gewinne verschafften. Mit anderen Worten: Der Kunde stand nicht im Mittelpunkt der Überlegungen, ihm wurden bestimmte Finanzprodukte mehr oder weniger aufs Auge gedrückt. Man konnte den Kunden nicht wirklich beraten. Ein Verkäufer hatte nicht das Interesse des Kunden im Auge, sondern nur das Eigeninteresse / die Provision plus das Interesse des Strukturvertriebes, wie solche Unternehmen genannt werden, weil innerhalb einer *Struktur* eine genau definierte Erfolgsleiter von unten nach oben führt. Mit anderen Worten: Die Produktauswahl war auf allen Ebenen einseitig.

Früh lernte der Hauptautor dieses Buches, dass weitaus bessere Finanzprodukte auf dem Markt der unbegrenzten Möglichkeiten vorhanden sind, die ungleich größere Vorteile für einen Kunden bieten. Also sagte er diesem „Tschakka-Vertrieb" nach kurzer Zeit tschüss und wandelte sich erst zu einem Mehrfachagenten, dann zu einem Finanz- und Versicherungsmakler. Ein Mehrfachagent bietet nicht nur das Produkt eines einzigen Unternehmens an, sondern hat mehrfache Angebote in seinem

Koffer, er kann Offerten vergleichen. Der Versicherungsmakler ist noch höher qualifiziert, weitaus höher, er ist im Allgemeinen eine Ausnahmeerscheinung auf dem Markt. Er vergleicht noch *sehr* viel mehr Angebote verschiedener Versicherungsgesellschaften, und zwar systematisch. Er steckt nicht in der Tasche einer einzigen oder einiger weniger Versicherungsgesellschaften, er ist autark.

Der Versicherungsmakler ist hochkompetent und kennt die unterschiedlichen Angebote mit allen Vor- und Nachteilen. Aus einer höchst umfangreichen Produktpalette pickt er mit spitzen Fingern genau jene Produkte heraus, die haarscharf für seinen Kunden passen und das beste Angebot darstellen. Bei einer einzigen Versicherung, die ein Kunde wünscht, gibt es manchmal 120 Angebote und Alternativen. 80 % davon sind gewöhnlich überteuert, 5 % direkt unseriös. Der Versicherungsmakler kennt jedoch seine Pappenheimer. Er weiß, wo sich die schwarzen Schafe befinden und welche Unternehmen umgekehrt jahrzehntelang hervorragende Dienste geleistet haben. Der Versicherungsmakler stellt die Krönung innerhalb der Versicherungsbranche dar, was Ausbildung, Angebote und Seriosität angehen. Fast nebenbei studierte der Hauptautor dieses Buches zusätzlich noch Volkswirtschaftslehre an der Universität Mannheim. Es ging ihm darum, in Erfahrung zu bringen, wie die Wirtschafts- und Finanzwelt tickt und was sich unter der Oberfläche abspielt. Weiter bestand sein Ehrgeiz darin, einen Kunden oder Mandanten bestens zu bedienen und ihm nur Top-Produkte anzubieten, mit der Absicht, ein optimales Preis-Leistungs-Verhältnis zu schaffen.

Trotz allem stellte diese zusätzliche Ausbildung nur den ersten Schritt dar. Das Glaubensbekenntnis des Autors bestand weiter darin, dass man in diesem hektischen, hoch kompetitiven Markt nur dann bestehen konnte, wenn man über einen möglichst großen Wissensvorsprung verfügte, am besten über einen schier uneinholbaren Wissensvorsprung. Worin besteht der Gipfel der Branche? Zumindest ein Gipfel, sprich die höchste Qualifikation, stellte und stellt bis heute das *Estate Planning* dar. Es gab und gibt nur wenige Experten, die sich in dieser Beziehung rundum auskennen. Also belegte der Autor schließlich einen Masterstudiengang zum *Estate Planner*. Es konnte nicht angehen, dass man Mandanten nur von einem Blickwinkel aus beriet. Das Thema Finanzen war viel zu komplex. Erlauben Sie eine Wiederholung: Normalerweise bestand und besteht dieser Gesichtspunkt eines „Finanzdienstleisters" nur darin: WIE kann ich geschickt und schnellzüngig ein bestimmtes Finanzprodukt verkaufen, für das ich eine möglichst hohe Provision abgreifen kann? Schande darüber! Der Autor dieses Buches begann also, sich zu spezialisieren und sich mit dem Top-Know-how der Branche zu beschäftigen, dies konkret in den Jahren 2008, 2009 und 2010.

Er studierte erneut und drückte die Schulbank der *Albert-Ludwigs-Universität Freiburg*, einer Elite-Universität. Professor Raffelhüschen war die absolute Koryphäe auf dem Gebiet des Estate Plannings. Es handelte sich um einen Demographie- und Steuerrechtsexperten, der zusätzlich rund um alle Finanzfragen bestens aufgestellt war. Durch weitere Experten, wie zum Beispiel durch Professor Kessler (Steuerrecht) oder Professor Rehkugler (Immobilien) und durch viele andere geriet dieses Studium von einem bis dato am Markt nicht in Gänze vorhandenen Estate Planning zum neuen Benchmark (Vergleichsmaßstab) auf dem Gebiet dieser speziellen Fortbildung.

Das Ergebnis war nichts weniger als aufregend: Erst jetzt konnte der Autor einen Service liefern, der wirklich alle Gesichtspunkte eines Mandanten in Rechnung stellte. Erst jetzt war die perfekte Beratung möglich. Schon im Jahre 2012 gründete er seine erste Stiftung zu Gunsten der Organisation *Lilith e.V.*, in dessen Rahmen in Not geratenen Mädchen geholfen wird. Die Absicht bestand darin, nicht nur andere Mandanten hinsichtlich einer Stiftung aufzuklären, sondern selbst eine Stiftung zu gründen, um damit aus erster Hand in Erfahrung zu bringen, wie all die rechtlichen und bürokratischen Hürden zu überwinden waren.

Der Autor verhielt sich ein wenig wie ein Arzt, der eine Medizin zunächst an sich selbst austestet. Es galt, ein Vorbild oder zumindest ein Beispiel abzugeben für die Produkte, zu denen er riet.

Heute befindet er sich in einigen Stiftungen im Vorstand und arbeitet in dieser Funktion mit mehreren VIPs und bekannten Persönlichkeiten zusammen. Ein Mandant etwa ist der Fußballstar Neven Subotic, ein ehemaliger serbischer Nationalspieler mit deutscher Staatsbürgerschaft, der auch für verschiedene Bundesligisten spielte, sowie für die USA und für die französische Ligue. In seinem Bestseller *Alles geben* bezeichnet Neven Subotic uns als die „weltbesten Berater", was wahrscheinlich eine kleine Übertreibung, aber dennoch ein schönes Kompliment ist. Wir fungierten als Ideengeber für seine Stiftung und befinden uns dort im Vorstand. Auch mit und für Dr. Gerhard Scheuch, dem bekannten Aerosolforscher, haben wir über Jahre hinweg die Betreuung seiner Stiftung im Kapitalmanagement übernommen. Doch präsentieren wir die Stiftungs-Details in einem späteren Kapitel.

Beenden wir zunächst diese Biografie mit ein paar letzten Stichpunkten. Schließlich baute der Autor dieses Buches seinen Doktor und promovierte in Kerkrade. Kerkrade (deutsch Kirchrath) ist eine niederländische Gemeinde, die an der deutsch-niederländischen Grenze liegt und mit der deutschen Stadt Herzogenrath die Europäische Modellgemeinde *Eurode* bildet. Neben seinem Abschluss als Estate Planner MBA (= Master of Business Administration) qualifizierte sich der Autor zusätzlich mit einem Doppeldiplom der *University of Northwest Europe Kerkrade*. Den Doktortitel erhielt er durch eine Arbeit über den Rechtsvergleich von Stiftungen in den Niederlanden, Deutschland und Liechtenstein. Es ging auch um die anstehende supranationale Rechtsform der Europäischen Stiftung, die leider auf EU Ebene nicht umgesetzt wurde. 2012 gründete er die *Estate Planning GmbH*, die mit und neben seinem Finanzdienstleistung-Service parallel existiert. Doch die graue Theorie ist nichts ohne Praxis. Das alles waren nur die äußerlichen Stationen.

In einer inzwischen fast dreißigjährigen Karriere führte der Autor über viertausend Beratungen durch. Heute betreut er außerdem rund dreihundert Top-Kunden nach wie vor persönlich, bei denen ständig neue Entscheidungen rund um verschiedene Finanzfragen anstehen.

Die Praxis verriet ihm erneut, welche Fallgruben und Fallstricke existieren und wie man sie umgeht. Er sah und erlebte, wie es am Bodensatz der Finanzdienstleistungs-Branche aussieht, aber auch „ganz oben". Seine Loyalität galt und gilt dem Kunden und nur dem Kunden. „Seine" Kunden erhalten einen Rundum-Service, sprich, sie werden mit gediegenem Know-how aus zahlreichen Wissensgebieten versorgt. Kein Thema ist kitzliger als das Thema Geld. Daher sind Seriosität und absolute Zuverlässigkeit unverzichtbar. Zusammen mit einem kompetenten Partner, der im Jahre 2015 zu seinem Team stieß, gründete er zusätzlich das Unternehmen *Signature Wealth*, in dessen Rahmen man sich auf das Thema Vermögensstrukturierung konzentriert. Der Name, die Übersetzung *Signatur Wohlstand* ist in sich bereits Programm, das für sich selbst spricht. Das Unternehmen befindet sich in Liechtenstein, ein guter Name in der Finanzwelt.

Soweit ein kleiner Einblick in den beruflichen Werdegang des Hauptautors. Der Leser hat wie gesagt ein Anrecht darauf, zu wissen, mit wem er es zu tun hat. Er sollte also ebenfalls erfahren, dass der Autor auch Fehler beging, alles andere entspräche nicht der Wahrheit. Diese geschahen, als er sich zunächst durch den riesigen Dschungel der Finanzprodukte kämpfen musste und anfänglich auf das „falsche Pferd" setzte, was heute praktisch nicht mehr passiert. Fehler sind ein Lernprozess. Und jeder, der etwas anderes erzählt, berichtet nicht die Wahrheit. Fragen wir uns nun: An wen konkret richten sich die kommenden Seiten?

BEST AGER UND UNTERNEHMER

Der Fokus liegt ausschließlich auf dem Service für *Best-Ager-Mandanten*, wie das inzwischen genannt wird.

Best Ager? Als Best Ager bezeichnet man Personen über 50 Jahren, es ist ein Kompliment in diesem Begriff enthalten. Der Duden hat den Best Ager schon im Jahr 2007 definiert. Die Generation ist äußerst konsumfreudig und anspruchsvoll. Ich erweitere diese Definition (später noch mehr dazu). Alternativausdrücke sind *Generation Gold, Generation 50plus, Silver Ager, Golden Ager, Mature Consumer* – mit dem letzten Ausdruck zielt man auf den reifen, erfahrenen Zeitgenossen. Best Ager verfügen im Durschnitt über ein relativ hohes verfügbares Einkommen und geben Qualität den Vorzug, in vielen Belangen. *Best Ager* ist ein Scheinanglizismus, der vermutlich von dem Ausdruck „im besten Alter“ abgeleitet ist. Im Englischen spricht man von den „Over 50s“.

Genau an diese Best Ager richtet sich das vorliegende Buch, auch und speziell an den Unternehmensinhaber, der die Fackel seines Unternehmens an die nächste Generation weiterreichen will, dies auf kluge, vorausschauende Art. Da künftig ein enormer Bedarf an hochqualifizierter Beratung auf uns zukommt, ist das *Estate Planning* deshalb inzwischen unverzichtbar. Fast immer geht es dem Best Ager um die nachhaltige, intelligente Strukturierung seines Vermögens, um die Vermögensabsicherung und den Vergleich von Tarifen, kurz und gut um eine ganzheitliche Beratung. Manchmal steht ein betriebliches Altersversorgung-Konzept auf dem Programm, mitunter das individuelle Coaching oder die Beratung in puncto Stiftung. Stiftungen sind ein besonders wichtiges Thema, denn rund die Hälfte der Best Ager sind kinderlos. Häufig geht es um die Gestaltung des Nachlasses von Immobilienportfolios und um sichere Anlageprodukte. Fragen rund um das Testament und die Testamentsvollstreckung stehen praktisch immer auf dem Programm. Plaudern wir getrost schon einmal aus dem Nähkästchen. Wie wichtig das „richtige“ Testament ist, beweist ein konkreter Fall, den wir (wie alle Fälle in diesem Buch) mit verändertem Namen beziehungsweise einer Abkürzung zitieren wollen.

Einst suchte uns eine Mandantin auf, nennen wir sie Frau A. Sie stammte aus einer alteingesessenen, mittelständischen, gut situierten Familie. Unversehens sah sie sich dem Tod ihres Mannes gegenüber, der überraschend verstorben war. Sie wusste, wenn auch sie das Zeitliche segnete, würden ihre drei Kinder von einer gewissen Person, nennen wir sie X, mit hoher Wahrscheinlichkeit über den Tisch gezogen werden, wie sie es formulierte. Wir entschuldigen uns für diese Sprache, aber jeder andere Ausdruck trifft nicht den Kern der Sache. Das heißt, ihre drei Kinder würden am Ende leer ausgehen. Also entwickelten wir zusammen mit ihr sowie mit einem Rechtsanwalts-Team und einem renommierten Professor und Leiter eines Notariats ein hieb- und stichfestes Testament, von dem wir wussten, dass es nicht angefochten werden konnte. Alles wurde „wasserdicht" konstruiert. Daraufhin wurde das Testament bei unserer *Estate Planning GmbH* hinterlegt, wir fungierten als Testamentsvollstrecker. Als Frau A. verstarb, versuchte X, wie sie es vorausgesehen hatte, tatsächlich das gesamte Vermögen an sich zu reißen. Aber X besaß keinerlei Chance. Der Wille unserer Mandantin A. wurde Punkt für Punkt umgesetzt.

Allein das Thema Testament ist eine schier unendliche Geschichte, denn es gibt formell unrichtige Testamente und falsche Testamente. Auch dazu an späterer Stelle mehr. Es existieren viele Hürden rund um das Testament. Nicht ein geringes Problem besteht darin, dass sich Menschen manchmal sträuben, ihren Willen in Stein zu meißeln, weil sie den Umgang mit dem Tod scheuen. Allein der Gedanke an das Ableben belastet sie, was verständlich ist. Auch diese Hürde überwinden wir. Auf welche Weise, beschreiben wir bereits im nächsten Kapitel.

Grundsätzlich geht es darum „zielgerichtet" zu vererben, unerwünschte Figuren von der Erbfolge auszuschließen und in beträchtlichem Umfang Steuern zu sparen. Manchmal coachen wir nur eine Person und inspirieren sie, manchmal helfen wir in vielen weiteren konkreten Belangen. Zur Inspiration gehört es auch, im Falle eines Falles eine Person darüber nachdenken zu lassen, ob es nicht sinnvoll ist, etwas „der Gesellschaft zurückzugeben". In diesem Fall ist man als Sinngeber tätig. Doch es muss im Interesse eines Mandanten liegen. In einem solchen Fall ist er vielleicht von Dankbarkeit erfüllt, was sein Leben angeht. Manchmal ist es wichtig, uneheliche Kinder außerhalb des Nachlasses zu berücksichtigen. Und sogar die gesamte Problematik der Unternehmensnachfolge steht auf unserem Programm, wie schon ausgeführt.

Zudem ist es wichtig, dass ein Mandant seine Handlungsfähigkeit bewahrt, speziell wenn er kinderlos ist, selbst wenn ihn eine Krankheit heimsucht. Manchmal will er bestimmte Personen enterben, manchmal Verantwortung gezielt übertragen. Die Familienharmonie steht häufig im Mittelpunkt seiner Überlegungen. Streit zwischen Familienmitgliedern soll vermieden werden. Weiter soll das Vermögen in der Familie bleiben, frei nach dem Motto: *Gut bleibt im Blut.* Aber auch die *Sandwich-Generation* muss in Rechnung gestellt werden, ein Ausdruck, womit man auf die Erben zielt, die sich sowohl um ihre Eltern als auch um ihre Kinder kümmern müssen, meist sind das die Enkel des Mandanten.

WAS DIESES BUCH IHNEN BIETET

Steigen wir also ein. Es erwarten Sie einige „Geheimnisse" der Vermögensverwaltung und der Methode, Geld sicher zu vermehren, manchmal sogar besonders intelligent zu vermehren. Es handelt sich um Insiderwissen, um intimes Know-how, das im Allgemeinen nicht bekannt ist, ja mitunter sogar unter dem Label „confidential" – vertraulich – läuft. Es erwarten Sie weitere authentische Erfolgsgeschichten, direkt aus dem Leben gegriffen, die allein schon zum Nachdenken und Nachahmen anregen und als Fundgrube für eigene Ideen dienen können. Bereits das folgende Kapitel ist ungewöhnlich, denn im Mittelpunkt steht das „Probe-Sterben", wie wir es intern nennen, welches seitens eines Mandanten einiges abverlangt.
Summa summarum halten Sie ein reichlich ungewöhnliches Buch in den Händen. Stürzen wir uns mitten ins Gefecht.

2. DAS ERSTE GESPRÄCH oder DIE ÜBERGEORDNETE GESAMTSTRATEGIE

Immer gibt es mit einem Mandanten ein erstes Kennenlernen, immer ein erstes Gespräch. Es handelt sich um ein entscheidendes Gespräch, denn wir bringen zunächst die Wünsche und Prioritäten eines Mandanten in Erfahrung. Was will *er* erreichen? Worin bestehen *seine* Ziele? Natürlich können wir Hilfestellung bieten, was seine Prioritäten und Ziele angeht. Punktgenaue, geschickte Fragen sind notwendig. Aber letztlich entscheidet ein Mandant, in welche Richtung der Zug abfahren soll. Da es buchstäblich Hunderte von unterschiedlichen „Objectives" geben mag, wie das im englischsprachigen Militärslang ausgedrückt wird, und sicherlich recht unterschiedliche Motivationen, ist es notwendig, diese Prioritäten und Ziele zu gewichten. Es ist ein Kennzeichen törichter Zeitgenossen, alles und allem die gleiche Bedeutung beizumessen. Es ist Kennzeichen intelligenter Zeitgenossen, zu differenzieren, zu unterscheiden und unterschiedliche Wichtigkeiten zu definieren.

Erlauben Sie einen kleinen Schlenker: Der wichtigste Abt des Mittelalters, der heilige Benedikt, empfahl genau diese Regel seinen Mönchen: bei allen Dingen sorgfältig *Unterscheidungen* zu treffen. Gönnen wir uns getrost einen kleinen Ausflug in die Geschichte, es ist zu interessant. Benedikt von Nursia – Nursia ist eine winzige Ortschaft in Mittelitalien – war ein Einsiedler, Abt und Ordensgründer eigener Güteklasse, der mit seinen Benediktinerinnen und Benediktinern tatsächlich die gesamte Kultur des Mittelalters prägte, denn die zahlreichen anderen Mönchsorden übernahmen fast alle seine Regeln. Bekanntermaßen lauteten sie: Armut, Keuschheit und Gehorsam. Gern vergessen wird jedoch der Umstand, dass der hl. Benedikt außerdem zur täglichen Arbeit, ja zur Vielarbeit anriet und dazu, anderen zu helfen. Die wichtigste Regel jedoch lautete: Genaue *Differenzierung* zwischen Sachen, Gegenständen, Personen und allen Dingen zu treffen. Die Fähigkeit zur Unterscheidung dünkte ihn das höchste intellektuelle Gut.

Schon im Jahr 520 gründete er zwölf kleine Klöster mit je zwölf Mönchen. Mit den vertrautesten Schülern begab er sich schließlich im Jahre 529 nach *Cassino*, einer Stadt, die rund 130 km von Rom entfernt liegt. Hier gründete er das auf einem Hügel gelegene Kloster Montecassino, das später zum Mutter- oder Stammkloster aller anderen benediktinischen Klöster geraten sollte. Es ist der Ursprungsort des gesamten Ordens bis heute, des *Ordo Sancti Benedicti*. Bei der Bevölkerung waren die Benediktiner durchweg beliebt, denn sie standen Menschen in Not bei, sie kümmerten sich um Kranke und Bedürftige. Benediktinerklöster spendeten Almosen und gewährten Gastfreundschaft. Die Mönche engagierten sich (und engagieren sich bis heute) außerdem in Schulen, in der Erwachsenenbildung, in der Landwirtschaft und in der Pflege. Die Regel des Differenzierens aber bleibt und blieb wichtigstes Gebot.[1]

PRIORITÄTEN

Nun mag der Leser glauben, dass das Beispiel mit dem hl. Benedikt reichlich weit hergeholt ist, nur um den Punkt der Differenzierung zu illustrieren. Wir sind nicht dieser Meinung, zumal erstens der weitaus überwiegende Teil der Bevölkerung in Deutschland im Christentum verwurzelt ist und zweitens ein Mandant immer mit einem Thema konfrontiert wird, das auch im Christentum von höchster Bedeutung ist. Das Thema? Das Leben nach dem Tod. Christen glauben an die Wiederauferstehung von den Toten, sie glauben an ein Letztes Gericht und an einen Himmel und eine Hölle, nicht anders als nebenbei bemerkt ehemals die alten Ägypter und die alten Perser. Das ist wahr für die katholische, protestantische und alle orthodox-christlichen Kirchen. In zahlreichen anderen Kulturen nahm man dagegen an, dass man wiedergeboren werden würde. Sprich, man segnet das Zeitliche, die Seele verlässt den Körper und reinkarniert in einem neuen Leib, in einem Babykörper. Diesem Glauben hingen selbst einige frühe Christengemeinden an, weiter die Sufis im Islam und viele andere Glaubensgemeinschaften. Im Hinduismus und Buddhismus ist das immer noch die vorherrschende Annahme, bis heute.

Etwa ab dem 18. Jahrhundert nach Christus begann in unseren Breiten die Philosophie materialistischer zu werden. Es gab mehr und mehr heimliche Atheisten, aber die Zahl ist bis heute geringer, als man auf den ersten Blick annehmen könnte.

Was auch immer nach dem Tod passiert, ist indes nicht das Problem eines Estate Planners, er ist kein Priester. Dennoch hat sich in unserem Unternehmen eine bestimmte Vorgehensweise bewährt. Wenn wir optimalen Beratungs-Service liefern wollen, so lassen wir den Mandanten PROBE-STERBEN. Das hört sich nur im ersten Moment schrecklich an, in Wahrheit handelt es sich um ein effizientes Instrumentarium. Selbstredend muss man sich zuerst kennenlernen, wenn man sich auf ein so diffiziles, hochemotionales Gebiet begibt. Aber recht früh schlagen wir einem Mandanten vor, sich vorzustellen, was mit seinem Besitz und seiner Familie passieren würde, wenn er, von einem Moment auf den anderen … *sterben* würde. Das heißt, wir versenken ihn natürlich nicht in die Agonie des Todeskampfes, sondern wir führen ihm nur plastisch vor Augen, welchen Problemen sich seine Familie und alle Personen, die ihm anvertraut sind, gegenübersehen werden, wenn sie plötzlich nicht mehr auf seinen Rat und seine Erfahrung bauen könnten. Was würde geschehen? Was würde mit dem Vermögen passieren? Was mit seinem Unternehmen? Wer würde es führen?

Der Prozess ist für einige Mandanten manchmal punktuell unangenehm, für einige Sekunden zumindest, aber er ist notwendig. Einige Mandanten haben sich längst mit diesem Gedanken auseinandergesetzt, aber beileibe nicht alle. Jedenfalls erfährt auf diese Weise ein Mandant, wie unglaublich bedeutsam es ist, seine eigene Person vollständig aus dem Spiel, das da heißt Leben, „herauszunehmen". Plötzlich werden die Konsequenzen gesehen. Der Spieler verlässt das Spielfeld. Was nun?

Die konkrete Anweisung lautet: „Bitte schließen Sie Ihre Augen. Stellen Sie sich jetzt vor, wie man mit Ihrem Nachlass umgehen würde?

Was würde passieren mit Ihrem Besitz, mit Ihrer Familie und den Menschen, die Ihnen anvertraut sind?" Es ist ganz erstaunlich, dass Menschen in solchen Augenblicken manchmal gänzlich anders entscheiden, als sie es normalerweise tun würden. Plötzlich verschieben sich die Prioritäten. Unversehens erkennen sie, dass ihr Ableben zu einer unglaublichen Konfusion führen würde, wenn sie selbst nicht mehr die Marschrichtung vorgeben. Es handelt sich hierbei auf den ersten Blick vielleicht um keine besonders rücksichtsvolle Art, mit einem Mandanten umzugehen, aber sie ist hocheffizient und besitzt den Vorteil, dass in der Folge eine Situation, die ja jederzeit eintreffen kann, mit allen Konsequenzen durchdacht wird. Plötzlich werden Versäumnisse sichtbar, die ansonsten nicht an die Oberfläche des Bewusstseins gespült worden wären. Unversehens denkt eine Person an Besitztümer, die sie bislang vollständig aus den Augen verloren hat. Nur auf diese Weise kann der Mandant in der Folge die Wichtigkeiten auswerten, er kann kurz gesagt den Rat des hl. Benedikt anwenden und *differenzieren*. Was wäre für ihn wirklich von Bedeutung, was nicht?

Vielleicht sind dies die drei Wichtigkeiten, in der Reihenfolge ihrer Bedeutung, die er schließlich – mit unserer Hilfe – etabliert, denn wir fragen konkret nach seinen Absichten:

1. Er will unter allen Umständen einen Familienstreit vermeiden und Chaos in seinem Unternehmen verhindern.
2. Er möchte dafür sorgen, dass ein kompetenter Unternehmensnachfolger existiert, sodass alles in geordnetem Rahmen weiterläuft.
3. Er will Steuern sparen, damit der Staat nicht die folgende Generation „ausräubert".

Es kann sich jedoch auch um ganz andere relative Wichtigkeiten handeln. Vielleicht sieht die Prioritätenliste so aus:

1. Er will Steuern sparen.
2. Er hat den Wunsch, sein Vermögen für alle kommenden Generationen abzusichern.

3. Es ist ihm daran gelegen, einen bestimmten Erbschleicher beiseitezuschieben und umgekehrt eine bestimmte Person mit allen Vollmachten auszustatten und auf den freigewordenen Thron zu hieven.

Die Prioritätenliste kann also vollkommen unterschiedlich aussehen. Stets gilt: Der Kunde ist König, der Mandant gibt die Marschrichtung vor, wir sorgen nur für das notwendige Know-how, um seinen Willen Realität werden zu lassen. Wir könnten an dieser Stelle viele Varianten vorstellen, aber Sie haben längst verstanden, worauf es ankommt. Man muss, idealerweise im Gespräch mit einem Profi, festlegen, welche Schwerpunkte gesetzt werden sollen. Erst wenn eine Prioritätenliste erstellt worden ist, kann man „reden", erst dann macht eine Beratung Sinn.

Nur am Rande: Die Absicht, Steuern zu sparen und die Familienharmonie aufrechtzuerhalten, sind Ziele, die uns bei unseren Beratungen besonders häufig begegnen, aber auch der Wunsch, ein Vermögen abzusichern.

EIN EINZIGER SCHWERPUNKT

Es sei nicht verschwiegen, dass es manchmal ausreichend ist, nur einen einzigen Schwerpunkt herauszukristallisieren. Es sind also nicht immer zwei oder drei Schwerpunkte, die man mit spitzer Pinzette aus dem Katalog der Motivationen herauspicken muss. Einige Mandanten verfolgen nur ein einziges Ziel – zum Beispiel die Steuer auf ein Minimum zu reduzieren. Selbstredend rücken wir immer den Kunden in den Mittelpunkt unserer Überlegungen.

Ein hübsches Ereignis in diesem Zusammenhang wollen wir dem Leser nicht vorenthalten: Vor kurzer Zeit hielt ich vor rund hundert Leuten eine Rede. Es handelte sich um einen Informationsabend, natürlich stand das *Estate Planning* auf dem Programm. Im Laufe meiner Ansprache empfahl ich die Methode, die Augen zu schließen und das

„Probesterben" zu praktizieren. Wenn nicht jetzt, so empfahl ich weiter, dann sollte es zumindest später, während der Autofahrt, der Heimfahrt, simuliert werden. Ein Zuhörer fragte verdutzt nach: „Ich soll während der Autofahrt die Augen schließen?" Der ganze Saal bebte vor Lachen. Natürlich war ich davon ausgegangen, dass der Erblasser nicht gleichzeitig der Fahrer seines Pkws war. Das war jedoch bei dem Frager nicht der Fall. Dennoch hieß ich das Gelächter willkommen: Ein ansonsten bierernstes Thema wurde endlich wieder auf die Höhe des Humors zurückgeführt. Und nein, selbstverständlich ist uns nicht daran gelegen, einem Mandanten anzuempfehlen, wie man am schnellsten stirbt.

KONRKETE FÄLLE, DIE ERSTE FINGERZEIGE LIEFERN

Im Übrigen erhalten wir auf die Frage „Was würde passieren, wenn Sie morgen nicht mehr zur Verfügung stünden?" die unterschiedlichsten Antworten. Sie schrammen oft haarscharf an der Wahrheit vorbei, aber manchmal treffen sie auch mitten in die Zwölf und sind erstaunlich ehrlich.

Ein paar Beispiele:
Ein Mandant, der Inhaber eines mittelständischen, inhabergeführten Familienunternehmens mit fünfundvierzig Mitarbeitern, sorgte sich vor allem darum, wie die Löhne weiterhin bezahlt werden würden. Er erkannte glasklar, dass es fatal wäre, wenn das Gericht einen fremden Dritten, einen willkürlichen Betreuer, ernennen und dem Unternehmen einfach vor die Nase setzen würde. Sofort leitete er gemeinsam mit unserem Team alles in die Wege, um seine Mitarbeiter vor einer Katastrophe zu bewahren. Blitzschnell wurden arrangiert: Testament, Vorsorgedokumente, Generalvollmachten, Vorsorgevollmachten und eine Patientenverfügung – die im Falle eines Unfalls/Komas von Bedeutung ist. Sogar seinen digitalen Nachlass ordnete er, selbst um die Passwörter, die dazu gehörten, kümmerte er sich. Es geht schließlich um nichts anderes, als darum, die Handlungsfähigkeit der verbliebenen Familienangehörigen im Fall der Fälle zu bewahren.

Ein anderer Mandant, der mit uns das „Probesterben" unternahm, erkannte einigermaßen entsetzt, dass die anfallende Steuerlast die Familie und das Unternehmen vielleicht ruinieren konnte. Es gab keine Liquiditätssteuerung für diese anfallenden Steuern. Der Fall war in steuerlicher Hinsicht kompliziert, denn es musste genauestens auseinanderdividiert werden, was im ersten Erbgang geschehen konnte – wenn er selbst das Zeitliche segnen würde – was im zweiten Erbgang – wenn seine Ehefrau Abschied genommen hatte und sogar die Kinder. Aufgrund der zu erwartenden Steuerlast wurde die (steuerfreie) Vermögensübertragung auf die Ehefrau durchgeführt, die Kinder wurden mit Schenkungen bedacht. Die Schenkungsverträge wurden jedoch mit *Rückfallklauseln* belegt. Ohne uns an dieser Stelle schon zu sehr in Details zu verlieren: Eine Rückfallklausel, auch *Widerrufsvorbehalt* oder *Rücktrittsvorbehalt* genannt, erlaubt die Rückforderung einer Schenkung unter bestimmten Voraussetzungen. Man spricht auch von einer vorweggenommenen Erbfolge. Der Vorteil besteht darin, dass bei einer Rückübertragung des Geschenks keine Schenkungssteuer anfällt. Bereits bezahlte Schenkungssteuern werden unter Umständen sogar zurückerstattet. Oh, wir verlieren uns bereits in Details, doch genau hier liegt der Hase im Pfeffer.

Wieder in einem anderen Fall handelte es sich um ein kinderloses Ehepaar. Kinderlose Ehepaare werden beim „Probesterben" oft vor enorme Probleme gestellt, weil sie nicht wissen, *wer* ihr Vermögen erhalten soll. In diesem Fall konnten wir durch eine Stiftung Abhilfe schaffen, die einen guten Zweck verfolgte. Der Zweck einer Stiftung wird mit einem Mandanten individuell etabliert, er muss wissen, wo sein Herz am lautesten schlägt.

Eine Stiftung war auch die eleganteste Lösung im Fall eines Sportprofis, der einen guten Zweck fördern wollte und wo das Sparen von Steuern nicht im Vordergrund stehen sollte. Er stand dieser Idee zunächst ablehnend gegenüber, konnte dann jedoch überzeugt werden. Seine Stiftung geriet nach einigen Jahren zu einem rauschenden Erfolg: 180 000 Menschen konnten durch seine Stiftung bereits mit sauberem Wasser versorgt werden. Wenn man sich vor Augen hält, dass rund 800 Millionen Menschen auf Planet Erde keinen Zugang zu sauberem Wasser besitzen – ein laut der UN seit 2010 definiertes Menschenrecht –, sieht man sehr schnell, wie viel man mit dem Estate Planning in die richtige Richtung bewegen kann.

Wieder in einem anderen Fall besaß der Erblasser einige uneheliche Kinder, für die er „im Fall des Falles" Verantwortung übernehmen wollte. Sein Problem bestand darin, dass seine Ehefrau und die Familie nicht um diesen Umstand wussten. Er weihte nur uns ein, seine Berater. In einem speziellen Meeting wurde auf die Anwesenheit seiner Frau verzichtet. Auch dieser delikate Fall konnte von uns gelöst werden, selbst die unehelichen Kinder wurden bedacht, ohne dass die Familienharmonie gestört wurde. Aus Gründen der Seriosität wollen wir auf weitere Details an dieser Stelle verzichten.

GENERELLE PROBLEME

Die individuellen Probleme sind so zahlreich wie Sand am Meer. Gar nicht so selten begegnet man Paaren mit beträchtlichem Altersunterschied. Auch solche Probleme kann man elegant lösen. Reden wir einmal Tacheles und ohne Maulkorb: In derartigen Fällen sieht man sich oft einer ungleichen Verteilung des Vermögens zwischen den Eheleuten gegenüber. Sprechen wir in völliger Offenheit: Der meist wesentlich ältere Mann fürchtet, dass er im hohen Alter aufgrund seiner geringeren optischen und körperlichen Attraktivität von der wesentlich jüngeren, ansehnlicheren Partnerin verlassen werden könnte. Im Zuge dessen fürchtet er weiter, dass sich in diesem Fall sein Vermögen halbieren würde. Auch solchen Problemen kann man ohne weiteres zu Leibe rücken, wenn man mit dem entsprechenden juristischen Know-how bewaffnet ist.

Wieder eine andere Konstellation ist gegeben, wenn ein Erblasser in emotionaler Hinsicht dem Patenkind beispielsweise nähersteht als den eigenen Kindern. Eine Person wünscht in diesem Fall, dass ihr Vermögen zumindest teilweise auch an das Patenkind übergehen soll. Aber sie sieht voraus, dass entsprechende Regelungen höchstwahrscheinlich zum Streit zwischen den Kindern und dem Patenkind führen würden. Was tun, sprach Zeus? Auch ein solcher Fall ist lösbar, man kann ihn zumindest in juristischer Hinsicht in trockene Tücher bringen.

Doch was passiert, wenn ein Erblasser nicht alle Karten offen auf den Tisch legt? … könnte ein Skeptiker fragen. Nun, die Wahrheit der Geschichte ist, dass so etwas selten oder nie vorkommt. Der Grund leuchtet ein: Ein Mandant erkennt sehr schnell, dass er seine Wünsche und Verhältnisse offenlegen muss, da nur dann die entsprechenden Regelungen, die wasserdicht sind, getroffen werden können. Wenn dagegen bestimmte Ungereimtheiten zu spät zur Sprache kommen, so wirkt sich das immer zum Nachteil des Mandanten aus. Je später verzwickte Sachlagen zugegeben werden, umso verfahrener ist die Situation. Das kann mitunter dazu führen, dass sich der bislang eingeschlagene Weg als falsch herausstellt. Die Folge? Dem Mandanten entstehen zusätzliche Kosten, von dem Zeitverlust ganz zu schweigen. Intelligenz erfordert eine Situation auch, wenn im Erbfall Liquidität an allen Ecken und Enden fehlt, weil zum Beispiel alle Gewinne in Immobilien investiert worden sind. Die gute Nachricht: Es gibt kein Problem, das man nicht lösen kann.

NOCH EINMAL: RELATIVE WICHTIGKEITEN

Jedenfalls muss im ersten oder zweiten Gespräch eine Gesamtstrategie entwickelt werden. Der Schwerpunkt, das Ziel ist von Bedeutung. Diese Gesamtstrategie muss sich immer an den Gegebenheiten und Wünschen des Kunden ausrichten. Sehr oft reichen zwei „goldene" Fragen aus, die gewöhnlich mitten in die Zwölf treffen:

- **Was wollen Sie erreichen? (Alternativ: Was ist Ihr vorrangiges Ziel?)**
- **Was wollen Sie unbedingt vermeiden?**

Manchmal gehen wir so weit, hinzuzufügen:
Für jede dieser beiden Fragen steht Ihnen nur eine einzige Antwort zur Verfügung.

Das zwingt den Kunden, seine Aufmerksamkeit zu fokussieren. Speziell wenn er sich in zu vielen Antworten verliert, sind diese beiden Fragen tatsächlich Gold wert. Schon vier oder fünf unterschiedliche Antworten können verursachen, dass sich die Aufmerksamkeit eines Mandanten in alle Himmelsrichtungen verstreut und wie vom Winde verweht wird. Werden diese beiden Fragen präzise beantwortet – und der Estate Planner muss hierauf bestehen –, dann kristallisiert sich früh die korrekte Gesamtstrategie heraus.

Regelrecht gegensätzliche Entscheidungen können bei unterschiedlichen Strategien angezeigt sein. Betrachten wir etwa das immobile Vermögen. Wenn dringendst Liquidität für die Ehefrau geschaffen werden soll, so kann beispielsweise der frühzeitige Verkauf einer Immobilie korrekt sein. Für einen anderen Mandanten mag dies jedoch ein beträchtlicher Fehler sein, weil sich momentan gerade die Immobilienpreise im Keller befinden, es aber abzusehen ist, dass sie nur in ein paar Jahren bereits wieder massiv steigen werden. Es ist also ein Fehler, von einem einzelnen Vermögensdetail auszugehen und etwa bestimmen zu wollen, „was mit einem Haus passieren soll". Zunächst müssen die Ziele geklärt werden, und eine Gesamtstrategie muss auf den Tisch. Allein diese Vorgehensweise illustriert erneut den Gegensatz zu einem reinen Vermögensverwalter/zu einem Bankberater/zu einem Finanzdienstleister. In diesen drei Bereichen ist man nur und ausschließlich darauf bedacht, bestimmte Produkte zu verkaufen. Man denkt an die eigene Provision. Die heimliche Berechnung steht im Raum, dass sich ein „Gespräch" schließlich für den Bankberater oder Finanzdienstleister

„lohnen“ muss. Die Kundenbeziehung soll einen unmittelbaren Ertrag bringen – für den Berater.

Im Gegensatz dazu etablieren wir zunächst den für den Mandanten wichtigsten Aspekt. Sobald keinerlei Unklarheit über das Ziel mehr besteht, können wir systematisch die einzelnen Themenfelder abarbeiten. Man hat in diesem Fall Ordnung in den Fall gebracht und einen Prozess definiert. Man muss also eine „Top-Down-Vorgehensweise“ favorisieren: Sobald das übergeordnete, höchste Ziel klar auf der Hand liegt, lösen sich nebenbei bemerkt zahlreiche weiter Probleme in Luft auf beziehungsweise die Antworten auf bestimmte Fragen liegen auf der Hand.

EMOTION VERSUS VERNUNFT

Es ist eine durch die Praxis belegbare Tatsache, dass bei den meisten Mandanten anfänglich die Emotionalität im Vordergrund steht. Und das ist verständlich. Der Kunde ist aufgewühlt. Er denkt an die fernere Zukunft, die er bislang immer beiseitegeschoben hat. Er denkt an seine Verwandten und die Menschen, die er liebt. Er denkt an seine Mitarbeiter, die mit ihm treu auf dem Weg gewandelt sind, den er beschritten hat.

Im Erstgespräch hören wir deshalb nur sehr genau zu. Gegebenenfalls fragen wir gezielt nach, um wirklich zu verstehen, was der Kern der Sache ist. Wir müssen unter allen Umständen vermeiden, etwas falsch zu interpretieren. Es geht bei dem Erstgespräch darum, in Erfahrung zu bringen, was einen Mandanten wirklich umtreibt, was ihn bewegt, was ihn emotional berührt. Es geht nicht darum, ob sein Vermögen mit 4 % oder 4,5 % verzinst angelegt wird. Das Geld spielt interessanterweise zunächst eine denkbar nebensächliche Rolle.

Jeder Mandant erkennt im Laufe eines solchen Gesprächs – und wir jedes Mal mit ihm –, dass es weitaus höhere Wertigkeiten gibt als den schnöden Mammon. Die Affinität zu bestimmten Mitmenschen wird auf einmal ungleich höher eingeschätzt. Auch Fragen der Religion werden manchmal zu einem Thema. Eine Person „erwacht“ und philosophiert vielleicht über die „Vergänglichkeit des Fleisches“ und den „Sinn des Daseins“. Es sind mitunter bewegende Momente. Plötzlich schiebt sich bei einer verantwortungsvollen Person eine ganz andere Problematik in den Vordergrund. Vielleicht hat sie selbst ein ansehnliches Vermögen oder einen Besitz geerbt, der über viele Generationen in der eigenen Familie erhalten geblieben ist – und jetzt für die kommenden Generationen gesichert werden muss. Möglicherweise hat sie das Vermögen also nicht einmal selbst verdient und spürt nun die Last der Verantwortung gegenüber den Kindern und Kindeskindern.

Oder ein Erblasser lebt in einer Patchworkfamilie. Ein altmodischer Ausdruck hierfür lautet Stieffamilie. Im Englischen bedeutet *Patchwork* wörtlich *zusammengesetzt*. Es handelt sich präziser gesagt um eine Familie, in der mindestens ein Elternteil ein Kind aus einer früheren Beziehung in die neue Familie mitgebracht hat. Oft handelt es sich um mehrere Kinder von beiden Seiten. Auch nichteheliche Lebensgemeinschaften und Familien mit Pflegekindern werden als Patchworkfamilien bezeichnet. Wer soll jetzt bedacht werden? Wie soll man mit dem Vermögen umgehen? „Solo“-Figuren, sprich allein gebliebene Menschen, stellen sich dagegen die Frage, wer mit dem Vermögen nach dem eigenen Tod bedacht werden soll? Der Staat als Empfänger wird selten oder nie als „Ventillösung“ angesehen, genauso wenig wie die „bucklige Verwandtschaft“, wie sie manchmal abschätzig, aber in völliger Offenheit bezeichnet wird. (Wir lieben ehrliche Beschreibungen, auch wenn sie nicht akademisch klingen.)

Und was ist mit zwei Kindern, von denen sich eines herzzerreißend und hingebungsvoll um die Pflege und Betreuung der Eltern gekümmert hat, das andere aber ein verantwortungsloser Zeitgenosse ist? Das liebevolle Kind hat sogar die eigenen Ansprüche und die eigene Entwicklung – zum Beispiel in beruflicher Hinsicht oder in Bezug auf eine Partnerschaft – nobel zurückgestellt und ist eine edle Seele. Das andere Kind dagegen lebt in Saus und Braus, kümmert sich nicht um seine Eltern, stellt nur Forderungen und will möglichst viel Geld sehen. Der Wunsch der Eltern, diese Umstände bei der Vermögensübereignung zu berücksichtigen, ist nachvollziehbar und mehr als verständlich.

Wieder eine andere Variante wäre, dass bestimmte Mandanten ihren Lebensabend im Ausland verbringen wollen, vielleicht aufgrund besserer klimatischer Verhältnisse, vielleicht auch aufgrund des Protestes gegenüber der gesellschaftlichen und politischen Entwicklung in Deutschland. Möglicherweise hat jedoch der Erblasser in diesem Fall nicht daran gedacht, dass es in Deutschland eine „Wegzugsbesteuerung" gibt, welche die geplante dritte Lebenszeit zunichtemachen könnte. Oh ihr Götter! Schon wieder eine Steuer! Offiziell lautet die Rechtfertigung des Staates hierfür, dass man mit der Wegzugsbesteuerung die Kapitalflucht verhindern will. Er will sicherstellen, dass die vorhandenen stillen Reserven auch im Inland steuerlich erfasst werden. Der Staat ist ein gefräßiger Moloch! Wie verhält man sich idealerweise in einem solchen Fall?

Und wie stellt sich die Situation dar, wenn ein Unternehmer den Kindern bestimmte Gesellschaftsanteile übertragen möchte, doch die Kinder, durch ein Studium bedingt, halten sich im Ausland auf? Möglicherweise haben sie dort bereits einen Ehepartner oder Lebensgefährten gefunden und wollen nicht mehr nach Deutschland zurückkehren.

Schwingen wir uns noch einmal zu den Höhen des Humors auf. Tatsächlich sind uns auch schon Mandanten begegnet, deren einziges Ziel darin bestand, sich die „dummen Gesichter" der Erbschleicher vorzustellen, wenn sie bei der Testamentseröffnung erfahren, dass sie leer ausgegangen sind. Ein diabolisches Vergnügen! Die späte Rache als Motiv ist nicht nobel, aber wir müssen zugeben, dass wir sogar dies nachvollziehen können, auch wenn es eigentlich besser in einen Krimi oder

Filmplot passt als in ein Sachbuch. Im Krimi und im Film liebt man den Twist, die völlig überraschende Wendung, wenn die Handlung also unvorhersehbar in eine andere Richtung kippt.

Motive sind denkbar unterschiedlich. Und wenn man auch die überwiegende Anzahl der Motive auf verschiedene gemeinsame Nenner bringen kann, so müssen wir doch zugeben, dass wir immer wieder staunen, wenn wir erleben, was Menschen in ihrem innersten Kern bewegt. Jedenfalls ist die Etablierung eines Ziels (oder maximal zwei oder drei Zielvorstellungen, die jedoch gewichtet werden müssen) der erste unabdingbare Schritt. Sobald das Ziel klar definiert worden ist, hört es auf zu regnen. Die Sonne bricht durch die Wolken. Erst jetzt kann man ans Eingemachte gehen, erst jetzt kann man die notwendigen Entscheidungen treffen.

3. DIE BESTANDSAUFNAHME: WAS SACHE IST.

Natürlich sind noch einige weitere Fragen zu beantworten, das versteht sich von selbst. Aber wir verfügen mit dem Ziel über den festen Punkt, von dem aus wir, poetisch gesprochen, das Weltall aus den Angeln heben können, wie das einst ein griechischer Philosoph so gekonnt ausdrückte. Wichtig ist darüber hinaus die Bestandsaufnahme, die gar nicht detailliert genug sein kann, will man künftige Probleme vermeiden. Erlauben Sie mir hier eine kleine Bemerkung dazu. Wir begegnen bei unseren Klienten häufig einem riesigen Durcheinander von schriftlichen Unterlagen. Die Best Ager Generation ist im Duden seit dem Jahr 2007 als „anspruchsvolle und konsumfreudige Kundengruppe“ definiert. Ich möchte es erweitern. Sie sind außerdem oftmals völlig überfordert hinsichtlich ihrer finanziellen Angelegenheiten. Es wurden viele verschiedene Finanzprodukte gekauft. Nichts ist aufeinander abgestimmt. Kennen Sie das auch? Nichts ist strukturiert! Kein Plan vorhanden! Auf die Frage, warum das so ist: „Keine Zeit oder schlichtweg keine Lust, mich um die Dinge zu kümmern.“, „Viele Beraterwechsel.“, „Tod eines Beraters und zum neuen Beratern wurde kein Vertrauen aufgebaut.“ Das Resultat ist ein Ohnmachtsgefühl beim Klienten. Doch kommen wir zurück zum Wesentlichen.

Die 66-Tausend-Dollar-Frage lautet: Was soll überhaupt vererbt werden? Welche Besitztümer existieren?
Gönnen wir uns wieder einen kleinen Ausflug in die Geschichte und untersuchen wir in puncto „Bestandsaufnahme“ einen der ehemals reichsten Männer der Welt.

DIE ROTHSCHILD-DYNASTIE

Wir alle kennen den großen Namen Rothschild – die unvorstellbar reiche Bankiersfamilie –, aber nicht alle kennen wir den Beginn dieser Geld-Dynastie, die auf den gerissenen Gründer der Familie, den alten Mayer-Amschel Rothschild (1744–1812) zurückzuführen ist. Als Mitglied der Frankfurter Juden, die damals kaum geachtet wurden und mit zahllosen Vorurteilen zu kämpfen hatten, gelang es ihm dennoch, so hoch aufzusteigen, wie es nie wieder einem anderen „Finanzberater" gelingen sollte.

Was waren seine Erfolgsgeheimnisse? Der erste international operierende „Finanzberater" der Geschichte erstellte am Anfang seiner Karriere einen Münzkatalog, um seine Kunden besser, vorteilhafter und schneller bedienen zu können. Die Kataloge waren hervorragend aufgemacht, mit einem Ledereinband versehen und mit goldenen Lettern bedruckt. Außerdem wurde jeder Kunde persönlich angesprochen, mit einem persönlichen Anschreiben. Das „Direct-Mailing", das eigentlich erst im 20. Jahrhundert erfunden wurde, kannte dieser Geldfuchs schon im 18. Jahrhundert!

Ein Coup ganz eigener Art gelang Mayer-Amschel, als er einen der wohlhabendsten Männer seiner Zeit in Finanzdingen beraten durfte: Wilhelm I. von Hessen-Kassel. Wie gelang ihm das Kabinettstückchen? Nun, er zog den engsten bisherigen Finanzberater des Fürsten auf seine Seite, indem er ihn an seinen Geschäften beteiligte, tatsächlich an hochlukrativen Anlagen. In der Folge wurde es ihm erlaubt, auch den Hessenfürsten selbst zu bedienen. Er machte sich für Wilhelm I. unentbehrlich, indem er durch satte (Zins-)Gewinne überzeugte, die er seinem noblen Auftraggeber verschaffte. Als schließlich hohe und höchste Geldbeträge anzulegen waren, erhielt nur noch Rothschild den Zuschlag.[1]

Das Ergebnis? Auch Rothschilds eigene Einnahmen wuchsen in den Himmel. Gleichzeitig hörte Rothschild nie auf, auch andere Fürsten zu bedienen, so etwa Karl Anselm von Thurn und Taxis, der das Post-Monopol besaß und „nebenbei" mit politischen Informationen handelte. Hierdurch kam Rothschild mit den „heißesten" Informationen auf dem politischen Parkett in Kontakt. Auf diese Weise verdiente er sogar an der Französischen Revolution im Jahre 1789.

Wie das? In Paris gab es am laufenden Band Unruhen und Hungersnöte. Rothschild kaufte Mehl in deutschen Landen billig ein und verhökerte es teuer in Paris; auf diese Weise erzielte er Riesengewinne. Er stieg weiter in das Speditionsgeschäft ein und versorgte schließlich sogar die österreichische Armee mit allen möglichen Utensilien, denn die Österreicher mussten sich nach der Französischen Revolution mit Napoleon herumschlagen. Rothschild verkaufte den Österreichern Uniformen, Pferde, Sättel, Proviant und Zelte und verdiente sich als Heereslieferant ebenfalls eine goldene Nase. Tuch beschaffte er von der britischen Insel und verkaufte es auf dem europäischen Kontinent. Und also fungierte er zusätzlich als Importeur von englischen Stoffen und anderen Waren.[2]

Die Erfolgsformel? Man muss lediglich „international“ denken und handeln. Außerdem erkannte Rothschild früher und schneller als andere, was in einem Land im Überfluss vorhanden war und was in einem anderen Land händeringend gebraucht, gewünscht und gesucht wurde. Er erspähte Chancen schneller als ein Raubvogel seine Beute. Zudem war er bereit, Risiken einzugehen. Und er scherte sich den Teufel um Recht und Gesetz. Waren nicht alle Staaten selbst Diebe und Räuber, die nur ihre Untertanen schröpften? Doch als Napoleon erfuhr, dass Rothschild und sein engster, wichtigster Kunde, der Hessenfürst Wilhelm I., die Engländer und die Österreicher unterstützte, sprich seine Feinde, kochte er über vor Wut. Er schlug erbarmungslos zu und hetzte seine Schergen auf Wilhelm I. und Rothschild. Damit war es für beide plötzlich notwendig, eine „Bestandsaufnahme ihrer Besitztümer“, wie man das nennen könnte, aufzustellen – ganz davon abgesehen, dass auch der Frankfurter Magistrat, der gern überdimensionale, unverschämt hohe Steuern von den Juden abgriff, über die Einkünfte Rothschilds aufgeklärt werden wollte.

Wie reagierte Rothschild? Und wie Wilhelm I.? Wilhelm I., der Hessenfürst, wurde rechtzeitig über das Vorhaben Napoleons in Kenntnis gesetzt. Natürlich wusste er, dass ihn der Korse nur ausräubern wollte.

Panikgeschüttelt begann er, seine Schätze nicht etwa systematisch aufzulisten, sondern sie in Kisten und Truhen zu verpacken und sie hinter geheimen Wänden zu verstecken, um zu retten, was zu retten war. Er verfügte über Goldstücke, Silber, kostbarste Münzen, Medaillons, wertvolle Gefäße, Schuldscheine, Zinszertifikate, kurz, er hatte zahlreiche Anlagen getätigt, die alle Geld und nochmals Geld abwarfen. Wilhelm fürchtete, alles zu verlieren. Seine Kammerdiener waren nun Tag und Nacht damit beschäftigt, Geld an geheimen Orten zu deponieren. Kurz darauf floh Wilhelm I. verkleidet und zusammen mit ein paar Lakaien in einer Kutsche bei Nacht und Nebel mit einem Teil seiner Papiere und Schätze. Unerkannt schlug er sich durch die französischen Linien und fand Unterschlupf bei seinem Bruder in Schleswig.

Doch das Gerücht über die unendlichen Schätze, die er hatte verstecken lassen, geisterte durch die Lande und war nicht aus der Welt zu schaffen. Den französischen Generalgouverneur Lagrange, seines Zeichens ein Vertrauter Napoleons, erreichten diese Gerüchte. Sofort leitete er eine intensive Suchaktion ein. Schatz um Schatz wurde geborgen. Dem Generalgouverneur gingen fast die Augen über. Lagrange entdeckte so viel Geld, dass er schließlich selbst von Gier gepackt wurde, der Teufel packte ihn am Genick. Was war eigentlich dagegen einzuwenden, wenn er einen Teil der Schätze in seine eigene Tasche wandern ließ, statt sie seinem Herrn, Napoleon, in den Rachen zu werfen? Ein Vertrauter Wilhelms machte ihm ein unanständiges Angebot. Und so ließ sich Lagrange schließlich bestechen, konkret kassierte er drei Millionen Gulden. Im Gegenzug musste er Wilhelm lediglich den kleinen Gefallen tun, über die tatsächliche Höhe der Schuldscheine, Anleihen und Wechsel, die er bei seiner Flucht hatte zurücklassen müssen, Stillschweigen zu bewahren. Lagrange verkaufte seine Seele. Aber Wilhelm, in der Ferne, sah sich nun dem Problem gegenüber, seinen unermesslichen Reichtum anderweitig anzulegen und zu deponieren. Infrage für diese Aufgabe kamen nur sein ursprünglicher Finanzberater und Rothschild.[3]

Rothschild fackelte nicht lange. Gerettete Kisten wurden heimlich in Rothschilds Haus in Frankfurt geschafft. Längst hatte der alte Fuchs hier einen Geheimkeller einrichten lassen, der niemandem zugänglich war, abgesehen von ihm selbst. Außerdem existierte ein Geheimgang zum Nachbarhaus, sodass im Falle eines Falles Geld und Besitz sofort weggeschafft werden konnten, sollten Napoleons Soldaten sein Haus umstellen. Auch die Kutschen Rothschilds verfügten über Geheimfächer, einige Kutschen waren speziell für ihn angefertigt worden. Weiter wurde seine Korrespondenz mittels einer Geheimschrift vor fremden Augen geschützt.

Wilhelm, der wie alle Geldmenschen nur wenige Vertraute besaß, war jetzt auf Gedeih und Verderb auf die Kooperation mit Rothschild angewiesen, obwohl er versuchte, von seinem Exil aus auch andere Bankhäuser für sich einzuspannen. Aber niemand war so clever wie Rothschild, der die französischen Spitzel wieder und wieder zum Narren hielt. Obwohl er mehrmals verhört wurde, einmal eine ganze Woche lang, gab er nie die Geheimnisse des Mannes preis, der ihm dazu verholfen hatte, die gesellschaftliche Leiter so hochzusteigen. Sein Haus wurde ein anderes Mal von französischen Spionen besetzt, aber Rothschild verriet kein Wort. Selbst gegenüber Bestechungsversuchen seitens der Franzosen war er immun, denn er wusste, er würde künftig noch sehr viel mehr Geld abgreifen können, wenn er nur den Mund hielt.

Zu Hilfe kam ihm eine weitere Person: Dalberg. Dalberg, der Erzbischof von Mainz, war von Napoleon zum Haupt des *Rheinbundes* ernannt worden, mit dem Bonaparte das deutsche Lager zu spalten gedachte. Was niemand wusste: Dalberg befand sich längst in der Tasche Rothschilds. Ungesehen von allen wurde auch Dalberg von Rothschild „finanziell unterstützt". Etwas weniger galant könnte man sagen: Rothschild bestach selbst seine Feinde. Sein ungeschriebenes Glaubensbekenntnis lautete: *Jeder hat seinen Preis.* Rothschild rückversicherte sich jedenfalls Dalbergs Unterstützung, der eigentlich der Statthalter Napoleons in Deutschland war, indem er ihm wieder und wieder aus Geldnöten half – und rettete damit seine eigene Haut; denn der Stellvertreter Bonapartes ging ihm im Gegenzug dafür nicht an die Gurgel und ließ ihn nicht festsetzen.

Gleichzeitig hörte Rothschild, dieser Fuchs aller Füchse, nicht auf, weiter Geld und Geld und noch mehr Geld zu scheffeln. Er übertölpelte selbst Napoleon, den gefürchtetsten Feldherrn seiner Zeit, als dieser die Kontinentalsperre verhängte, sprich als der Korse England vom Festland abzuschneiden suchte. Trotz der Sperre blühte jetzt der heimliche Handel mit England erst richtig auf. Wer spielte die führende Rolle? Rothschild! Sohn Nathan in England verfügte inzwischen über schier unermesslich viel Kapital – selbst ein Großteil der Gelder Wilhelms waren in England angelegt worden. Weiter hatte Nathan die besten Konnexionen zu Warenherstellern, Transporteuren, Schiffseignern und Schmugglern. Und so floss erneut ein ungeheurer Reichtum in die weiten Taschen der Familie Rothschild. Die Gewinne waren spektakulär, weil das Geschäft (von England nach Frankreich, von Freundesland zu Feindesland) eigentlich verboten und damit brandgefährlich war.[4] Niemand konnte deshalb an dem Krieg zwischen Frankreich und England so gut verdienen wie ein Händler oder Bankier. Viele machten sich den Beutel dick, aber Rothschild übertraf sie alle.

BEURTEILUNG

Wie soll man schlussendlich über diesen Mann urteilen? Entzieht er sich nicht jeder Bewertung? Auf den ersten Blick kann man dem alten Mayer-Amschel seine Sympathie nicht versagen. Es handelte sich bei ihm um einen hoch begabten Geldfuchs, der sich aus ärmlichsten Verhältnissen emporarbeitete. Wieder und wieder zimmerte er die alte Erfolgsformel fest, dass Kontakte zu „hochgestellten Herren“ dem eigenen Geldbeutel guttun. Gleichzeitig ist er der schlagende Beweis dafür, dass Informationen damals wie heute alles sind. *Wissen ist Macht.*

Der Fairness halber muss man auch anmerken, dass er einen unvergleichlichen Mut besaß. Er fürchtete weder Tod noch Teufel und mischte sich mit der größten Selbstverständlichkeit in die hohe Politik ein. Unbeirrbar hielt er an seinem Ziel fest, die reichste Dynastie Europas oder gar der Welt zu schmieden.

Auf der anderen Seite muss es ebenfalls zu sagen erlaubt sein, dass sich Mayer Amschel Rothschild nicht im Geringsten um Gesetze oder das Recht scherte. War er deshalb ein Schuft oder gar ein Verbrecher? Nun, er fälschte nachweislich Bücher, hinterzog in unvorstellbarem Ausmaß Steuern, gab falsche Vermögensaufstellungen an und trat das Gesetz mit Füßen, die Gesetze des Frankfurter Magistrates ebenso wie die Verordnungen Napoleons. Er bestach ohne mit der Wimper zu zucken in großem Stil die Menschen und kaufte jedermann ein, der ihm von Nutzen sein konnte. Nach heutiger Sachlage würde er ins Gefängnis wandern und als Krimineller gebrandmarkt werden, aber der alte Fuchs war zu klug, um sich erwischen zu lassen.

Auf der anderen Seite konnte er freigiebig und großzügig handeln. Er liebte seine Familie abgöttisch und blieb seinen Gönnern und Geschäftspartnern, die ihm in den Sattel geholfen hatten, bis zum Schluss treu. Verglichen mit dem elenden Landgrafen von Hessen-Kassel ist er eine geradezu sympathische Figur. Wilhelm verkaufte seine Soldaten und Landeskinder wie Vieh. Doch Mayer Amschel unterstützte ihn dabei, was ihn andererseits zu einem Kumpan und Gesinnungsgenossen des landgräflichen Schurken machte.

Rothschild war ein reinrassiger Geldmensch, wenn auch der begabteste, den das 18. Jahrhundert kennt. Er betete den Mammon an und riskierte dafür hundertmal sein Leben, zog aber stets seinen Kopf aus der Schlinge, indem er seine Feinde intelligent bestach. Und so war der alte Rothschild, bei allem Genie, das man ihm nicht absprechen kann, im Grunde genommen eine arme Seele, denn wenn man dem Mammon den ersten Platz in seinem Leben einräumt, endet man als sein Sklave. Doch wie schrieb sich die konkrete Geschichte der Rothschilds fort? Der alte Rothschild hinterließ seinen Söhnen nicht nur ein Finanzimperium, sondern auch vier Richtlinien. Sie lauteten:

- Alle Schlüsselpositionen sind mit Familienmitgliedern zu besetzen.
- An Geschäften dürfen nur männliche Familienmitglieder teilnehmen.
- Der älteste Sohn des ältesten Sohnes soll Familienoberhaupt sein, soweit die Mehrheit der Familie nicht anders entscheidet.
- Es soll keine juristische Bestandsaufnahme und keine Veröffentlichung des Vermögens geben.[5]

Mit anderen Worten: Der alte Rothschild erteilte der „Bestandsaufnahme" eine Absage, jedenfalls der „juristischen" Bestandsaufnahme. Er war seiner Zeit voraus, denn auch wir raten zu einer Familienverfassung, bei der es sich um ein juristisch nicht bindendes Schriftstück einer Unternehmerfamilie handelt, in welchem diese die zentralen Leitlinien ihres familialen und unternehmerischen Denkens zusammengefasst hat. Nebst Werthaltungen könnten auch konkrete Definitionen, Anforderungen, Erwartungshaltungen, Vorgehensweisen und Prozessbeschreibungen einer Unternehmerfamilie enthalten sein. Solche Dokumente können auch als Familiencharta, -kodex, -statut, -leitbild und so weiter bezeichnet werden. Um ihre Bereitschaft zu dokumentieren, die Charta zu akzeptieren und sich an deren Inhalte zu halten, wird diese von den Mitgliedern einer Unternehmerfamilie oftmals gemeinsam unterzeichnet. Was ist hierzu zu kommentieren?

DIE ANDERE SEITE DER MEDAILLE

Nun, wir können von der Vorgehensweise Rothschilds, sich gegen eine Bestandsaufnahme zu wehren, nur abraten. Es gibt inzwischen zahlreiche raffinierte Möglichkeiten, einer Steuerhinterziehung auf die Spur zu kommen. Technologie macht im Augenblick Quantensprünge. Das gesamte Know-how der Geheimdienste wird mitunter eingesetzt, das sich inzwischen auf einem so hohen Niveau befindet, dass man ihm praktisch nicht mehr entgehen kann.[6] Wir alle sind Bürger mit „gläsernen Taschen", zumindest in Deutschland, den USA und in den Industrieländern; wir sollten das in aller Schärfe realisieren.

Man steht mit einem Bein im Gefängnis, wenn man sich auf „die Methode Rothschild" einlässt. Wir haben die Geschichte des alten Rothschilds nur deshalb aufgeführt, um zu illustrieren, was vielleicht noch im 18. Jahrhundert möglich war. Außerdem ist dadurch – wir gestehen es – ein gewisser Unterhaltungsmoment gegeben. Doch wenn man sich auf dieses Spiel einlässt, riskiert man, selbst von Gaunern, Hochstaplern und unseriösen Figuren des Finanzmarktes betrogen zu werden, gegen die man in der Folge nicht einmal juristisch vorgehen kann, denn es handelte sich ja von vorneherein um eine ungesetzliche Angelegenheit – man würde sich nur selbst belasten. Zusätzlich hat man es mit Verrätern im eigenen Lager zu tun. Die Anzahl der Ehefrauen, die ihren eigenen Mann „hochgehen" ließen, weil er sie mit einer anderen Frau „betrogen" hat, ist inzwischen Legion. Im Grunde riskiert man den Gesamtverlust seines geheim gehaltenen Vermögens. Nicht selten riskiert man sogar Leib und Leben. Mayer Amschel Rothschild entging mehr als einmal nur knapp dem Tod. Wenn es also nur einen einzigen Ratschlag gibt, den man geben darf, so besteht er darin, eine ehrliche und vollständige Bestandsaufnahme durchzuführen. Die gute Nachricht: Längst gibt es völlig legale Methoden, dem gierigen Fiskus gekonnt ein Schnippchen zu schlagen. Wir werden hierauf noch zu sprechen kommen.

Was jedoch zählt alles zu den Vermögensverhältnissen? Zu diesem Thema haben wir einige Checklisten entwickelt. Theoretisch könnte man vorab zwischen privatem und geschäftlichem Besitz unterscheiden sowie zwischen Besitz im Inland und im Ausland. Überfliegen Sie einmal die folgenden Seiten, Sie brauchen sie im Moment noch nicht sorgfältig zu studieren. Es soll lediglich ein erster Einblick vermittelt werden.

CHECKLISTEN: BESITZ DER ZU VERERBEN IST

Nachlassverzeichnis / Bestandsverzeichnis (Erbrecht) – Checkliste

Stammdaten Mandant	
Name:	....
Vorname:	....
Geburtsdatum:	....
Anschrift:	....
Kontaktdaten:	....
	....

Vorlage eines Nachlassverzeichnisses zur Auskunftserteilung über den Bestand und Wert des Nachlasses am Todestag des Erblassers.	
Nachlassverzeichnis	
Name:	....
Vorname:	....
Geburtsdatum:	....
verstorben am:	....
Güterstand:	....

Nachlassverzeichnis / Bestandsverzeichnis (Erbrecht)

1. Nachlassvermögen im In- und Ausland – Aktiva

1.1. Immobilien

Lage: ....

Nutzungsart: ....

eingetragen im Grundbuch von: ....

Band, Blatt: ....

Amtsgericht: ....

eigener Anteil: ....

Miteigentümer: ....

Grundstückfläche in qm: ....

Wohn-/Nutzfläche in qm: ....

[ggf. separate Übersicht beifügen]

1.2. Bank-, Sparkassen-, Postspar- und sonstige Guthaben

bei: ....

Stichtag/Wertstellung: ....

[Saldenbestätigung bzw. Anzeige nach § 33 ErbStG beifügen]

Gesamtwert: ....

1.3. Wertpapiere, Sparkassenbriefe, Genussscheine, Fondsbeteiligungen, Aktien

bei: ....

Stichtag/Wertstellung: ....

[Saldenbestätigung bzw. Anzeige nach § 33 ErbStG beifügen]

Gesamtwert: ....

1. Nachlassvermögen im In- und Ausland – Aktiva

1.4. Bargeld

Gesamtwert: ....

1.5. Gesellschaftsbeteiligungen / Firmen

Beteiligung an: ....

Beteiligungsquote: ....

Eintragung im Handelsregister: ....

Gesamtwert: ....

1.6. Ausstehende Forderungen

[z.B. Forderungen aus Darlehen-, Miet-, Pacht-, Dienst- und Kaufverträgen; Verträge in Kopie vorlegen]

Gesamtwert: ....

1.7. Forderungen aus Versicherungen

[z.B. Renten-, Bauspar- oder Lebensversicherungen ohne Bezugsberechtigte; Auszahlungsmitteilungen der Versicherer in Kopie vorlegen]

Gesamtwert: ....

1.8. Steuererstattungsansprüche

[Steuerbescheide in Kopie beifügen]

Gesamtwert: ....

1. Nachlassvermögen im In- und Ausland – Aktiva

1.9. Fahrzeuge

Typ: ....

Baujahr: ....

KM-Stand: ....

Gesamtwert: ....

1.10. Kunstgegenstände, Sammlungen, Antiquitäten

[Alter, Anschaffungswert, Zustand; ggf. Schätzgutachten oder sonstige Wertnachweise vorlegen]

Gesamtwert: ....

1.11. Edelmetalle, Schmuck

[Alter, Anschaffungswert, Zustand; ggf. Schätzgutachten oder sonstige Wertnachweise vorlegen]

Gesamtwert: ....

1.12. Hausrat

[Alter, Anschaffungswert, Zustand; ggf. sonstige Wertnachweise vorlegen]

Gesamtwert: ....

1.13. Persönliche Habe / Kleidung

[Alter, Anschaffungswert, Zustand; ggf. sonstige Wertnachweise vorlegen]

Gesamtwert: ....

1.14. Sonstiges Vermögen

[z.B. Anteil an einer Erbengemeinschaft, Verlags-, Patent-, Urheberrechte, Maschinen]

Gesamtwert: ....

Summe Nachlasswerte – Aktiva

....

2. Nachlassvermögen im In- und Ausland – Passiva

2.1. Erblasserschulden

[z.B. Krankenhauskosten, Arztrechnungen, Steuerrückstände, Mietrückstände, Unterhaltsschulden, Rentenschulden; Belege beifügen]

Gesamtwert: ....

2.2. Bestattungskosten

[z.B. Kosten für Bestattungsunternehmen, Todesanzeige, Grabstein; Belege beifügen]

Gesamtwert: ....

2.3. Kosten für Nachlassabwicklung

[z.B. Rechtsanwalts- und Notarkosten, Belege beifügen]

Gesamtwert: ....

Summe Nachlassverbindlichkeiten – Passiva

....

3. Reinnachlass

Summe Nachlasswerte - Aktiva	....
./. Summe Nachlassverbindlichkeiten - Passiva	....

= Reinnachlass ....

4. Fiktiver Nachlass

4.1. Schenkungen

[Anzugeben sind auch mögliche Schenkungen/Anstandsschenkungen des Erblassers in den letzten zehn Jahren vor seinem Tod.
Ohne zeitliche Begrenzung anzugeben sind alle Schenkungen, die der Erblasser rechtlich oder tatsächlich weitergenutzt hat, z. B. durch Nießbrauch, Wohnungsrecht, Leihe bzw. ähnliche Nutzungsrechte, oder deren Rückforderung er sich vorbehalten hat.
Dasselbe gilt für alle Schenkungen/ehebedingte Zuwendungen des Erblassers an seinen Ehegatten während der Ehe.

Schenkungen sind alle Verfügungen, für die der Erblasser keine bzw. keine gleichwertige Gegenleistung erhalten oder nach Vertragsschluss auf seine Gegenleistung ganz bzw. teilweise verzichtet hat.
Beispiele: Übertragung von Grundstücken/Immobilien, Übertragung oder Speisung von Konten (Einzel- oder Gemeinschaftskonten), Begünstigung in Lebens- oder Rentenversicherungen, sonstige Verträge zugunsten Dritter auf den Todesfall, Verzicht auf Rechte.
Verträge – insbesondere alle notariellen Verträge über Grundstücke/Immobilien – sind in Kopie vorzulegen, auch wenn Zweifel bestehen, ob eine Schenkung des Erblassers vorliegt.]

4.2. Zuwendungen nach § 2050 BGB des Erblassers an seine Kinder

[ohne zeitliche Begrenzung sind anzugeben Ausstattungen (z.B. Starthilfe für die berufliche oder wirtschaftliche Eigenständigkeit) bzw. Zuwendungen zur Unterstützung und Zuschüsse zum Leben sowie alle Zuwendungen, die nach dem Erblasserwillen nach seinem Tode unter seinen Kindern zur Ausgleichung gebracht werden sollten, z.B. ein „Voraberbe", „vorgezogenes Erbe" bzw. Zuwendungen im Wege „vorweggenommener Erbfolge".]

DER TEUFEL STECKT IM DETAIL

Wir gehen im Moment noch nicht ins Detail, es reicht im Augenblick ein grober Überblick. Aber auch in diesem Fall erkennt man sehr rasch, was alles „vergessen“ werden könnte, wobei wir auf einige Themen wie wertvollste Gemälde oder Sammlungen nicht einmal in allen Einzelheiten eingegangen sind, weil es sich um eigenständige Fachgebiete handelt. Man erkennt weiter sehr schnell, dass man handverlesene Experten braucht, um die verschiedenen Gebiete, um die es geht, professionell angehen zu können. Sobald man den Besitzstand eruiert hat, erheben sich mit einem Mal viele weitere Fragen. Sie lauten zum Beispiel:

- Handelt es sich tatsächlich um eine *aktuelle* Auflistung des Vermögens?
- Ist sie gesetzeskonform oder gibt es Fettnäpfchen, in die ein Mandant treten könnte?
- Sind die Betreuer, die vielleicht einst ausgewählt wurden, in allen Beziehungen vollumfänglich versiert? Gibt es einen Ersatzbetreuer?
- WER soll über das Vermögen in letzter Konsequenz verfügen?
- Wer soll den Nachlass verwalten? Wem wurden die Vollmachten übertragen?
- Wer soll für eventuelle medizinische Fragen zuständig sein, wenn der Erblasser betroffen ist?
- Ist jeder steuerliche Aspekt berücksichtigt worden? Wurden alle Freibeträge ausgenutzt? Wurden die steuerfreien Zehn-Jahres-Fristen in Rechnung gestellt? Steht genügend Liquidität für die Erbschaftssteuer zur Verfügung?
- Existiert ein Testament?

DAS NOTFALL-BOOKLET

Es sollte an dieser Stelle festgehalten werden, dass wir unseren Mandanten immer ein „Notfall-Booklet“ zur Verfügung stellen. Dabei handelt es sich um unmittelbar anwendbare Informationen, in denen alles exakt erfasst und zum Teil sogar abgebildet wird, was eine Person besitzt und geschaffen hat und wo gegenüber der Familie und den Erben Transparenz notwendig ist.

Dieses Notfall-Booklet tut bereits selbst dann alle Dienste, wenn jemand „nur" beispielsweise einen Unfall erleidet und aufgrund eines Komas nicht mehr ansprechbar ist. In einem solchen Fall kann ein Unternehmen schnell den sprichwörtlichen Bach hinuntergehen. Verfügt beispielsweise selbst die Ehefrau über keine Kontovollmacht, wo sich das nennenswerte Vermögen befindet, kann es in puncto Liquidität in einem Unternehmen sehr rasch zu Problemen kommen, weil die Banken selbst die Ehefrau nicht über die Konten des Mannes verfügen lassen werden. Also selbst für den Fall der Handlungsunfähigkeit gilt es, Vorsorge zu treffen. Das Notfall-Booklet dient unseren Mandanten als erstes Instrument. Der Mandant erhält zu jeder Position eine Dokumentation, die in einem Ordnungssystem von uns festgehalten wird. Jährlich gibt es ein Follow-up. Angefallene Veränderungen werden darin notiert. Existiert ein grundlegendes Ordnungssystem, stellt das jährliche Follow-up kein administratives Problem dar.

Es gibt spektakuläre Beispiele, die belegen, wie wichtig diese Vorsorgemaßnahmen sind. Die Causa Karl-Erivan Haub – Stichwort „Tengelmann" – wäre hierfür nur ein Exempel. Von seiner Skiwanderung in der Schweiz kam Haub eines Tages einfach nicht mehr zurück. Das Ergebnis war Verwirrung und Streit in der Familie. Ein zweites illustratives Beispiel war ein bedeutender Lufthansa-Aktionär (Hermann Thiele), der urplötzlich verstarb und kaum etwas geregelt hatte. Die Konfusion, die folgte, lässt sich kaum beschreiben. An solchen Exempeln erkennt man die Bedeutung des Estate Plannings sehr rasch.

WEITERE ENTHÜLLENDE FÄLLE

Der Volksmund kennt den schönen Ausdruck: Man hat schon Pferde kotzen sehen. Damit wird angedeutet, dass es immer wieder zu unvorhergesehenen Problemen kommen kann, obwohl scheinbar alles klar auf der Hand liegt. Wir haben wiederholt erlebt, dass da oder dort ein uneheliches Kind mitzuversorgen war, das plötzlich aus dem Zylinder gezaubert wurde. Gar nicht so selten sehen wir uns auch Mandanten gegenüber, die sich die Haare raufen, weil der „Patriarch" gerade verstorben ist, aber kein Testament hinterlassen hat. Die Familie sieht sich heillos überfordert, sie kann keine Struktur in all die Angelegenheiten und Besitztümer bringen. In solchen Fällen existiert beispielsweise Auslandsvermögen in Italien oder Spanien. Oder es taucht unversehens eine Segeljacht in der Adria in Kroatien auf, die zwar bekannt, aber schwer auffindbar ist und selbst nach der „Entdeckung" erst noch hinreichend mit Unterlagen ausdokumentiert werden muss.

Gelegentlich begegnen wir auch Konten bei einem dahingeschiedenen Erblasser, für die keine Unterlagen existieren. Dann liegt der Verdacht nahe, dass es sich um ein anonymes Konto in der Schweiz handelt. Wie ist in diesem Fall zu verfahren? Glücklicherweise kann man inzwischen von der Schweizer Bankiervereinigung Hilfe erwarten, die glaubhafte Suchanfragen unterstützen. Mitunter entdeckt man spektakuläre Konto- und Depotverbindungen, deren Guthaben im Vergleich zum restlichen Vermögen astronomisch sind; manchmal gibt es aber auch keine so schönen Überraschungen, die wir üblicherweise nur aus Film und Fernsehen kennen. In Rechnung gestellt werden muss in jedem Fall immer die steuerrechtliche Abklärung durch unser Expertennetzwerk. Nachdeklarationen können in solchen Fällen gegebenenfalls hohe steuerliche Nachzahlungen auslösen, befreien aber die Erben vor möglichen strafrechtlichen Konsequenzen. Man könnte 101 weitere Probleme auflisten, die entstehen, wenn keine ordentliche Bestandsaufnahme und kein Testament existieren.

Aber nehmen wir an, alles wurde zur allseitigen Zufriedenheit geregelt und aufgelistet. Was wäre der nächste logische Schritt?

4. DER VERMÖGENSSCHUTZ ODER DIE ASSET PROTECTION

Der Vermögensschutz ist keine Modeerscheinung, tatsächlich ist die Vorstellung, sich gegen unerwartete Schicksalsschläge versichern zu können, recht alt. Schon im antiken Rom existierten so etwas wie Versicherungen. Spezielle Berufe etwa waren von bestimmten Gesundheitsrisiken stärker betroffen als andere – wie etwa Bronzeschmiede, die Arsen verwendeten. Und also sorgten manchmal die Kaiser, manchmal bestimmte Vereinigungen dafür, dass den eigenen Mitgliedern eines Berufsstandes in der Not geholfen oder zumindest für ein anständiges Begräbnis gesorgt wurde. Im Mittelalter traten Klöster, Kirchen und Ritterorden an die Stelle bestimmter Vereinigungen, der Gedanke der christlichen Nächstenliebe spielte die ausschlaggebende Rolle.

Besonders hübsch und weitgehend unbekannt ist die Tatsache, dass im Goldenen Zeitalter der Piraterie sogar Seeräuber über eine „Versicherung“ verfügten. Das Goldene Zeitalter der Piraterie währte etwa von 1690 bis 1730 und spielte sich vornehmlich in der Karibik ab, wo sich Spanier und Engländer so manches erbitterte Seegefecht lieferten. Wechselseitig suchten sie sich die Schätze, die sie von „Amerika“ gestohlen hatten, abzujagen. Noch heute lässt uns die Tatsache schmunzeln, dass die Piraten ihren eigenen Männern, die ihr Leben bei einem Überfall riskierten, im Falle eines Falles eine „Versicherung“ versprachen. Der Pirat erhielt zum einen seinen Anteil an der Beute, aber er musste feierlich schwören, dass er nichts von der Beute heimlich für sich beiseiteschaffte. Wer einen Meineid schwor, wurde auf einer einsamen Insel ausgesetzt oder hingerichtet. Alle Beutestücke sollten „gerecht“ verteilt werden. Aber aus der Beute zahlte man auch Entschädigungen/Versicherungen für Verwundete, die bei einem Kaperversuch zu Schaden gekommen waren. Das waren die Versicherungssummen, in spanischen Piastern ausgedrückt. Ein Piaster hatte zu dieser Zeit die

Kaufkraft von heute rund 100 Euros:

- 100 Piaster für einen Finger
- 100 Piaster für ein Ohr
- 100 Piaster für ein Auge
- 100 Piaster für eine Hand
- 400 Piaster für den linken Arm
- 500 Piaster für den rechten Arm
- 600 Piaster für den Verlust eines Beines
- 1000 Piaster für beide Augen
- 1500 Piaster für den Verlust beider Beine
- 1800 Piaster für den Verlust beider Hände[1]

Und so erkennen wir sehr rasch, dass selbst in den Kreisen der „ungesetzlichen" Piraterie manchmal so etwas wie ein Versorgungsschutz existierte. Am Umstand, dass uns noch immer daran gelegen ist, unser Vermögen zu schützen, hat sich bis heute nichts geändert. Am Umstand, WER in unseren modernen Zeiten die Piraten sind, die uns unsere hartverdienten Groschen abzujagen versuchen, dagegen sehr viel.

INSIDER-INFORMATIONEN ÜBER DAS POLITISCHE PARKETT

Es gibt mehrere „Seeräuber" heute, die nur „unser Bestes wollen", sprich unsere Ersparnisse. Sie versuchen, an unsere Vermögen zu kommen, wenn sie sich inzwischen auch auf der Seite des Gesetzes befinden. Doch kein Pirat ist gefährlicher, denn in diesem Fall darf er sogar im Namen des Staates und mit Erlaubnis der höchsten Obrigkeiten handeln. Kritiker sprechen von legalisiertem Diebstahl, wenn es darum geht zu beschreiben, wie wir heute geschröpft werden. Von wem ist die Rede? Nun, von allen Staaten, die für vier „Sünden" schuldig zu sprechen sind.

1. **Sie türmen berghohe Schulden auf, wodurch sie in die Zinsfalle geraten. Unsere Steuern werden in der Folge zu einem großen Teil nur dazu benutzt, diese Zinsen zurückzuzahlen.**
2. **Diese Staaten geben ständig mehr Geld aus als sie eingenommen haben, oft für unnötige Projekte, weil Politiker finanziell nicht zur**

Rechenschaft gezogen werden können. Politiker wollen lediglich Wahlen gewinnen. Mit Geldgeschenken versuchen sie, das Wahlvolk gnädig zu stimmen. Das Wahlvolk vergisst, dass es diese „Geschenke" später selbst bezahlen muss.

3. **In der Folge erhöhen diese Staaten ständig die Steuern oder erfinden neue Steuern, direkte und indirekte; ferner erhöhen sie die Zahl der Steuerbeamten. Auf diese Weise entstehen riesige Bürokratien, die Unsummen verschlingen.**
4. **Die Inflation ist eine Art indirekter Steuer.**

Das ist der teuflische Kreislauf. Wer zählt zu diesen Staaten? Nun, jedenfalls Deutschland. Obwohl wir Deutschland, das Land und die Leute, sehr mögen, ja lieben, muss es doch zu sagen erlaubt sein, dass sich die Politiker hierzulande genau dieser vier Vergehen schuldig gemacht haben. Bei Licht besehen handelt sich um einen Skandal, der nebenbei bemerkt und in geschichtlichen Dimensionen gedacht eines Tages hart auf die politische Kaste zurückschlagen kann. Die Französische Revolution im Jahre 1789 wurde *auch* deshalb ausgelöst, weil der König wieder einmal die Steuern erhöhen wollte. Steuererhöhungen – das ist der Teig, aus dem Revolutionen gebacken werden. Stellen wir einige weitere Probleme vor, bevor wir auf elegante *Lösungen* eingehen. Diese Lösungen werden es zumindest Ihnen als Leser erlauben, den Problemen entgegenzutreten.

PROBLEME, UNGESCHMINKT

Tatsächlich liegen die wahren Probleme in der Vergangenheit und begannen bereits in den Sechzigerjahren des letzten Jahrhunderts. Durch seine unverantwortliche Ausgabenpolitik manövrierte sich der deutsche Staat immer tiefer in den Sumpf der Schuldenfalle. Verantwortlich waren die Kanzler Brandt, Schmidt, Kohl, Schröder und Merkel - *alle* Parteien mithin, alle Politiker mit anderen Worten. Die Notwendigkeit, unter allen Umständen Wahlen zu gewinnen, verführte sie dazu, mehr und mehr Gelder von den Bürgern abzugreifen, denn die „Geschenke" mussten schließlich bezahlt werden. Das Ergebnis? Höhere und neue Steuern sowie erst eine schleichende und im Moment sogar eine galoppierende Inflation.

Erinnern wir uns weiter an die Finanzkrise im Jahre 2008. Unverantwortliche US-Banker, animiert durch die Versprechen „linker“ und „rechter“ amerikanischer Präsidenten, dass jeder sein Häuschen besitzen sollte, hatten gezockt wie in einer Spielbank, wodurch faule Hypothekenkredite zuhauf entstanden waren. Selbst halben Bettlern hatten sie Kredite gewährt. In der Folge waren diese Kredite geschickt in neue Finanzprodukte mit hübschen, hochtönenden Namen verpackt worden. Daraufhin hatten US-Banker auch deutsche Banker dazu verführt, an dem Roulettespiel teilzunehmen. Eines Tages platzte jedoch der Ballon. Der Schwindel mit den faulen Immobilienkrediten flog auf. Renommierte Finanzinstitute meldeten Konkurs an. Auf einmal drohte der weltweite Kollaps des gesamten globalen Bankensystems. Rasch wurden weltweit Billionen von Euros und Dollars gedruckt, um den Banken unter die Arme zu greifen. „Too big to fail“ hieß der Slogan – angeblich waren sie zu „groß“, das heißt zu wichtig, um sie bankrottgehen zu lassen. Allen Bürgern wurde plötzlich in erschreckender Klarheit bewusst, wie fragil und verletzlich das gesamte weltweite Banken- und Geldsystem im Grunde war. Geldscheine waren nichts als bunt bedrucktes Papier. Zahlreiche Zeitgenossen in Deutschland wollten rasch ihre Ersparnisse retten und hoben massenhaft Gelder von Banken ab.

Die Deutschen besitzen ein Geldvermögen von 7,4 Billionen Euro, allein 2,2 Billionen liegen auf Giro-, Tages- und Festgeldkonten bei den Banken. Wirklich „sicher“ waren die Gelder dort jedoch nicht, erfuhr auf einmal der deutsche Michel. Was geschah, wenn „ihre“ Bank das Handtuch warf und zahlungsunfähig wurde? Lösten sich dann nicht auch ihre Ersparnisse in Rauch auf? Es handelte sich bei diesen 2,2 Billionen Euro lediglich um Geldwerte, nicht um harte, gediegene Sachwerte, wie etwa Gold oder Immobilien, die unabhängig von Banken existierten. Was geschah, wenn eine Bank verkündete, dass sie „zahlungsunfähig" sei? Mehr und mehr Menschen gerieten in Panik, stürmten zu ihren Banken und Sparkassen und hoben ihre Gelder ab, um in letzter Sekunde zu retten, was zu retten war. Die Banken beraumten eine Notstandssitzung nach der anderen an. Hektisch überlegte man in den innersten Zirkeln, was man unternehmen konnte. Wenn zu viele Sparer ihre Gelder zum gleichen Zeitpunkt zurückforderten - Gelder, die sie als Bank natürlich an andere ausgeliehen hatten, um lukrativere Geschäfte zu tätigen und nicht nur läppische 1 oder 2 % Zinsen zu verdienen -, konnten sie tatsächlich pleitegehen. Schließlich riefen sie die Politik zu Hilfe. Was unternahm man hier in den obersten Rängen?

Die blanke Wahrheit? Sowohl die CDU als auch die SPD streuten den Bürgern Sand in die Augen. Konkret traten rasch Merkel und Steinbrück vor die Fernsehkameras und verkündeten im Jahre 2008 lauthals zur besten Sendezeit, dass die Einlagen der Bürger bei den Banken durchaus „sicher" seien. Der Staat würde dafür bürgen. Die beiden Top-Politiker gaben sogar eine „Garantie" ab. Oh, kein Werbewort ist wirksamer als der Ausdruck „Garantie". Sie versprachen, für die Spareinlagen der Bevölkerung Sorge zu tragen. Alles befände sich in besten Händen. Natürlich ging es nur darum, ein Bankenchaos und eine Wirtschaftskrise zu vermeiden, was im Extremfall zu einer Staatspleite führen konnte, wie dies in der Geschichte schon so häufig aufgetreten war. Noch saß dem deutschen Michel, der auch nur ein wenig von Geschichte verstand, die „Weimarer Republik" in den Knochen (ca. 1919–1939). Damals hatte die Inflation rasant an Fahrt aufgenommen. Ein einziger Laib Brot hatte schließlich ein paar Millionen Mark gekostet. Ein Kilogramm Roggenbrot kostete am 19. November 1923 sogar 233 Milliarden Mark und ein Kilogramm Rindfleisch 5 Billionen.[2] Die Bürger fragten sich: Wiederholte sich gerade das gleiche Spiel? Wurden sie erneut an der Nase herumgeführt?

Jedenfalls wurden 2008 wieder die Geldmenge ausgeweitet und Notkredite gewährt, scheinbar „abgesichert" durch den Staat. So versuchte man in Deutschland etwa, den Bankrott der *Hypo Real Estate (HRE)* zu vermeiden, des größten Immobilienfinanzierers in Europa. Die Worte von Merkel und Minister Steinbrück wirkten: Der Run auf die Banken blieb aus. Die Bürger fühlten sich seltsam beruhigt. Die Worte der ehemaligen Kanzlerin waren Balsam für die verschreckten Seelen. Aber entsprachen sie auch der Wahrheit?

Nun, eine uneingeschränkte Garantie für Spareinlagen, selbst wenn sie medial hochwirksam verkündet wird, existierte und existiert natürlich nicht, auch wenn die deutsche Bevölkerung damals fest daran glaubte. Im Grunde genommen handelte es sich bei dieser „Garantie" um eine faustdicke Lüge, um eine Lüge so groß, dass sich „die Kirchtürm` von Köln möcht` biegen", wie man das früher so schön ausdrückte. Niemand, niemand kann den Wert von Spareinlagen garantieren. Selbst das Versprechen eines Kanzlers oder einer Kanzlerin war und ist nicht rechtsverbindlich oder einklagbar. Es handelte sich um eine Public-Relation-Posse. Natürlich hätte der Staat im Falle eines Falles hier und dort ein Pflästerchen auf die Wunde kleben können, aber mehr auch nicht. Die „Einlagen-Sicherung" bei Banken ist ein Thema, auf das wir hier nicht im Detail eingehen wollen, denn es würde uns zu weit von unserem Gegenstand wegführen. Nur so viel: Geschichte beweist wieder und wieder, dass es keine wirkliche Versicherung gegen eine Banken- oder Staatspleite gibt, selbst wenn es uns immer wieder suggeriert wird. Zugegeben, es existieren alle möglichen Notfallfonds, die Sicherheit versprechen, mehr aber auch nicht. Im Klartext: Die Enteignung von Geldern, selbst wenn diese scheinbar durch „renommierte" Banken abgesichert sind, ist ein durchaus denkbares Szenario. Giro- und Spareinlagen sind also alles andere als sicher, ja selbst des Deutschen liebstes Finanzprodukt, die Lebensversicherung, ist nicht wirklich sicher, genauso wenig wie Bausparverträge oder andere Finanzprodukte. Dabei geschah hinter den Kulissen noch sehr viel mehr. Im *Faust*, der

Deutschen bekanntestes Theaterstück, würde Mephistopheles, der Teufel, hämisch lachen und sich die Hände vor Freude reiben, so diabolisch ist das, was tatsächlich geschah.

Nach der Krise, noch in den Jahren 2008/2009, paukten die Herren Politiker auf nationaler und auf EU-Ebene rasch verschiedene Gesetzesänderungen durch. Ohne den Paragraphenreiter zu spielen, muss man so viel festhalten, dass die Sicherheit von Spareinlagen und reinen geldwerten Vermögen in juristischer Hinsicht noch weiter aufgeweicht wurde. Alle möglichen Altersvorsorge-Produkte sind deshalb heute noch unsicherer als je zuvor – was der deutschen Öffentlichkeit jedoch weitgehend entging.

Wie aber verhält es sich beispielsweise mit Staatsanleihen? Nun, man lese nur sorgfältig die neue „Collective Action Clause“ (CAC), die in Europa 2013 etabliert wurde. CAC ist eine Klausel in Anleihebedingungen, die eine Änderung einzelner Bedingungen von der Zustimmung der Mehrheit der Gläubiger abhängig macht und im Falle der mehrheitlichen Zustimmung für sämtliche Anleihegläubiger bindend ist. Der englische Begriff „collective action“, also kollektives Handeln, wurde aus der Soziologie entlehnt. Ohne zu tief in die Materie einzusteigen: Selbst Staatsanleihen – und also wieder reine Geldwerte, nicht Sachwerte – können gegebenenfalls ... plötzlich nichts mehr wert sein. Die CAC erlaubt es dem emittierenden Staat, seine Zahlungsverpflichtungen zu ändern beziehungsweise ganz oder teilweise einzustellen – um Staatspleiten abzuwenden. So gummiartig sind die Gesetze inzwischen. Wieder wäre das eine Enteignung. Blicken wir getrost auf das „worst case scenario“, wie es uns im Falle Griechenlands und Zyperns plastisch vor Augen geführt wurde. Dort wurde vorexerziert, wie man künftig mit Krisen umgehen könnte: Der Einzelperson wurde es in Griechenland nur gestattet, über maximal 50 Euro pro Tag zu verfügen, unabhängig von der Höhe des eigenen Guthabens! Selbst ein Millionär konnte über Nacht zum armen Schlucker mutieren. Wenn man also von einer „Enteignung“ spricht oder von einer „finanziellen Entmündigung“ der Einzelperson, übertreibt man nicht. Weiter wurden dort „Kapitalverkehrs-Kontrollen“ etabliert. Zu ihnen gehörte es unter anderem, vor einer Überweisung ins Ausland eine staatliche Genehmigung einzuholen… Aber die Deutschen winkten nur müde ab: Das geschah vielleicht in diesen finanzschwachen Ländern, aber doch nicht im finanzstarken Deutschland! Oder doch?

Ohne weiter den Teufel an die Wand zu malen, muss man festhalten, dass ein solches Scenario grundsätzlich auch in finanzstarken Ländern passieren könnte. Nicht gesprochen haben wir dabei von der hochaktuellen Finanzkrise. Covid-19 änderte alles: Die finanziellen Entscheidungen im Rahmen der Politik füllten zwar die Taschen der Big-Pharma-Unternehmen bis an den Rand, aber sie leerten die Taschen des Staates und der Bürger. Billionen wurden weltweit verbraten – Geld, das *wir* letztlich bezahlen müssen. Das Ergebnis sehen wir bereits: Eine galoppierende Inflation. In den nächsten Jahren wird bei (gefühlten) 60 bis 70 % der Menschen in Deutschland ein Großteil ihrer Ersparnisse dahinschmelzen, sofern sie nur auf reine Geldwerte gesetzt haben. Sie werden sich auflösen wie Schnee in der Sonne. Der unverbesserliche Optimist, der hofft, dass nach einem Jahrzehnt der Niedrigzinsen nun eine Zinserhöhung ins Haus steht, wird ebenfalls enttäuscht werden. Die Explosion der Inflation zündete und zündet im Moment den Turbo der systematischen Geldentwertung. Die Moral von der Geschicht`?
Bauen Sie nie auf Politiker oder „Vater Staat“.
Rechnen Sie immer mit allen möglichen plötzlichen Gesetzesänderungen – zu Ihren Ungunsten. Der Staat wird alles versuchen, um an Ihre Ersparnisse und Besitztümer zu kommen.
Um das Thema abzukürzen, müssen wir zumindest stichwortartig zusätzlich noch so viel festhalten:

- Spareinlagen sind weder bei kleinen Banken oder Sparkassen noch bei den größten Kreditinstituten wirklich sicher.
- Bankenzusammenbrüche können auch Ihre Bank treffen.

- Die gesetzlichen und privaten Rentenversicherungen sind ebenfalls nicht wirklich „sicher", obwohl genau das Gegenteil suggeriert wird.
- Lebensversicherungen bieten ebenfalls keine Garantie, gleichgültig, wie groß und finanzstark ein Versicherungsunternehmen im Moment noch erscheint. Im Gegenteil. § 314 VVG (Versicherungsvertragsgesetz) erlaubt die Herabsetzung und zeitweise Aussetzung von Leistungen.
- Nur zu Hause deponierte Testamente können vernichtet werden.
- Erbschleicher können alles Mögliche aushecken, um einen Erben zu isolieren und ins Abseits zu rücken.
- Geld und Vermögen können durch die Schulden, die ein Kind aufgetürmt hat, manchmal zur Gänze aufgefressen werden, wenn es erbt.
- Wenn ein großes Investmentvermögen mittels eines Depots vererbt wird, so muss zuerst das Erbe eröffnet und ein Erbschein amtlich ausgestellt werden. Das nimmt Zeit in Anspruch. Findet währenddessen ein neuer „Schwarzer Freitag" an den globalen Finanzmärkten statt, wo die Indizes, Aktien und Anleihen massiv nach unten korrigiert werden, wird selbst ein gutes Wertpapier-Depot in Mitleidenschaft gezogen. Der Depotwert verringert sich manchmal um 20, 30 oder gar 40 %.
- Außerdem erlaubt § 98 KAGB (Kapitalanlagegesetzbuch) nicht, dass …

Oh, hören wir auf!

Wir könnten ohne weiteres noch eine Anzahl zusätzlicher Probleme auflisten, was den Punkt „Sicherheit" angeht. Aber spüren Sie, was passiert? Man würde sich dadurch die gute Laune verderben, man würde schließlich in Apathie verfallen. *Sie* würden die Flinte ins Korn werfen. Wenn wir *alle* Gefahren auflisten, denen wir ausgesetzt sind, fokussieren wir uns zu sehr auf die negative Seite des Spiels.

Vermeiden wir diesen Fehler!

Nichts ist fataler, als sich mit professionellen Schwarzmalern einzulassen. Was also sind die *intelligenten* Antworten auf all diese Probleme?

Beschäftigen wir uns mit handfesten *Lösungen*. Unsere Stimmung wird schlagartig wieder einen Gipfel erklimmen.

INTELLIGENTE LÖSUNGEN

Zunächst muss man Benjamin Franklin (1706–1790) zitieren, den berühmten und beliebten US-amerikanischen Staatsmann, Erfinder, Schriftsteller, Verleger und Philosophen, der einst lakonisch anmerkte: **„Nichts in dieser Welt ist sicher, außer dem Tod und den Steuern."** Wie recht hatte er!

Man muss als Erstes realisieren, dass es keine absolute Sicherheit gibt, was das eigene Vermögen angeht. Sie existiert einfach nicht. Es gibt zu viele Unbekannte in der Gleichung. Weiter muss man festhalten, dass die Investition in *Sachwerte* (wie Gold, Edelmetalle überhaupt, Immobilien oder Aktien im *Allgemeinen* weitaus sicherer sind als all die Investition in *Geldwerte* (wie Lebensversicherungen, die verschiedenen Konten bei Banken, Spareinlagen, Bausparverträge und zahlreiche weitere Finanzprodukte, denen nur Währungen zugrunde liegen). Den Unterschied zwischen Sachwert und Geldwert zu verstehen ist ein erster Schritt in die richtige Richtung. Das Motto muss lauten: **Sachwert schlägt Geldwert.**

Der Berliner drückt das so aus: Jeld ist jut, aber man mutt och wat haben!" Schließlich darf man festhalten, dass selbst unter den besten Finanzexperten der Welt (!) Uneinigkeit darüber herrscht, was die „besten" Anlageprodukte sind. Wenn Sie zehn Top-Finanzberater befragen, wie und auf welche Weise Sie Ihr Vermögen schützen können, werden Sie elf unterschiedliche Antworten erhalten. Der eine Berater wird auf Gold schwören, der zweite auf seltene Sammler-Silbermünzen, der dritte auf Immobilien, der vierte auf fondsgebundene Lebensversicherungen, der fünfte auf reine Aktienfonds, der sechste auf den Schweizer Franken, der siebte darauf, in verschiedenen Ländern Geld zu bunkern, der achte auf Freunde, denen er Geld anvertraut, der neunte auf Schmuck und Edelsteine, der zehnte auf spezielle Technologie-Aktien und der elfte auf .... Sie haben längst verstanden. Wenn Sie zehn Ärzte nach deren medizinischen Beurteilung eines Sachverhaltes fragen, erhalten Sie ebenfalls elf unterschiedliche Antworten. Auf dem Finanzsektor sieht es nicht anders aus. Das Spektrum der Finanzanlagen ist schier unendlich breit gefächert. Das ist Fakt: **Es herrscht selbst unter „Experten" keine Einigkeit über die „sicherste" Anlage.**

Jeder „Experte" versorgt seine Anleger mit Statistiken, die ihm selbst recht geben und die Finanzprodukte, die er persönlich vertreibt, ins richtige Licht rücken. Das zynische, geflügelte Wort über Statistiken lautet deshalb: „Ich glaube nur den Statistiken, die ich selbst gefälscht habe." Der „Gold-Experte" wird einen Anleger also von den Vorteilen *seiner* Anlage überzeugen wollen. Er wird zum Beispiel anraten, mindestens 10 % des Vermögens in Gold anzulegen. Aber es gibt 101 Möglichkeiten, in Gold zu investieren, einige sind sicher, andere nicht. Als besonders „sicher" gilt noch immer der „Krügerrand", eine Münze aus Südafrika. Die Menge an Gold allein (sofern es sich um die Goldmünze handelt, es gibt seit 2017 auch Krügerrand-Silbermünzen) bewegt sich am obersten Rand. Gold aber gilt als zeitloser Klassiker des Vermögensschutzes. Darüber hinaus ist Gold leicht zu transportieren, es presst ganze Vermögen auf kleinstem Raum zusammen. Gold gilt besonders in Krisenzeiten als sichere Anlage. Gold wirft jedoch keine Zinsen ab. Eine bessere Anlage erscheint vielen deshalb die Immobilie. Sie gehört zu einem Vermögensmix dazu. Wenn hochintelligent in Immobilien investiert wird, arbeitet das Kapital und wirft jedes Jahr (zum Beispiel) 5 % Miet-Zinsen ab, wenn nicht sehr viel mehr. Der Vorteil von werthaltigen Aktien wiederum besteht darin – sofern in vernünftige Aktien investiert und nicht wild spekuliert und gezockt wurde –, dass die Renditen über längere Zeiträume betrachtet hier am höchsten liegen – im Durchschnitt, muss man einschränkend hinzufügen.

Das also sind die drei Favoriten unter den Sachwerten: Gold, Immobilien und Aktien. Aber es gibt sehr viel mehr Sachwerte. Jede Anlageform besitzt außerdem ihre Schattenseite und Achillesferse, auf die wir uns im Moment jedoch nicht konzentrieren wollen, wie versprochen. Grundsätzlich muss man so viel festhalten:

Je besser Sie sich persönlich in einer Anlageform auskennen, umso höher liegen die Chancen, dass Sie „sicher" investieren.

Kein Fachmann der Welt kann die eigene Urteilskraft ersetzen. Wir schießen uns mit dieser Anmerkung ein wenig selbst ins Knie – wir realisieren das sehr wohl –, aber dieser Ratschlag besitzt dafür den Vorteil, wahr zu sein. Es ist also immer richtig, auch den eigenen Blick zu schärfen und die eigene Urteilskraft nie außer Acht zu lassen. Immerhin bieten wir für alle Anlageformen die entsprechenden professionellen Konnexionen. Wir verfügen über handverlesene, exzellente Kontakte und ein Wissen, das einem Mandanten manchmal Jahre der Eigenrecherche erspart. Trotzdem lieben wir es, wenn ein Mandant zumindest über ein grundlegendes Verständnis seiner favorisierten Anlageform verfügt. Wir werden deshalb im Laufe dieses Buches einige heiße Insider-Informationen zur Immobilie vorstellen, die sich in dieser Offenheit in anderen Büchern nicht oder nur höchst selten finden. Doch konzentrieren wir uns zunächst weiter auf die Regeln zum Schutz Ihres Vermögens. Allgemein akzeptiert ist auch dieses Anlage-Motto:

In Bezug auf den Faktor Sicherheit ist es richtig, das Vermögen zu diversifizieren.

Auf gut Deutsch heißt das: Lege nicht alle Eier in einen Korb. Es ist also richtig – sofern Immobilien der Schwerpunkt sind – über Immobilien an verschiedenen Standorten zu verfügen. Diversifikation! Noch besser ist es, Aktien, Immobilien und Gold zu besitzen. Eine noch höherer Diversifikations-Grad! Man sollte also bei diesem Rennen, das sich Anlageerfolg plus Sicherheit nennt, nicht nur auf ein Pferd setzen. Doch den wichtigsten Rat haben wir uns bis zuletzt aufgehoben. Am verletzlichsten ist ein Anleger und Vermögensinhaber, wenn er nur auf ein einziges Land setzt. Er unterliegt dann der manchmal recht willkürlichen

Gesetzgebung dieses Landes. Wer nur in Deutschland präsent ist, kann durch die Gesetze leicht gegen die Wand gedrückt werden. Wer jedoch auch in anderen Ländern präsent ist, „diversifiziert" auch in dieser Beziehung. Die Richtlinie lautet also:
In Bezug auf den Faktor „Sicherheit" ist es anzuempfehlen, auch in einem anderen Land über Besitz zu verfügen.

Das gilt nebenbei bemerkt erst recht für Unternehmen, die freilich eine gewisse Größenordnung erreicht haben müssen. Je internationaler ein Unternehmen ausgerichtet ist, umso mehr Möglichkeiten bieten sich, Gelder einzusparen, Gewinne einzufahren, andere Steuergesetze und Gesetze überhaupt zu nutzen. Akademisch ausgedrückt spricht man von der „geostrategischen Vermögensdiversifikation". Doch es kommt uns nicht auf die Vokabel an. In diesem Fall ist man jedenfalls nicht an ein einziges Land oder einen einzigen Wirtschaftsraum gebunden. Man schwebt frei wie ein Vogel über den Wassern. Man ist endlich nicht mehr der gesamten destruktiven politischen Entwicklung eines einzigen Landes ausgesetzt. Man blickt über den Tellerrand hinaus. Die Alternative, die wir konkret empfehlen, ist Liechtenstein, obwohl fraglos auch die Schweiz gute Möglichkeiten bietet. Aber Liechtenstein bietet einige spezielle Vorteile, die wir uns einmal im Detail zu Gemüte führen wollen.

DER STANDORT LIECHTENSTEIN, WAS MAN WISSEN SOLLTE

Das Fürstentum Liechtenstein liegt im Alpenraum und grenzt an Österreich und die Schweiz, mit der es den Schweizer Franken teilt, die stabilste Währung der Welt. Politisch gesehen handelt es sich um eine interessante Mixtur aus einer konstitutionellen (das heißt an eine Verfassung gebundene) Monarchie, die mit der Demokratie eine gute, langwährende Ehe eingegangen ist. Das bietet einen hohen Grad an politischer Stabilität. Politische Stabilität aber ist die Grundvoraussetzung, wenn man den Faktor Sicherheit großschreiben will.

Das Land beherbergt rund 40 000 Einwohner, Deutsch ist die Landessprache. Liechtenstein ist ein absolut souveränes Land, es ist niemandem Rechenschaft schuldig und kann nicht von den Politikern anderer Länder gegängelt werden. Seit 1923 ist das Land über einen Zollvertrag verwaltungstechnisch und wirtschaftlich eng mit der angrenzenden Schweiz verbunden. Etwas überspitzt ausgedrückt handelt es sich um eine kleine deutsche Schweiz. Nach dem Zweiten Weltkrieg nahm das Land einen enormen Aufschwung, Industrie und Gewerbe begannen zu florieren. Klugerweise vermied Liechtenstein jedoch, der Europäischen Union beizutreten. Auf diese Weise bewahrte es sich auch die wirtschaftliche Unabhängigkeit. Liechtenstein geriet jedoch zeitweise bei deutschen Steuerbehörden in Verruf, vielleicht weil man hier nicht wie besessen den Steuern hinterherjagte. Das Land würde zur Steuerflucht und zur Geldwäsche benutzt, lautete der Vorwurf. Sofort reagierte man in Liechtenstein. Solche Anwürfe konnte man keinesfalls auf sich sitzen lassen. Die alten Steuergesetze wurden revidiert. Im Jahre 2010 wurde das eigene Steuergesetz in Einklang mit den internationalen Standards gebracht und auf ein neues Niveau gehoben. Die internationale Entwicklung zwang also Liechtenstein (wie andere Länder) eine restriktive Weißgeldstrategie zu verfolgen. Das Fürstentum engagierte sich sehr offensiv. Die Treuhänder in Liechtenstein wurden angehalten, ihre Geschäftsmodelle komplett zu überdenken. Wer im alten Denken verharrte, war schlagartig nicht mehr zukunftsfähig. Kurz und gut, in Bezug auf die Umsetzung verschiedener internationaler Standards und Forderungen setzte sich Liechtenstein an die Spitze. Früh galt das Fürstentum als „early adopter“ oder als „first mover“, sprich als leuchtendes Vorbild. Dies führte dazu, dass sich sogar die OECD lobend äußerte.

Hierbei handelt es sich um die *Organisation for Economic Co-Operation and Development*, die Organisation für wirtschaftliche Zusammenarbeit und Entwicklung, mit Sitz in Paris – eine internationale Organisation mit 38 Mitgliedstaaten, die sich der Demokratie und Marktwirtschaft verpflichtet fühlen. Die OECD ist ein Forum, in dem Regierungen Lösungen für Probleme erarbeiten, was die wirtschaftliche Zusammenarbeit angeht. Nord- und südamerikanische Länder sind in dieser Organisation ebenso vertreten wie europäische und asiatisch-pazifische Staaten. Wenn es um wirtschaftliche Kooperationen geht, gibt es weltweit gesehen kein wichtigeres Gremium, denn hier werden einschneidende Entscheidungen getroffen, die auf das wirtschaftliche Wohl und Wehe eines Landes Einfluss nehmen. Die OECD publiziert unter anderem ein Ranking, ein Beurteilungsorgan, was Themen wie die Bekämpfung der Geldwäsche und damit die Unterstützung der weltweiten Kriminalität angeht. Wie also urteilte die OECD über Liechtenstein? Äußerst positiv. Aufgrund seines unmittelbaren und entschlossenen Engagements nimmt das Fürstentum heute einen der obersten Plätze in diesem Ranking ein, wenn es also um die Bekämpfung der Kriminalität geht. Deutschland selbst ist nur im unteren Mittelfeld zu Hause.[4] Mit anderen Worten: Der Name *Liecht*enstein erstrahlte in neuem *Licht* – das Wort Liechtenstein ist nebenbei bemerkt tatsächlich auf das Wort Licht zurückzuführen. Unmissverständlich wurde festgehalten, von Experten weltweit, dass in Liechtenstein „keinerlei schädlichen Steuerpraktiken" zu Hause seien und dass das Land „keine künstlichen Steuerstrukturen" fördere. Liechtenstein war damit vollständig rehabilitiert und wurde von jedem Vorwurf freigesprochen.

Dennoch lebt es sich in dem Fürstentum in steuerlicher Hinsicht gesehen besser als in vielen anderen Hochsteuerländern. Durch die enge Anbindung an die Schweiz mit ihren zahlreichen Steuervorteilen existieren nach wie vor Regelungen, die sich sehen lassen können, von vielen bürgerfreundlichen Gesetzen und rechtlich möglichen Konstruktionen ganz abgesehen. Nach wie vor ist Liechtenstein ein Paradies für Vermögensverwalter, von mehreren Banken, die hier zuhause sind, werden sie unterstützt. Finanzdienstleister erster Provenienz … finden sich in Liechtenstein. Das Fürstentum Liechtenstein begann Ende der 1990er Jahre damit, auch eine florierende Versicherungsindustrie zu etablieren. Diese konzentriert sich allerdings fast ausschließlich auf *Einmalbeiträge* in Bezug auf die Geldanlage, *Single Premium* genannt. Es existieren an diesem Standort inzwischen zwei international agierende, renommierte Versicherungs-Konzerne sowie verschiedene kleinere Gesellschaften.

Liechtenstein ist außerdem Mitglied des *EWR*, sprich des *Europäischen Wirtschaftsraumes*, einer Freihandelszone; genauer gesagt hat es durch die EFTA (die Europäische Freihandels-Assoziation) Zugang zum Europäischen Wirtschaftsraum. Das ist insofern von Bedeutung, als dadurch ein freier Waren-, Personen- und Dienstleistungsverkehr innerhalb des EWR gesichert ist. Dieser Umstand ermöglichte erst den „Versicherungsstandort Liechtenstein". Aber halten wir auch noch einmal den wichtigen Umstand fest, dass Liechtenstein *nicht* Mitglied der *EU* ist, der *Europäischen Union* – ein Staatenverbund aus 27 europäischen Staaten und einigen wenigen Überseegebieten, mit insgesamt rund 450 Millionen Einwohnern. Die EU ist eine eigene Rechtspersönlichkeit, wodurch sie über bestimmte Einsichtsrechte verfügt. Um es unzulässig verkürzt zu formulieren: Alle Vorteile liegen damit auf der Seite Liechtensteins, ohne dass das Fürstentum dabei auf seine Souveränität verzichten müsste. Da in Liechtenstein zudem der Schweizer Franken als Währung gilt, ist man hier nicht gezwungen, alle möglichen ungesunden steuerlichen und wirtschaftlichen Entscheidungen mitzutragen. Liechtenstein ist nicht zuletzt deshalb rundum finanziell gesund. Ein seit Jahren stabiles AAA-Rating bestätigt diesen Umstand. Ratings reichen von AAA (= der besten Bewertung) bis hinunter zu B-, C- und D-Bewertungen. Lang- und kurzfristige finanzielle und wirtschaftliche Beurteilungskriterien werden für dieses Ranking herangezogen. Die höchste/ beste Bewertung ist wie gesagt das AAA-Rating. Unabhängige Rating-Agenturen und Kreditinstitute beurteilen Liechtenstein ausnahmslos höchst positiv.

Weiter ist die Demokratie fest verankert, das „monarchische" Prinzip stabilisiert sie sogar. Während in nicht wenigen europäischen Staaten inzwischen Zweifel gehegt werden, was die Auswirkungen und die Ausübung der politischen Gewalt durch die Parteien angeht, während die Auswüchse selbst in ehemals hochgelobten „Demokratien" inzwischen unübersehbar sind, scheint man in Liechtenstein den Stein der Weisen gefunden zu haben, was die Politphilosophie angeht. Die zunehmende Unzufriedenheit der Bevölkerung in Deutschland mit der Politik unterstreicht diese Behauptung nur, Umfragen weisen in eine eindeutige Richtung. Wie man es auch dreht und wendet ... wenn man die verschiedensten Kriterien heranzieht, muss man feststellen, dass der Standort Liechtenstein aus geostrategischer Sicht in Vermögensfragen eine ausgezeichnete Wahl für deutsche Staatsbürger ist, auch aufgrund der unmittelbaren räumlichen Nähe.

KONKRETE VORTEILE

Selbstredend gibt es neben dem Standort Liechtenstein auch andere hervorragende Finanzplätze, in weltweiter Hinsicht gesehen. Man darf nie vergessen, Singapur zu zitieren oder die Schweiz. Aber es geht uns in diesem Zusammenhang mehr um eine exemplarische Ausführung, weniger um eine Gesamtübersicht über alle Steueroasen oder empfehlenswerten Finanzplätze der Welt, denn dann müssten wir ein Werk von mindestens fünfzig Bänden verfassen, was fünfzig Doktorarbeiten gleichkäme. Es geht uns nur darum, gewisse Prinzipien und Vorteile aufzuzeigen. Die Vorteile werden zumindest indirekt auch sichtbar, wenn man feststellt, dass in Liechtenstein die Vermögen zahlreicher ausländischer Privatkunden verwaltet werden. Aber auch institutionelle Anleger tummeln sich an diesem Ort – was immer ein hervorragendes Zeichen ist. Zu den institutionellen Anlegern zählen kleine und große Banken, Versicherungsgesellschaften, Investment- und Kapitalgesellschaften, Pensionskassen, Krankenkassen, Vermögenverwaltungen, Kirchen und internationale Organisationen, die von erfahrenen Finanzexperten geleitet werden. Mittlerweile begegnet man in dem Fürstentum Bankkaufleuten aus Österreich und der Schweiz, Finanzdienstleister aus Deutschland und Großbritannien, aber auch Finanzexperten aus allen möglichen anderen Ländern. Im Rahmen von Stiftungen etwa können bestimmte Konstruktionen kreiert werden, die höchst vorteilhaft für einen Mandanten sind. Wir werden auf das präzise Stiftungs-Know-how an späterer Stelle ausführlich eingehen.

Aber gestatten wir uns zunächst noch einige Anmerkungen zu dem Thema „Sicherheit". Von Bedeutung ist in dieser Beziehung auch die intelligente *Vermögensstrukturierung*, wie das genannt wird. Wie beim Schach, sollte man auch bei der Vermögensanlage, beim Erben und Vererben und bei der Vermögensverwaltung um mehrere Züge vorausdenken. Im Rahmen des *Estate Plannings* beschäftigen wir uns deshalb auch damit, zu simulieren, was passiert, wenn ein Erbe (oder gar eine ganze Kette von Erben) unvorhergesehen das Zeitliche segnet. Was würde in diesem Fall mit dem Erbe geschehen? Wie wäre die Vermögensübergabe durch verschiedene Generationen durch den Gesetzgeber geregelt? Und vor allem: Sind die möglichen „normalen" Konsequenzen vom Erblasser erwünscht? Oder eher nicht? Kurz gesagt gilt dies: Ein Vermögen, welches nicht vernünftig strukturiert ist, ist bestimmten Gefahren ausgesetzt. Diese Gefahren kann man ausräumen, indem man bestimmte Konstruktionen ins Auge fasst, welche die Möglichkeiten einer (unerwünschten) Konsequenz ausschließen, einschließlich des privaten Missbrauchs der Erben.

TUPFER AUF DER PALETTE DER KONKRETEN VORTEILE

Ohne zu tief in die Materie einzusteigen, sei so viel angedeutet: Man muss über die unterschiedlichen Finanz- und Wirtschaftsgesetze in Deutschland und Liechtenstein (in unserem Beispielsfall) genauestens Bescheid wissen und sie idealerweise mehrfach persönlich ausgetestet und in der Anwendung beobachtet haben, um zu sehen, wie sie in der Praxis funktionieren. Man muss als Estate Planner die unterschiedlichen Gesetze sowie die verschiedenen Möglichkeiten, die sich dadurch eröffnen, aus dem Effeff kennen.

Ein Beispiel: In Bezug auf die *Versicherungs*industrie stellt Vermögen in

Liechtenstein etwa ein klar definiertes *Sondervermögen* dar, das nicht der Aktivseite der Unternehmensbilanz zuzuordnen ist. Sondervermögen? Oh, gehen wir noch einmal einen Schritt zurück. Nein, es handelt sich hierbei nicht um die Definition, die im alten Rom in Gebrauch war: Hier bezeichnete man mit „Sondervermögen" (Pekulium) einen gesonderten Teil des Vermögens eines Hausherrn (pater familias), das etwa Haussklaven überlassen wurde und über das die Sklaven selbständig und unabhängig verfügen durften. Nur so viel ist richtig: Ein *Sondervermögen* ist stets abgesondert vom übrigen Vermögen. In unserem Fall bezeichnet Sondervermögen das Altersvorsorge-Sondervermögen, das sich in einem Altersvorsorge-Investmentfonds befindet. Zurück zu unserem Text, wiederholen wir: Wenn es um entsprechende Versicherungen geht, die in diese Richtung weisen, handelt es sich um Sondervermögen, das nicht auf der Aktivseite der Unternehmensbilanz erscheint. Noch klarer ausgedrückt: Dieses Sondervermögen muss nicht wie ein Unternehmensvermögen versteuert werden. Nicht in Liechtenstein. In Deutschland dagegen sehr wohl. Wer Paragraphen liebt, mag §59 VVG studieren und Liechtenstein mit dem deutschen §314 VVG vergleichen. Mit anderen Worten: Auf bestimmte Weise kann man Vermögen davor bewahren, dass die Steuerfalle zuschnappt. Sicherheit! Dies aber bedeutet: **Man muss wissen, wo welche unterschiedlichen (Steuer-)Gesetze und Gesetze überhaupt vorteilhaft genutzt werden können.**
Auch das versteht man unter der „Strukturierung" eines Vermögens. Eine vernünftige Strukturierung bietet Sicherheit, will sagen, man bewahrt das eigene Vermögen davor, dass es dahinschmilzt.

Ein weiteres Beispiel in Bezug auf die Steuer:
Steigen wir noch einmal in das Gestrüpp der Regelungen. Während der Investitionsphase von *fungiblen* Vermögenswerten (fungibel = zum Beispiel Vermögen in Form von Geldern, Wertpapieren wie Aktien und so weiter) werden angefallene Gewinne ertragssteuerlich gesehen in Deutschland durch die *Abgeltungssteuer* und *Vorabpauschale* behandelt. Ein Beispiel für die Abgeltungssteuer wäre die Kapitalertragssteuer.

Mit dem Ausdruck „Vorabpauschale“ bezeichnet man die Versteuerung bestimmter Kapitalerträge, wobei auf einen *zukünftigen* Gewinn bereits jährlich vorab pauschal bestimmte Steuern erhoben und gezahlt werden. Das wäre also der „Normalfall“ in Deutschland. Füllen wir das Ganze mit Fleisch und ein paar Zahlen, sodass wir nicht nur der Theorie verhaftet bleiben und im luftleeren Raum argumentieren. Nehmen wir an, Sie verfügen über einen Investmentfonds. Vereinfacht gesagt werden vom angefallenen Gewinn 25 % *Abgeltungssteuer* (zuzüglich Soli und eventuell Kirchensteuer) von der Bank an den Fiskus abgeführt. Das Ergebnis, vereinfachter gesagt, besteht darin, dass aus 4 % Wertentwicklung nicht einmal 3 % netto übrigbleiben. Noch vereinfachter gesagt verliert man durch den entgangenen Zinseszins-Effekt *sehr* viel Geld. Ihr Vermögen wird geschmälert. Durch die *Strukturierung* von Vermögen und eine moderne Versicherungslösung könnte jedoch genau diese ertragsteuerliche Behandlung vermieden werden. Das heißt, Sie gewinnen deutlich höher. Soweit ein weiteres steuerliches Beispiel. Je *sicherer* also eine Anlage ist, umso weniger wird Ihnen vom Finanzamt abverlangt. Betrachten wir nun ein Exempel aus der Welt der Versicherungen.

BEISPIEL: ÜBER DEN INTELLIGENTEN UMGANG MIT EINER LEBENSVERSICHERUNG

Von einer Strukturierung der Vermögensübergabe spricht man auch, wenn es um eine neue, klügere Betrachtung einer Lebensversicherung geht. So existiert etwa die Möglichkeit, Vermögen bereits zu Lebzeiten an die künftigen Erben zu übergeben. Dies sollte jedoch auf eine spezielle Art und Weise geschehen, damit auch in diesem Fall ein Höchstmaß an Sicherheit gegeben ist. Das heißt, dem Erblasser darf keinerlei Nachteil entstehen. Eine Variante stellt der sogenannte „Nießbrauch“ in Bezug auf eine Lebensversicherung dar.

Nießbrauch? Wovon sprechen wir? Hierbei handelt es sich um das unveräußerliche, nicht vererbbare, absolute Recht, ein fremdes Recht oder Vermögen zu nutzen, in Deutschland gemäß Paragraph 100 BGB,

Bürgerliches Gesetzbuch, § 1030 betrifft Erbschaften. Von „Nutznießung“ spricht man in der Schweiz oder in Liechtenstein, anstelle von Nießbrauch. Dem künftigen Erblasser bleiben bei einer entsprechenden Konstruktion die Erträge aus seinem Vermögen lebzeitig erhalten, er kann sie nach Gutdünken entnehmen, während er das Kernvermögen bereits an seine Kinder übergibt – falls diese die Erben sind. Dieses Vermögen ist in der Folge juristisch gesehen lediglich mit diesem „Nießbrauch“ belastet. Auf diese Weise können hohe Vermögenswerte lebzeitig übergeben werden. Aber die abgebende Vermögensgeneration verliert nicht die Hoheit über diese Vermögenswerte, so lange sie selbst noch lebt. Betrachten wir ein paar konkrete Zahlen, denn diese verraten immer mehr als die bloße Theorie.

Bei einer unstrukturierten Kapitalanlage passiert mit 2.000.000 Euro Anlagevermögen dies: 400.000 Euro beträgt der Freibetrag in steuerlicher Hinsicht. Das heißt, es müssen nur noch 1.600.000 Euro versteuert werden. Fällig werden 304.000 Euro.
Wäre das Vermögen durch uns neu strukturiert worden oder durch einen Estate Planner, der seine Hausaufgaben gemacht hat, hätte man 1.459.570 Euro *Nießbrauchwert* abziehen können. Es hätten nur 540.430 Euro versteuert werden müssen, wobei man auch hier einen Freibetrag von 400.000 Euro abziehen darf. Mit anderen Worten: Nur 140. 430 Euro wären steuerpflichtig. In diesem zweiten Fall hätte man lediglich 15.447 Euro an den Fiskus abführen müssen.
Es erfordert keinen Einstein, um zu entscheiden, welches das bessere Geschäft wäre. Nun rechnen Sie noch die Stabilität des Frankens hinzu, der selbst die scheinbar ach so stabile DM einst um Längen schlug, vom Euro ganz zu schweigen, und Sie sehen sehr schnell, was alles in dem unscheinbaren Begriff „Strukturierung“ enthalten sein kann. Doch vielleicht werden Sie einwenden, dass Sie bereits über eine Lebensversicherung verfügen, die nach deutschem Recht konstruiert wurde. Nun, in diesem Fall kann man eine weitere Lebensversicherung nach liechtensteinischem Recht aus der Taufe heben, und mit einer Einmal-

Einzahlung operieren. Es gibt immer Mittel und Wege. Es existiert auch die Möglichkeit, eine bestehende Versicherungspolice aufzulösen. Doch man muss den Einzelfall in Augenschein nehmen, um zu bestimmen, ob das ein kluger Schachzug ist oder nicht. Um es abzukürzen: Es gibt für alles eine Lösung. Man muss jedoch den individuellen Fall berücksichtigen. Ein weiterer Einwand lautet: Schlägt Sachwert nicht Geldwert? Haben Sie das nicht gerade gepredigt? Lebensversicherungen stellen doch „nur" einen Geldwert dar? Der Einwand ist korrekt. Aber es gilt auch zu bedenken, dass bei einer großen Erbschaft an allen Ecken und Enden unmittelbar Kosten anfallen. Sprich, Bargeld ist notwendig. Wenn das gesamte Vermögen in Immobilien „festgefroren" ist oder Aktien gerade in einem Tief angelangt sind, wäre es ein Fehler, in ungebührlicher Eile alles zu veräußern. Der kluge Erbe hält in diesem Fall nach anderen Bargeldquellen Ausschau. Es ist also nicht falsch, den Erben auch mit einer gewissen Summe Bargeld auszustatten, sodass er sich nicht gezwungen fühlt, Fehlentscheidungen bezüglich des ererbten Vermögens zu treffen. Auch diese Denkart führt zur Sicherung eines Vermögens.

BEISPIEL: GENERATIONEN-STRUKTURIERUNG

Nehmen wir an, die Großeltern wollen zwei Enkeln ihr Vermögen übertragen, aber dennoch die Hoheit über das Vermögen behalten, um einen Einfluss auf die Enkel ausüben zu können. In diesem Fall überträgt man im Rahmen einer versicherungstechnischen Strukturierung zum Beispiel 99 % auf die Enkel – das Problem der Freibeträge lassen wir im Moment aus Gründen der Vereinfachung außen vor – und behält 1 % ein. Allein durch den Besitz dieses einen Prozents kann man in der Folge Kontrolle über das gesamte Vermögen innerhalb der Struktur ausüben. Die Enkel können also zum Beispiel nicht Abhebungen zu ihren Gunsten in Szene setzen, so lange die Großeltern nicht zustimmen. Hinzu kommt, dass Sie Fälligkeitsvereinbarungen einbauen können, weil Sie denken, dass die Kinder oder Enkel erst zum Beispiel mit dem vollendeten 25. Lebensjahr reif sind für den adäquaten Umgang mit Geld. Selbst wenn die abgebende Generation verstorben ist wird die Auszahlung erst zum hinterlegten Lebensjahr ausgeführt. Eine tolle, vorausschauende Maßnahme. Finden Sie doch sicherlich auch, nicht wahr? Mit Vollendung des 18. Lebensjahres sind die Kinder zwar nach dem Gesetz volljährig und für sich selbst verantwortlich, aber Sie wissen schon …

BEISPIEL: STIFTUNGS-POLICE-STRUKTURIERUNG

Über 45 % der Menschen, die zur sogenannten Generation der *Best Ager* zählen, sind statistischen Angaben zufolge kinderlos. Hier stellt sich immer die Frage, was mit dem Vermögen nach dem eigenen Tod passieren soll. Fest steht nur, der Staat soll nicht erben, ebenso wenig wie einige Verwandte, denen man „nicht grün" ist.

Eine hervorragende Option besteht darin, mittels einer Stiftung zu operieren, die einen genau definierten Zweck verfolgt. Über den eigenen Tod hinaus kann man auf diese Weise der Gesellschaft etwas zurückzugeben und vielleicht einige Schicksale, möglicherweise viele Schicksale und Lebensläufe positiv beeinflussen. Auch ganzen Gruppierungen kann man damit Leben einhauchen. Die unterschiedlichen Schwerpunkte, die hier gesetzt werden können, sind Legion. So kann man zum Beispiel sogar den eigenen Sportverein bedenken oder die medizinische Forschung, aber man kann auch eine Lanze brechen für den Tierschutz, die Bildung oder die Kunst. Es existieren zahlreiche Möglichkeiten. Der Erblasser muss also „seinen" Zweck definieren, er muss entscheiden, in welcher Beziehung sein Vermögen jährlich wiederkehrend Gutes bewirken soll. Eine eigene Stiftung kann Zuwendungen auskehren, an wen auch immer. Besonders positiv zu vermerken ist, dass dadurch zu Lebzeiten alles geregelt ist, das eigene Vermögen gleichzeitig aber bis zum sprichwörtlich „letzten Atemzug" der eigenen Person zum uneingeschränkten Zugriff zur Verfügung steht. Sollten sich die Lebensvorstellungen und Ziele verändern, kann man problemlos umdisponieren und zum Beispiel das Vermögen doch der eigenen Verwandtschaft oder bestimmten Personen zukommen lassen. In diesem Fall könnte die Stiftung jedoch nach dem Tod nicht mehr ins Leben gerufen werden, mangels der fehlenden finanziellen Ausstattung. Es ist also weise, frühzeitig eine endgültige Entscheidung zu treffen.

Gönnen wir uns ein plastisches Beispiel, das sich tatsächlich so und nicht anders zugetragen hat, wobei wir freilich keinen Namen nennen. Es handelte sich um einen Single über 50, dessen Nichte und einzige Erbin sich ihm gegenüber vorlaut und frech geäußert hatte: „Wenn du mal stirbst, erbe ich dein gesamtes Vermögen!“, ließ sie verlauten. Wäre diese Bemerkung nicht durch diese „Göre“ erfolgt, wie sie der Betroffene bezeichnete, hätten die Vererbungs-Bestimmungen einen anderen Verlauf genommen. So aber führte die Verärgerung des Betroffenen dazu, eine andere Lösung ins Auge zu fassen. Er entschied sich für eine Stiftung. Wichtig war es für diese Person, dass ihm dabei sein Vermögen, wie bereits beschrieben, bis zu seinem letzten Atemzug uneingeschränkt zur Verfügung stand. Das heißt, erst mit seinem Tod wird die Stiftungsgründung ausgelöst werden; noch befindet sich unser Protagonist am Leben und erfreut sich bester Gesundheit. Die Stiftungssatzung ist jedoch hieb- und stichfest formuliert, weiter existiert ein unangreifbares Testament. Die Testamentsvollstreckung kann beim Ableben dieser Person nicht aufgehalten werden. Der Betroffene verfügt damit über das Wissen und die Sicherheit, dass er von „Wolke sieben“ aus zuschauen und sich über das Gesicht der naseweisen, vorlauten Nichte freuen kann. Man erlaube uns eine philosophische Anmerkung: Die Intentionen der Menschen sind so unterschiedlich wie Blätter im Wald, und Gottes Wege sind unerforschlich.

BEISPIEL: PRÄMIENGEMEINSCHAFT

Sehr oft kommt es vor, dass wir, was die Vermögenswerte betrifft, auf ein Ungleichgewicht zwischen Eheleuten treffen. So ist meistens der Mann im Besitz von Vermögen, und die Frau ist quasi mittellos. Der Ehemann hat zum Beispiel 10 Millionen Euro und die Ehefrau 0. Beim Tod des

Ehemannes bedeutet dies für die Ehefrau einen nicht unerheblichen erbschaftssteuerlichen Zufluss. Bei Steuerklasse 1 und Freibetrag reden wir hier nun von einem Steuersatz von 23 %, es werden also 2,185 Millionen Euro Erbschaftssteuer fällig. Durch unsere Lösung halbieren wir den Zufluss. Durch Einzahlung in eine Art Prämiengemeinschaft geht der Fiskus aufgrund der persönlichen Bindung untereinander davon aus, dass im Innenverhältnis die eingezahlte Prämie jeweils hälftig geleistet wurde, also auch 5 Millionen Euro von der Ehefrau. Wenn also der Ehemann verstirbt, fließen nur 5 Millionen Euro an die Ehefrau erbschaftsteuerlich relevant zu. Nach Abzug des Freibetrages und jetzt nur noch 19 % Steuersatz beläuft sich die Erbschaftssteuer auf 855.000 Euro. Der Unterschied beträgt 1,3 Millionen Euro. Durch professionelle Begleitung und in diesem Fall sogar ohne Notar oder Rechtsanwalt beraten und unterstützen wir Sie bei ähnlichen Situationen. Doch Vorsicht ist geboten, sollte derselbe Ehemann ein Depot oder Konto besitzen und denken er müsse die Ehefrau als zweite Konto- oder Depotinhaberin etablieren. Hierbei würden von den 10 Millionen Euro sofort 5 Millionen Euro schenkungssteuerpflichtig. Alles schon in der Praxis vorgekommen!

KLEINES VORLÄUFIGES FAZIT

Aus den vorangegangenen Zeilen ist deutlich geworden, dass das Thema „Sicherheit“ zahlreiche Aspekte umfasst. Tatsächlich handelt es sich um eine denkbar bunte Palette, wobei wir hier nur einige Tupfer aufgezeigt haben. Recht unterschiedliche Themenkomplexe werden berührt: die Steuer, die Lebensversicherung, das Stiftungs-Know-how, die Generationen-Strukturierung, die „sichersten“ Investitions-Möglichkeiten, die Immobilienfrage und einiges mehr.

Es kommt zudem immer auf den Mandanten an, der letztlich die Schwerpunkte setzt. Was bedeutet für ihn „Sicherheit“? Tatsächlich gibt es zahlreiche Ansätze dafür. Über alle Lösungsmöglichkeiten für ein Problem muss ein *Estate Planner* Bescheid wissen. Erst wenn ein konkretes Problem zur Sprache gekommen ist, kann man jedoch den besten Lösungsweg anbieten. Nichts ersetzt das persönliche Gespräch, auch noch kein so schlaues Buch. Dieses Statement gilt auch für das nächste Kapitel, das sich ausschließlich mit dem kitzligen Thema „Steuer“ befasst und den Möglichkeiten, die sich in dieser Beziehung auftun.

5. STEUERN STEUERN

Bevor wir uns mitten ins Gefecht stürzen und die Steuervorteile, die mit ausgefuchstem, intelligentem Estate Planning möglich sind, unter dem Vergrößerungsglas betrachten, müssen wir zuerst ein paar Takte über das Thema Steuern vorausschicken. Wie hat man dieses Thema grundsätzlich zu bewerten?

STEUERN IN VERSCHIEDENEN KULTUREN

Lange war es unter Historikern und Politologen umstritten, wie man hohe und niedrige Steuern grundsätzlich zu bewerten hatte. Waren sie nicht notwendig? Garantierten Steuern nicht den Erhalt eines Staates? War es nicht korrekt, die Soldaten gut zu bezahlen, sodass man sich seiner Feinde erwehren konnte, und die Beamten zu füttern, die schließlich die Ordnung aufrechterhielten? Während an dem grundsätzlichen Sinn von Steuern kaum herumgedeutelt werden kann, geriet jedoch sehr bald schon ihre Höhe ins Visier vieler kritischer Historiker. Sogfältige Recherchen etablierten schließlich einen einzigartigen Umstand, ja geradezu ein historisches Gesetz:

Hohe Steuern führen zum Niedergang eines Weltreiches, eines Landes oder einer Gruppierung, niedrige Steuern dagegen führen zur Blüte.

Füllen wir das Ganze ein wenig mit Fleisch: Nach übereinstimmender Meinung fast aller Historiker waren Augustus, Hadrian, Trajan und Nerva die besten Kaiser Roms. Die schlechtesten waren Caligula, Nero und Commodus. Die „Erfolgsformeln" des Augustus (27 v. bis 14 n. Chr.) lesen sich so:

- **Man hält die Steuern niedrig.**
- **Man fördert Handel und Industrie in großem Stil.**
- **Man gibt allen Arbeit und Brot.**
- **Die Regierung selbst ist sparsam, geht mit gutem Beispiel voran und hält die Finanzen des Staatshaushaltes in Ordnung.**[7]

Nerva, Trajan und Hadrian (im 1. und 2. Jahrh. n. Chr.) … senkten ebenfalls die Steuern, woraufhin erstaunliche Blüten auf dem Fuß folgten.

CALIGULA, DER STEUEREINTREIBER

Auf Augustus folgte Tiberius, auf Tiberius Caligula (12–41 n. Chr.). Wenn Augustus nach seiner Machtergreifung ein Beispiel für Integrität, für Ethik und für Anständigkeit darstellt, so ist Caligula ein Exempel für eine boshafte, charakterlose, verkommene Figur. Reiche Männer ließ er aus heiterem Himmel des Verrats anklagen, nur um Zugang zu ihrem Geldsäckel zu erhalten. Viele Römer verurteilte er zum Tode, um ihr Vermögen an sich zu reißen. Des Weiteren war er sich nicht zu schade dafür, persönlich Sklaven und Gladiatoren zu versteigern oder Auktionen marktschreierisch zu veranstalten, um zu Geld zu kommen. Caligula war ein kaiserlicher Narr, jedoch gemeingefährlich in seiner Narrheit, weil er eine Terrorherrschaft errichtete. Darüber hinaus war er ein perverser Sadist, wie später Nero. Caligula war ein Musterbeispiel dafür, wie man *nicht* regiert. Eine seiner wichtigsten falschen Aktionen: sein Umgang mit Steuern. Eine der ersten Änderungen, die Caligula einführte, bestand darin, dass er alles und jedes mit Steuern belegte. „Er legte eine Umsatzsteuer auf Nahrungsmittel, eine Steuer auf alle Gerichtsprozesse, eine Steuer von 12,5 % auf die Einkommen der Lastträger. … [Sogar] die Dirnen [hatten] pro Tag den Gewinn aus einem Beischlaf abzugeben.“[1] Zu dieser letzten Verfügung wurde sogar noch ein Artikel hinzugefügt, der beinhaltete, dass auch *frühere* Dirnen und Kuppler, also inzwischen verheiratete Personen, genauso steuerlich zu behandeln waren. Durch all diese Maßnahmen machte sich Nero nicht nur verhasst, er lähmte damit auch das Wirtschaftsleben.

COMMODUS, DAS TIER

Commodus (162–192 n. Chr.) war ein heftiger Trinker und Spieler, der sich dreihundert Frauen und dreihundert Knaben zu seiner Belustigung hielt, der unglaubliche Grausamkeiten beging, wahllos Menschen niederknüppelte oder Krüppel nur zum Spaß mit Pfeilen niederstreckte. Kurz gesagt terrorisierte er Rom, er ließ gern und oft Menschen zum Tode verurteilen. Unter Commodus, dem Tier, wie er auch genannt wurde, nahm der Wohlstand des Staates ab und die *Steuern stiegen und stiegen...*

AUFSTIEG UND FALL EINER WELTMACHT: SPANIEN

Richten wir übergangslos den Blick auf eine andere Weltgegend, und zwar auf Spanien. Betrachten wir dazu dieses Land zur Zeit seiner höchsten Machtentfaltung, also im 16./17. Jahrhundert, da Spanien alle anderen Mächte in Europa weit überflügelt hatte – Deutschland, England und Frankreich unter anderem.

Am tödlichsten für Spanien war der ungeheure Reichtum, der durch die Entdeckung der neuen Welt in das Land hereinströmte. Schiffsbäuche voll von Silber, Gold und Gewürzen erreichten seine Häfen. Trotzdem herrschte in Spanien paradoxerweise ein chronischer Geldmangel. Unsummen wurden ausgegeben für aufwendige, kostspielige Bauten. Der Hofstaat mit all seinem Prunk verschlang allein ein Vermögen. Rund vierhundert Mann benötigte der König nur für seinen persönlichen Haushalt. Außerdem kostete das Heer Geld. Das ganze spanische königliche Theater wurde bezahlt von dem gestohlenen Gold, hinter dem letztlich Hunderttausende von hingemordeten Indios standen.[2]

Das Königshaus verdiente zusätzlich an den Posten und Pöstchen, die zu vergeben waren. Fast alle Ämter waren käuflich. Vizekönige, Kapitäne, Alkalden (d. h. Richter- und Bürgermeister-Ämter) – all das waren lukrative Pöstchen, für die der König viel Geld einstreichen konnte. Nicht Verdienst und Intelligenz herrschten, sondern nur der Geldbeutel.

Weiter existierten damals rund 150 000 Finanzämter in Spanien! Gleichzeitig waren die Steuern unerträglich hoch.

Parallel damit ging eine Explosion des Beamtensystems einher. An jeder Ecke traf man einen nichtsnutzigen Bürokraten, der nur eines im Sinn hatte: seinen eigenen Geldbeutel zu füllen.

WEITERE BEISPIELE

Befragen wir die Geschichte weiter, so erfahren wir, dass selbst die Französische Revolution etwas mit dem Thema Steuern zu tun hat.

Grundsätzlich wurde der dritte Stand, lies die Bauern und die Arbeiter oder das einfache Volk, vor der Revolution ausgenommen wie eine Weihnachtsgans. Ludwig XVI. (1754–1793) erhob immerzu neue Steuern, denn der Krieg gegen England war gerade verloren worden. Hinzu kam der amerikanische Unabhängigkeitskrieg, der teilweise heimlich von Frankreich finanziert wurde und ebenfalls Unsummen verschlang. Es gab die *Capitation* (= Kopfsteuer; Steuer, die pro Person in gleicher Höhe erhoben wird), die *Corvée* (Frondienststeuer, also die zwangsweise Dienstleistung der Bauern), der *Vingtieme* (der Zwanzigste, eine direkte Steuer für die Gesamtheit der Bevölkerung) und zahlreiche indirekte Steuern, wovon die *Gabelle* (Salzsteuer) und die Steuer auf Alkoholika besonders verhasst waren. Ludwig XVI., der König, gestand 1789 den Abgeordneten, dass der Staat kurz vor dem Bankrott stehe und *verlangte zusätzliche Steuern*. Er wusste nicht, dass er damit das Fass zum Überlaufen brachte. Ein rhetorisches Scharmützel begann, das tagelang hin- und her wogte, während sich die Gemüter mehr und mehr erhitzten. Kürzen wir die Geschichte ab: Das Ergebnis war eine der blutigsten Revolutionen der gesamten Geschichte. Und so könnte man eine Periode nach der anderen in den Zeugenstand rufen. Selbst das Osmanische Weltreich scheiterte … an seinen unverschämt hohen Steuern[3] , und selbst der Niedergang des Britischen Weltreiches führen Historiker inzwischen auch auf die überhöhten Steuern zurück, mit denen die Engländer zuletzt gequält wurden.[4]

TUPFER AUF DER STEUERGESCHICHTE DEUTSCHLANDS

Auch die Geschichte Deutschlands beweist, wie unklug es ist, hohe Steuern von den Bürgern abzupressen. Erst in der frühen Neuzeit etablierte sich in unseren Breiten so etwas wie eine verbindliche Steuer. Man sprach eines Tages vom „Gemeinen Pfennig“, der eingezogen wurde. Der Begriff „gemein“ leitet sich vom Wort „allgemein“ her. Es handelte sich hierbei um eine Kombination aus Kopf-, Vermögens- und Einkommenssteuer, die alle Reichsangehörigen betraf. Die Begründung hierfür? Nun, schließlich musste der Kaiser den Reichstag regelmäßig einberufen, was Geld kostete, er musste Gerichte organisieren und abhalten (lassen) und Soldaten entlohnen.

Wie viel wurde abgegriffen? „Die Belastung des Einzelnen war im Vergleich zu den territorialen und städtischen Abgaben verhältnismäßig niedrig, ausgenommen bei den Juden und bei den Ärmsten."[5]

Wie aber reagierte das Volk auf diese Steuer? Nun, der *Gemeine Pfennig*, auch *Reichspfennig* genannt, der Kaiser Maximilian I. (1459–1519) für seine (teilweise unnötigen) Kriege gegen Frankreich und die Türken zur Verfügung gestellt werden sollte, stieß auf beträchtlichen Widerstand, diese Steuer konnte sich nicht wirklich durchsetzen. Im Jahre 1505 wurde sie wieder ausgesetzt. Nachfolger des Gemeinen Pfennigs war der *Kammerzieler*, dem ein besseres Schicksal beschieden war.

Der Kammerzieler (Zieler = ein veralteter Plural für *Ziel*, im Sinne eines Termins, an dem Abgaben zu entrichten waren) diente schließlich dazu, ab 1507 das Reichskammergericht zu finanzieren. Augsburg, Frankfurt am Main, Leipzig, Nürnberg und Regensburg waren dafür verantwortlich, den Kammerzieler einzutreiben.

Nach und nach wurde das „Reich" in den Köpfen der (deutschsprachigen) Menschen mehr und mehr als eine Einheit wahrgenommen, als ein eigenständiges Gebilde, das auch Steuern einfordern durfte. Kommissionen, Kommissare und Schatzmeister trieben diesen Gemeinen Pfennig ein, später wie gesagt den Kammerzieler. Die Rechtsgrundlage hierfür bildete der uralte Romzug des Königs zum Erwerb der Kaiserkrone, für den man „schon immer" gelöhnt hatte. Eine Reichs-Steuerbehörde entstand also, kurz gesagt wurde es immer teurer, diesem Verbund, diesem Reich, anzugehören; denn im Laufe der Zeit verselbständigte sich diese Reichs-Steuerbehörde und verlangte von den Untertanen immer mehr Geld. Und so lernen wir dies:

Steuern besitzen die fatale Eigenschaft, dass sie sich gewissermaßen verselbständigen und automatisch erhöhen.

Hoch interessant ist überdies der tatsächliche Aufwand, der anfänglich betrieben wurde, um diesen Gemeinen Pfennig allen abzuknöpfen. Einem gewissen Zacharias Geizkofler (welch hübscher Name!), der von

1598–1604 als führender Steuerbeamter tätig war, standen nur 30 Beamte und 300 Federkiele zur Verfügung. Trotzdem trieb er 88 % der gesamten Reichssteuern ein.[6] Man vergleiche das mit dem ungeheuren Aufwand, der heute betrieben wird – mit unserem aufgeblähten System der Finanzverwaltungen! Und so lernen wir weiter:

Bürokratien haben die Eigenschaft, sich aufzublähen. Kluge Staatenlenker schieben der Bürokratie einen Riegel vor und achten darauf, den Verwaltungsaufwand klein zu halten; sie beschränken die Bürokratie und stutzen sie auf das absolut notwendige Maß zurück. Törichte Staatenlenker weiten Bürokratien unendlich aus oder lassen es zu, dass sie sich ständig selbst potenzieren.

Auf gut Deutsch gesagt: Bürokraten haben die Tendenz, sich wie Karnickel zu vermehren. Auf das Thema *Steuern* trifft das gleiche zu.

DIE PREUSSENKÖNIGE

Will man die Fehler der Folgejahre unter den Preußenkönigen auf einen gemeinsamen Nenner bringen, so lautet er ganz einfach, dass zum einen die Steuern unerträglich erhöht wurden und zum anderen rund 80 % der Steuereinnahmen in den Aufbau eines Heeres flossen. Die Preußenkönige waren mit anderen Worten so klug nicht, wie sie manchmal in einigen Geschichtsbüchern gezeichnet werden. Friedrich, der angebliche Große, führte pausenlos Krieg, aber selbst in Friedenszeiten waren die Steuern barbarisch. Außerdem verfielen die Fürsten und Könige in den verschiedenen deutschen Ländern über Nacht auf einen infamen Trick: Sie entdeckten die Macht der *indirekten Steuer*. Nie wurde etwas Übleres entwickelt.

STEUERN ZU BEGINN DES 20. JAHRHUNDERTS

Machen wir einen großen Sprung in die relative Gegenwart. Das Steuersystem, unter dem wir heute leiden, war in der ersten Hälfte des 20. Jahrhunderts bereits gut ausgefeilt. Verwaltung und Bürokratisierung sorgten dafür, dass kein Fisch mehr durch die Maschen schlüpfen konnte, die Maschen wurden im Gegenteil immer enger.

Am Vorabend des Ersten Weltkrieges wurden 90 % der *Reichssteuern* für militärische Zwecke ausgegeben. Aber das reichte natürlich weder hinten noch vorne, um die enormen Kriegskosten zu tragen. Der Erste Weltkrieg (1914–1918) wurde also weitgehend durch Kredite finanziert, durch *Kriegsanleihen*. Die heimliche Berechnung war sehr einfach: Man kalkulierte, dass der Besiegte schlussendlich für diese Kredite/Anleihen aufkommen würde – durch satte Reparationszahlungen.

Trotzdem mussten kurzfristig enorme Summen Geld hereingeschaufelt werden. Und also erhöhte man auf geradezu kriminelle Art und Weise auch die Steuern. Ins Visier gerieten nun wieder die direkten Steuern. Fein abgestuft zog man den Bürgern mehr und mehr Geld aus der Tasche, abhängig davon, wieviel er verdiente. Die direkten Steuern betrugen in der Spitze bis zu 80 %! Schon vorher hatte man sich den Trick mit der *progressiven* Steuer einfallen lassen. Sprich, wer mehr verdiente, sollte auch mehr zahlen. Das klang nach Gerechtigkeit, nach Steuergerechtigkeit, und war gut zu verkaufen. Die direkten Steuern wurden jetzt mehr und mehr gestaffelt, dem kleinen Mann wurde suggeriert, dass er dadurch ungeschoren davonkam, was natürlich nicht stimmte.

Alle wurden zur Kasse gebeten. Die Einnahmen des Reiches schnellten plötzlich explosionsartig nach oben. Hatte man noch im Jahre 1916 den deutschen Michel „nur" um 2,1 Milliarden Mark erleichtert, so zog man ihm im Jahre 1917 bereits 5 Milliarden Mark aus der Tasche. Die *direkte Besteuerung*, so realisierten die Herrschaften ganz oben, war immer noch die beste Methode, hart und schnell Geld abzugreifen. Die „Genie-Idee", die Steuer progressiv zu gestalten, spülte jedenfalls Unsummen in die Kassen des Reiches. Diese mehr und mehr progressiv ausgestaltete Steuer ist uns ebenfalls geblieben, aus eben dieser Zeit, als man die staatliche Geldgier durch den Krieg rechtfertigen konnte. Wer nicht zahlte, verhielt sich unpatriotisch. Soweit zu der Vergangenheit in puncto Steuern in deutschen Landen.

WAS ANDERE LÄNDER UNS VOREXERZIEREN

Theoretisch könnte man argumentieren, dass die Vergangenheit die

Vergangenheit ist, die man gefälligst ruhen lassen sollte. Ein Siebengescheiter könnte also behaupten, dass es in der Gegenwart schlicht unumgänglich ist, mit hohen Steuern zu operieren, nur mit hohen Steuern könne man „Staat machen“. Nun, dass dieses Argument auf tönernen Füssen steht, beweisen zahlreiche Gegenbeispiele.

Tatsächlich vertreten etliche Regierungen außerhalb Deutschlands die Meinung, dass es richtig ist, die Steuern zu *senken*, *speziell* wenn man die Wirtschaft nach oben bewegen will. Dieser Meinung sind darüber hinaus zahlreiche Ökonomen und Unternehmer. Die Logik liegt auf der Hand: Sowohl Bürgern als auch Unternehmen steht sehr einfach sehr viel mehr Geld zur Verfügung, wenn Vater Staat nicht zu hart an der Steuerschraube dreht. Geld, das im Säckel der Bürger verbleibt, wird normalerweise vernünftig investiert: Die privaten Haushalte geben es für Konsumgüter aus, und Unternehmen investieren in die Expansion. Beides kurbelt die Nachfrage an, neue Jobs werden geschaffen und die Wirtschaft floriert.

Jenseits der deutschen Grenzen *senkte* man die Steuern – und gewann! Innerhalb der Europäischen Union entbrannte seit den frühen 1990er Jahren sogar ein regelrechter Wettbewerb um die *niedrigsten* Unternehmenssteuern – zusätzlich entfacht durch die jüngsten EU-Beitritte osteuropäischer Staaten. Gerade die kleinen Länder machten sich einen guten Namen. Hierbei handelte es sich um recht überschaubare Experimente. Das Ziel war so einfach wie klar: Während einheimische Unternehmen von einer Abwanderung abgehalten werden sollten, galt es gleichzeitig, ausländische Unternehmen durch niedrige Steuern anzulocken. Wie rasant sich die Konjunktur entwickelte, wenn Unternehmen erst einmal auf eine Steueroase aufmerksam geworden waren, konnte man unter anderem auch an Irland beobachten, einem europäischen Paradebeispiel, das sämtliche Kritiker niedriger Steuern Lügen strafte.

Fest steht: Niedrige Steuern lassen die Kassen der Staaten klingeln. Der Steueranteil am jeweiligen Bruttoinlandsprodukt (BIP) – der Maßstab für die Wirtschaftskraft eines Landes – nimmt trotz Steuersenkungen gewöhnlich zu.

Zu diesem höchst bemerkenswerten Ergebnis kam, nach ausführlichen Untersuchungen, unter anderem Clemens Fuest, Wirtschaftsprofessor und Steuerspezialist im englischen Oxford. In die gleiche Kerbe hieb auch die Argumentation des amerikanischen Ökonomen Arthur Laffer. Er behauptete ebenfalls, dass sinkende Steuersätze Leistungsanreize freisetzen würden, ja dass das Steueraufkommen in der Folge sogar wachse.[7] Mit anderen Worten: Eine massive Steuersenkung finanziert sich in der Regel selbst.

WEITERE BEISPIELE

Nun könnte man ohne weiteres noch zwanzig bis dreißig Beispiele in der Gegenwart anführen. In den USA beispielsweise tobt ein regelrechter Wettbewerb, was Steuern angeht; die Steuern sind nur in Texas, Alaska, Florida, Nevada, South Dakota, Washington und Wyoming niedrig. Über Tennessee und New Hampshire könnte man ebenfalls reden. In einigen Bundesstaaten – welch ein Paradies! – gibt es sogar keine Einkommenssteuer. Diese US-Staaten blühen und gedeihen und verzeichnen den größten Bevölkerungszuwachs.

Weiter könnte man Australien zitieren, das sich in einer bestimmten Periode am eigenen Schopf aus dem Sumpf zog – indem es die Steuern senkte. Die Rechnung ging auf: Ein wahrer Rohstoffboom setzte ein, der das Land 1980 zu einem der größten Exportländer von Eisenerz, Blei, Bauxit (Tonerde), Steinkohle, Wolfram, Zink und Gold werden ließ.[8]

Auch die Schweiz könnte man zitieren, die direkt vor unserer Haustür liegt. Heute besteht die Schweiz aus 26 Kantonen und verfügt über knapp 9 Millionen Einwohner. Nach wie vor sind diese Kantone weitgehend selbständig, was die Regierungsgeschäfte anbelangt. Erwähnenswert ist etwa die Steuerautonomie der Kantone, wodurch ein Wettbewerb entsteht. Schlagen die Kantone bei anstehenden Problemen gescheite Lösungen vor, sieht der Bund keinerlei Notwendigkeit einzugreifen. Trotzdem entsteht kein Chaos. In der Schweiz geht man davon aus, dass sich die Probleme in den verschiedenen Landstrichen voneinander unterscheiden, die unterschiedlichen Gesetze und die Rechtsprechung sind somit auf die anstehenden, konkreten Problematiken zugeschnitten. Am intelligentesten freilich und erneut Zeichen einer echten demokratischen Gesinnung ist das Recht auf die *Volksabstimmung*. Die Schweizer haben zwei Möglichkeiten, die Politik direkt zu beeinflussen. Mit einer *Volksinitiative* kann eine gewünschte Verfassungsänderung gefordert werden. Weiter gibt es das *Referendum*. Es ist ein Volksentscheid, womit die Stimmberechtigten im Nachhinein einen Beschluss des Parlamentes anfechten können. Nun braucht es nicht sehr viel Fantasie bei der Vorstellung, was passiert, wenn ein Politiker die Steuern erhöhen will. Rasch melden die Bürger Protest an – was leicht zu bewerkstelligen ist. Und schon werden Steuererhöhungen oftmals abgebügelt, sie werden vom Tisch gewischt. In Deutschland dagegen kann eine Steuererhöhung leicht durchgepaukt werden, das Volk wird nicht befragt, es wird über seinen Kopf hinweg einfach entschieden. Und so verfügt die Schweiz bis heute über beneidenswert niedrige Steuersätze. Die beiden wichtigsten Steuern in der Schweiz sind die *Einkommensteuer* und die *Vermögensteuer*. Der Schweizer Bürger erhält jedes Jahr von seinem Steueramt (das an seinem Wohnort gelegen ist) die entsprechenden Unterlagen zur Steuererklärung und füllt sie in der Folge selbst aus. Es gilt das Prinzip: Vertrauen gegen Ehrlichkeit.

Der jährliche Steuerbetrag errechnet sich aus dem steuerbaren Vermögen und dem steuerbaren Einkommen einer Person und wird aufgeteilt in eine *Staatssteuer* und eine *Gemeindesteuer*. Ein kleiner Teil muss an den Bund gezahlt werden (*Bundessteuer*), wobei der Bund nur insoweit Steuern erheben darf, solange ihm dies die Bundesverfassung erlaubt, was periodisch an der Urne bestätigt werden muss. Für eine Person, die beispielsweise im Kanton Luzern in der Gemeinde Malters angesiedelt ist, geht die Staatssteuer an den Kanton Luzern und die Gemeindesteuer an die Gemeinde Malters. Unter das Vermögen fallen etwa Sparguthaben, Wertschriften, Immobilien und so fort. Abgezogen werden dürfen jedoch zum Beispiel Hypothekarschulden und Kredite. Und sogar Steuerschulden! Die Vermögensteuer ist progressiv gestaffelt, aber insgesamt sehr niedrig. Unter das Einkommen fallen alle Einkünfte einer Person.

Nach den klar definierten und erlaubten Abzügen vom Bruttoeinkommen ergibt sich das steuerbare Einkommen. Das Einkommen wird höher besteuert als das Vermögen. Trotzdem sind die anfallenden Steuern für eine Person im internationalen Vergleich erfreulich niedrig.[9]
Sollten wir noch einmal erwähnen, dass Liechtenstein und die Schweiz sehr eng miteinander verbunden sind?

GESETZE DER GESCHICHTE

Überblickt man rund 2000 Jahre Geschichte und addiert noch die Erfahrung von rund 100 Staaten der Gegenwart hinzu, so gelangt man in puncto Steuern zu verschiedenen Gesetzen oder Axiomen.[10]
Sie lauten wie folgt:

STEUER-AXIOM 1

Niedrige Steuern verursachen, dass ein Land, eine Nation oder eine Weltmacht blüht und gedeiht. Hohe Steuern führen zum Niedergang und sind ein Indiz, dass es mit einem Land, einem Reich oder einer Nation bergab geht; sie beschleunigen den Verfall.

STEUER-AXIOM 2

Das sind die beiden Hauptgründe für zu hohe Steuern, die vorgeschoben werden und dem Volk propagandistisch verkauft werden müssen: Der Krieg und der angeblich notwendige Wohlfahrtsstaat.

STEUER-AXIOM 3

Je mehr Gruppierungen/Institutionen zugestanden wird, Steuern zu erheben, umso drückender sind die Steuern und umso schneller geht es mit einem Land, Volk oder Reich bergab.

STEUER-AXIOM 4

Werden Steuern missbraucht und/oder verschwendet, schürt das den Hass des Volkes und führt zu Protesten und manchmal zu Revolutionen. Allein die Androhung und Ankündigung, Steuern erhöhen zu

wollen, kann eine Revolution auslösen.
Beispiele: Die Reformation, die Französische Revolution

STEUER-AXIOM 5

Steuern besitzen die fatale Eigenschaft, dass sie sich verselbständigen und automatisch erhöhen; selten oder nie wird die Erhöhung einer Steuer oder eine neue Steuer, die einst aus „guten Gründen" eingeführt wurde, zurückgenommen; sie wird im Gegenteil bei jeder sich bietenden Gelegenheit erhöht.

STEUER-AXIOM 6

Steuern machen Steuerbehörden notwendig. Diese Steuerbehörden haben die Tendenz, sich ebenfalls zu verselbständigen, ja aufzublähen, sodass riesige Bürokratien entstehen, die unglaubliche Kosten verursachen und von dem Volk als Unterdrückung empfunden werden.

STEUER-AXIOM 7

Einige Methoden, Steuererhöhungen durchzuführen, bestehen darin,

1. neue, „heimliche" Steuern zu definieren und einzuführen, die unsichtbar bleiben,
2. „Abgaben" nicht mit dem Wort „Steuer" zu bezeichnen, obwohl es sich um nichts anderes als um Steuern handelt,
3. Steuern auf Steuern zu erheben. Irreführende Begriffe oder „intelligente" Methoden, Steuern zu erheben, dienen nur dazu, dem Bürger und Verbraucher Sand in die Augen zu streuen. Das Ergebnis: Wirtschaft wird ausgebremst, und Blüte wird verhindert.

STEUER-AXIOM 8

Der Staat ist ein Meister darin, Steuervorteile für bestimmte Gruppierungen zu verschleiern und trotz hoher Steuern, mit der die Allgemeinheit gequält wird, den gerade Herrschenden unanständig hohe steuerliche Vorteile zu gewähren.

Beispiele: 1. Die Steuervorteile des Adels und der Kirche im Mittelalter
2. Die Steuervorteile Bismarcks im 19. Jahrhundert
3. Die Diäten der Abgeordneten in Deutschland heute

STEUER-AXIOM 9

Mittels der „progressiven Besteuerung“ wird eine höhere Steuergerechtigkeit suggeriert, aber die Realität beweist, dass dadurch auf Dauer die Mehrzahl der Bürger höhere Steuern zahlen.

Folgesatz:
Um zu vermeiden, in höhere Steuerklassen zu rutschen, verzichten viele Bürger auf Produktion; Arbeit wird aktiv verhindert.
Folgesatz:
Um eine höhere Steuerklasse zu vermeiden, hinterziehen viele Bürger Steuern oder favorisieren die Schwarzarbeit; dadurch werden Bürger kriminalisiert.
Folgesatz:
Durch die Steuerprogression schadet sich der Staat selbst, denn auf lange Sicht gesehen verzichtet er damit auf Einnahmen.

STEUER-AXIOM 10

Das ist der Preis, den ein Land für zu hohe Steuern zahlt: Kapitalflucht, Unternehmens-Auslagerungen, in der Folge eine höhere Arbeitslosigkeit und ein genereller Niedergang der Wirtschaft. [11]

KLEINES ZWISCHENFAZIT

Wir brauchen den Erkenntnissen der Geschichte nichts hinzuzufügen. Wiederholen wir: Hohe Steuern führen zum Niedergang, niedrige Steuern zur wirtschaftlichen Blüte. Jeder Kanzler und jeder Politiker, der hohe Steuern einforderte oder neue Steuern definierte, kannte die Geschichte nicht oder wandte ihre Lehren nicht an und trug zum Niedergang seines Landes bei. Und so verwundert es nicht, dass zunehmend auch andere Staaten in den Gesichtskreis vermögender Erblasser gerieten. Es ist kein Zeichen von mangelndem Patriotismus, wenn man nach Alternativen Ausschau hält, sondern ein Zeichen von ausnehmender Klugheit, wenn man nicht mit den politischen Fehlentwicklungen des eigenen Heimatlandes übereinstimmt. Begeben wir uns mit diesem Wissen im Hinterkopf nun zu unseren Alternativen und untersuchen wir, was hier möglich ist.

WAS ÜBLICH IST

Zunächst muss man wissen, wie und wo der Staat zugreift, wenn man sein Vermögen nicht strukturiert hat und nicht vorbereitet ist. Und man muss zumindest in gebotener Kürze auf das Erbrecht überhaupt eingehen. Grundsätzlich gilt es, zwischen fünf „Ordnungen" zu unterscheiden, was das Erben und Vererben angeht.

1. **An erster Stelle stehen die direkten Nachkommen des Erblassers, zu denen die eigenen Kinder, Enkel, Urenkel, Ururenkel und so weiter gehören.**
2. **Zur zweiten Ordnung zählen die Eltern und deren Nachkommen; also Brüder und Schwestern des Erblassers, aber auch deren Kinder, sprich die Neffen und Nichten.**
3. **Zur dritten Ordnung gehören Großeltern und deren Nachkommen, also Onkel und Tanten des Erblassers, sowie Vettern und Cousinen.**
4. **Zur vierten Ordnung rechnet man die Urgroßeltern und deren Nachkommen, also Großonkel und Großtanten.**
5. **Entferntere Verwandte und deren Nachkommen werden als Erben fünfter Ordnung bezeichnet.**

Der Ehegatte nimmt bei diesen „Ordnungen" eine Sonderstellung ein. Wir werden auf einige Varianten, die sich aus dieser Betrachtungsweise ergeben, an späterer Stelle noch genauer eingehen. Im Moment interessieren uns nur die Steuern. Die allgemeine Regel, die Vater Staat in seiner „Großherzigkeit" aufgestellt hat, lautet, dass jede dieser fünf Stufen oder Ordnungen über einen sogenannten Freibetrag verfügt, wenn es ans Erben geht; sprich, bis zu einer gewissen Summe müssen keine Steuern gezahlt werden, der Staat darf keinen Cent verlangen. Ehepartner und Verwandte erster und zweiter Ordnung werden besonders bevorzugt behandelt. Im Moment gelten folgende Freibeträge, für die keine Steuern entrichtet werden müssen:

FREIBETRÄGE

500.000 Euro = Freibetrag für den Ehepartner.
400.000 Euro = Freibetrag für jedes Kind, auch für jedes Stiefkind, Adoptivkind und uneheliches Kind, sowie für jeden Enkel und Urenkel, sofern die Eltern schon verstorben sind.
200.000 Euro = Freibetrag für jeden Enkel und Urenkel, sofern die Kinder des Erblassers noch leben.
100.000 Euro = Freibetrag für Eltern und Großeltern
20.000 Euro = Freibetrag für alle anderen Personen, die von dem Erblasser bedacht werden.

Das heißt, diese Summen müssen nicht versteuert werden, der Erbe kommt „ungeschoren" davon, sofern diese Beträge nicht überschritten werden. Bei Personen, die mit dem Erblasser nicht verwandt und nicht verheiratet sind, beträgt die Steuerlast mindestens 30 %, ab einer bestimmten Größenordnung sogar 50 %.
Personen der ersten bis fünften Ordnung kommen glimpflicher davon. Grundsätzlich variiert die Höhe der Steuern. Erbt beispielsweise ein Kind des Erblasser 500.000 Euro, so wären 400.000 steuerfrei, aber für 100.000 Euro müssten Steuern bezahlt werden. Wie viel? Vielleicht werden in diesem Fall 11 % Erbschaftssteuer fällig, aber die genaue Prozentzahl hängt auch von der eigenen Steuerklasse ab.[12]
In einem sogenannten „Erbschaftssteuergesetz" ist genau geregelt, wie hoch die Steuer im Einzelfall ist. Grundsätzlich ist die Steuer abhängig erstens von der Höhe des Nachlasses, zweitens vom genauen verwandtschaftlichen Verhältnis zwischen Erblasser und Erben und drittens von der eigenen Steuerklasse.

Kinder des Erblassers zahlen zum Beispiel weniger als Geschwister des Erblassers. Je tiefer die „Ordnung", umso höher die Steuern. Da sich Gesetze ständig ändern, ist es unklug, an dieser Stelle die Prozentzahlen aufzuführen, die ja morgen schon wieder überholt sein können. Im Übrigen geht es uns ja vor allem darum, Steuern zu *sparen*. Welche Ratschläge kann man also in dieser Beziehung geben?

RATSCHLAG NR. 1

Vorausschicken muss man, dass Sie vorher genau überlegen sollten, WER erben soll, WAS vererbt werden soll und WANN eine Person erben soll. Noch zu Lebzeiten? Erst nach dem Tod? Erst nach dem zusätzlichen Ableben einer anderen Person? Wer? Was? Wann?

Dem Fiskus ein Schnippchen zu schlagen gelingt oft dann, wenn man Vermögen schon vor dem Todesfall überträgt. Allerdings sollte man sicherstellen, dass das eigene Überleben und das Überleben der Ehefrau oder des Lebenspartners nicht gefährdet werden. Diese Fragen muss man sich stellen: Was würde in einem Notfall passieren? Was geschähe, wenn beispielsweise eine Pflegeperson im Alter bezahlt werden müsste? Wäre in diesem Fall genug Geld vorhanden? Doch bleiben wir positiv.

Auf jeden Fall ist es richtig, zunächst einmal eine einfache Grafik des eigenen Stammbaums zu erstellen – gegebenenfalls mit Hilfe eines Estate Planners. Die eigene Verwandtschaft sollte in die obigen fünf Stufen oder Kategorien eingeordnet werden.

1 2 3 4 5 …

Schreiben oder zeichnen Sie genau auf, WER überhaupt erbberechtigt ist, unterteilt nach diesen fünf Ordnungen – meist genügen drei Ordnungen, denn selten leben noch die Groß- und Urgroßeltern – aber vielleicht gibt es Nachkommen? Wie viele Verwandte existieren? Wie viele Brüder und Schwestern? Was ist mit deren Kindern? Und Enkeln? Wie viele uneheliche und/oder adoptierte Kinder gibt es? Listen Sie jedenfalls sorgfältig *alle* Verwandten auf. Das ist der erste Schritt, der das Chaos bändigen hilft. Sobald das erledigt ist, notieren Sie sich, WER WAS Ihrer Ansicht nach erben sollte.

RATSCHLAG NR. 2

Der pfiffige Leser hat es längst erraten. Man kann sich aufgrund dieser Erbschaftsregelungen hundert Kombinationen einfallen lassen. Die Freibeträge laden förmlich dazu ein. Damit kann man dem Fiskus ganz legal zuvorkommen.

Wenn also zum Beispiel 1 Million Euro vermacht werden sollen, kann man dem Ehepartner 500.000 Euro und einem Kind 400.000 Euro zukommen lassen – wodurch nur noch 100.000 Euro versteuert werden müssten. Soll der Fiskus keinen Cent erhalten, hält man Ausschau nach einem Enkel, der mit 200.000 Euro Freibetrag mit von der Partie ist. Und schon wäre man völlig aus dem Schneider. Würde man dagegen 1 Million Euro dem einzigen Sohn vermachen – wobei wir gleichzeitig davon ausgehen, dass kein Ehepartner existiert – so wären zwar 400.000 Euro steuerfrei, aber 600.000 Euro müsste der Sohnemann versteuern. Momentan müssten dafür zwischen 11 % und 15 % Steuer abgeführt werden. So oder so wäre die Steuer beträchtlich: 90.000 Euro müssten vielleicht an den Staat gezahlt werden. Dieses Geld würde sich in Luft auflösen, beziehungsweise würde sich der Staat in die eigene Tasche stecken.

Es ist deshalb anzuraten, die steuerlichen Freibeträge so zu nutzen, dass möglichst wenig oder nichts an das Finanzamt abgeführt werden muss. Man „jongliert" ein bisschen und schiebt die einzelnen Teile des Puzzles hin und her.

Noch einmal: Tatsächlich könnten wir an dieser Stelle hundert Varianten vorstellen, bestehend aus Eltern, Onkeln, Tanten, Kindern, Enkeln und so fort, ja sogar bestehend aus Freunden. Man würde sofort erkennen, dass es zahlreiche Kombinationsmöglichkeiten gibt, allein aufgrund der Anzahl der Personen und der unterschiedlichen Freibeträge. Je mehr Verwandte und Erben Sie einsetzen, umso weniger Geld müssen Sie dem Finanzamt abliefern. Wenn der Großvater X, der 600.000 Euro vererben will, seinen drei Enkeln je 200.000 Euro überträgt, fällt bei seinem Tode kein Cent Erbschaftsteuer an.

RATSCHLAG NR. 3

Auch die „Kettenschenkung“ sollte man ins Kalkül ziehen. Nehmen wir an, Großvater Y will seinem Enkelkind 400.000 Euro vermachen. Nun beträgt der Freibetrag für einen Enkel jedoch nur 200.000 Euro. Es müssten also 200.000 Euro versteuert werden. Der Gesetzgeber, also der Fiskus, will davon 11 %. Das wären 22.000 Euro. Schenkt nun Großvater Y zunächst seinem Sohn Z 400.000 Euro, muss kein Cent an den Staat abgeführt werden. Später könnte dann Z seinem Sohn, dem Enkel des Großvaters, 400.000 völlig steuerfrei vermachen. Steuerersparnis: Mindestens 22.000 Euro.

Auch in dieser Beziehung sind zahlreiche Varianten vorstellbar. Der Erblasser behält einfach die *Freibeträge* im Auge. Besonders hoch sind sie wie gesagt beim Ehepartner und bei den Kindern und eventuell den Kindeskindern. Das Finanzamt ist gezwungen, solche Varianten anzuerkennen. Allerdings sollte man darauf achten, dass alles vollständig im Rahmen des Gesetzes erfolgt. Jeder Missbrauch kann dazu führen, dass das Finanzamt zu einem späteren Zeitpunkt eben doch noch zugreift. Wer nur zum Schein Geld verschenkt oder nur der Form halber Vermögen vermacht, macht sich strafbar. Aber bleiben wir auch in diesem Fall positiv.

Die „Kettenschenkung“ sollte immer in das Kalkül einbezogen werden. Hinzufügen sollte man noch, dass für die Schenkungssteuer die gleichen Grundsätze gelten wie für die Erbschaftssteuer.

RATSCHLAG NR. 4

Weiter können Sie Freibeträge häufig nutzen, nicht nur einmal. Schon zu Lebzeiten kann man Freibeträge mehrfach zum Einsatz kommen lassen – für Ehepartner, Kinder, Enkel und so fort. Das heißt, Schenkungen können wiederholt getätigt werden. Das ist die goldene Regel:

Freibeträge können nach Ablauf von zehn Jahren erneut genutzt werden.

Auf diese Weise können gewaltige Beträge steuerfrei übergeben werden, wenn man es nur geschickt anstellt. Bei einer Schenkung gilt es lediglich darauf zu achten, dass sich keinerlei Nachteile für den Beschenkten ergeben. Wird zum Beispiel eine Eigentumswohnung übereignet, die noch nicht abbezahlt ist oder worauf hohe Schulden lasten, so ist eine solche Schenkung ein zweischneidiges Schwert. Natürlich kann man eine Schenkung auch widerrufen, sofern man in den Schenkungsvertrag Rückfallklauseln einbaut. Zum Beispiel könnte der Beschenkte insolvent werden und die Gläubiger Anspruch auf die geschenkte Wohnung erheben; vielleicht verstirbt er vor dem Schenker; oder er könnte von irgendwelchen dubiosen Organisationen ausgenutzt werden und so weiter. Sowas kann alles in einem Schenkungsvertrag geregelt werden. Man stelle sich also plastisch vor, dass innerhalb von drei Jahrzehnten drei Mal Schenkungen/Übereignungen durchgeführt werden könnten. Man halte sich weiter die eigene umfangreiche Verwandtschaft vor Augen und multipliziere die Freibeträge mit dem Faktor drei!

RATSCHLAG NR. 5

Selbst die Regelungen zum *Zugewinnausgleich* kann man zur Steuerersparnis nutzen. Der eheliche Güterstand steht hierbei im Mittelpunkt der Betrachtung. Wir alle kennen den sogenannten *Zugewinnausgleich* im Fall einer Scheidung. In dieser Situation wird das Vermögen, das während der Ehe „hinzugewonnen" wurde, hälftig zwischen den Ehepartnern geteilt. Dieser Zugewinn unterliegt nicht der Erbschafts- oder der Schenkungssteuer. Aber es ist erlaubt, diese Regelung auch dann anwenden, wenn *keine* Scheidung auf dem Programm steht. Wenn man also dem Ehepartner 200.000 Euro als „Zugewinn" übereignet, braucht dieser auch im Falle der Fortsetzung der Ehe keine Steuern dafür zu entrichten.

Am Rande bemerkt: Sie können den Güterstand wechseln, und der hierin enthaltene Zugewinn ist steuerfrei. Dann wechseln Sie wieder in den ursprünglichen Güterstand. Somit können Sie unter dem Motto „Güterstandsschaukel" privilegiert Vermögenswerte steuerfrei übertragen.

Man nutze die Regelung für den Zugewinn.

RATSCHLAG NR. 6

Sie wissen bereits, dass bis zu 20.000 Euro an jedermann vererbt werden können, ohne dass der Fiskus eine Steuer abgreifen kann. Aber man bedenke noch einmal, wie viele Türen und Tore sich hierdurch öffnen. Es gibt zahlreiche entfernte Verwandte und noch sehr viel mehr Freunde. Ferner gibt es vielleicht Pflegepersonal, das einer Person ans Herz gewachsen ist, sowie gemeinnützige Institutionen die man schätzt.
Heutzutage sind deshalb in vielen Testamenten zahlreiche „20.000-Euro-Erben“ aufgelistet, die oft nur aufgrund der Steuerersparnis bedacht werden.

RATSCHLAG NR. 7

Weiter können im Zusammenhang mit Immobilien ordentlich Steuern gespart werden. Da wir Immobilien in einem gesonderten Kapitel behandeln werden, erwähnen wir diesen Umstand an dieser Stelle lediglich der Vollständigkeit halber. Jetzt schon festgehalten werden muss auf jeden Fall der Umstand, dass die Übereignung des „Familienheims“ nicht der Steuer unterliegt. Wenn der Erblasser zum Beispiel seiner Ehefrau das Familienheim überträgt und sie weiterhin darin wohnen bleibt, ist das Finanzamt machtlos. Unabhängig davon, wie luxuriös das Familienheim auch immer ist, der Fiskus muss die Finger davon lassen, selbst wenn es sich um eine prächtige, millionenschwere Villa in bester Lage handelt und solange deren Wohnfläche 200 qm nicht übersteigt. Es darf sich jedoch nicht um ein Ferienhaus handeln, das nur gelegentlich benutzt wird. Wie viel Fantasie braucht es, sich vorzustellen, dass ein (noch quicklebendiger) Erblasser fix eine neue ansehnliche Villa erwirbt, sie als Eigenheim nutzt und sie einfach der Ehefrau übermacht? Selbst wenn die Villa fünf Millionen Euro wert ist, kann der Fiskus nichts unternehmen.
Selbstgenutzte Familienheime sind bis zu einer bestimmten Größe von der Steuer befreit.

RATSCHLAG NR. 8

Sie haben sicherlich schon vom „Pflichtteil“ innerhalb eines Testaments gehört. Der Pflichtteil im Erbrecht erlaubt es insbesondere Ehegatten und Kindern, eine Mindestbeteiligung an dem Erbe einzufordern – unabhängig vom Willen des Erblassers. Ist ein Testament so abgefasst, dass auf diesen Pflichtteil keine Rücksicht genommen wurde, können die Erben das Testament anfechten und darauf bestehen, dass dieser Pflichtteil ausgezahlt wird. In diesem Fall können nachträglich eben doch die bekannten steuerlichen Freibeträge geltend gemacht werden – entgegen den Anordnungen in einem Testament.

Die Pflichtteil-Klausel kann zur Steuerersparnis genutzt werden.

RATSCHLAG NR. 9

Was ein Unternehmen, ein Betrieb oder eine Firma angeht, die vererbt werden soll, so gilt diese generelle Richtlinie, freilich unzulässig verkürzt gesprochen: Wird die Firma fünf Jahre lang von den Erben weitergeführt, befreit dieser Umstand das Unternehmen zu 85 % von der (Erbschafts-)Steuer, bei sieben Jahren zu 100 %. Nichts ist deshalb wichtiger als ein kompetenter Nachfolger innerhalb eines Unternehmens, der die Qualifikation besitzt, die Firma weiterzuführen. Dem Fiskus ist daran gelegen, dass Arbeitsplätze erhalten bleiben, deshalb verhält er sich moderat.

Wird ein Betrieb dagegen innerhalb dieser fünf Jahre veräußert oder die Produktion wird eingestellt, müssen Steuern nachgezahlt werden.

Es ist allein aus steuerlichen Gründen wichtig, ein Unternehmen weiterzuführen. In der Praxis und in Wahrheit gibt es jedoch einige Variationen. In Rechnung gestellt wird vor allem die Größe des Unternehmens. Es ist ein Unterschied, ob ein Betrieb 1 Million, 3 Millionen, 26 Millionen oder über 90 Millionen Euro wert ist.

Grundsätzlich prüft der Fiskus, ob die Einnahmen des Privatvermögens eines Erben ausreichen, um die fällige Steuer zu bezahlen oder nicht. Reicht die Hälfte des Privatvermögens eines Erbens nicht zur Zahlung der Erbschaftssteuer, die „eigentlich“ fällig werden würde, kann ein Verschonungsabschlag gewährt werden. Aber die Auflagen hierfür sind inzwischen in Deutschland streng, speziell seit dem Jahre 2010. Wenn es um die Behandlung der Unternehmens-Erbschaftssteuer geht, im Gegensatz zur Schweiz oder Liechtenstein etwa, handeln die Finanzämter mit preußischer Präzision.

Im Übrigen sind die möglichen Varianten im Falle eines Unternehmens so zahlreich und die konkreten Bedingungen des Fiskus für bestimmte Steuernachlässe so umfangreich, dass man, will man seriös bleiben, nur einen Rat erteilen kann: Ein Steuerfachanwalt muss hinzugezogen werden, der zusammen mit einem Estate Planner die Situation im Detail in Augenschein nimmt. Diese Experten müssen die verschiedenen aktuellen Klauseln, Gesetze und Regeln kennen, die außerdem ständig Änderungen unterliegen. Gegebenenfalls ist sogar die Kenntnis ausländischer Steuer- und Erbgesetze notwendig, denn in anderen Ländern gibt es unter Umständen Zweigniederlassungen des Unternehmens, das gerade vererbt wird. Regelrechte Verhandlungen mit Finanzbeamten stehen manchmal auf dem Schlachtplan.

Wichtig ist es überdies, alle Details über die möglichen steuerlichen Vergünstigungen für das Betriebsvermögen zu kennen. Darüber hinaus existieren weitere Möglichkeiten, Steuern zu sparen. Es gibt so etwas wie einen *Abzugsbetrag* und ab einer bestimmten Größe eines Unternehmens *Verschonungsbedarfsprüfungen* und einiges mehr. Nun rechne man noch den Umstand hinzu, dass ein Betrieb auch aufgespalten werden kann, und man sieht sich sofort einer Vielzahl von Varianten gegenüber mit allen möglichen Freibeträgen, Steuerklassen und Steuersätzen. Die steueroptimierte Gestaltung der Unternehmensnachfolge ist ein Thema, über das man mehrere Spezialbände füllen könnte. Grundsätzlich existieren zahlreiche Möglichkeiten. So liegt es manchmal im Interesse der Erben, ein Unternehmen in verschiedene Betriebe aufzuspalten und die Verantwortung auf mehrere Schultern zu verteilen. Werden zu Lebzeiten des Erblassers die entsprechenden Schritte bereits in die Wege geleitet, können Freibeträge, Steuerklassen und Steuersätze optimal ausgenutzt werden. Ein Unternehmen kann auch in eine andere

Unternehmensform übergeführt werden. Es gibt die GmbH, die Personengesellschaft, das Einzelunternehmen, die Kommanditgesellschaft, die Aktiengesellschaft und so fort. Anteilsverkäufe eines Unternehmens können angezeigt sein oder auch nicht. Üblicherweise wird ein Wertgutachten über ein Unternehmen erstellt, aber ein solches Wertgutachten kann angefochten werden, sodass die Erben steuerlich gesehen in eine bessere Position gelangen.

Die Varianten sind so zahlreich, dass nur ein ganzes Team von Spezialisten, unter der Leitung eines erfahrenen Estate Planners, der komplizierten Situation Herr werden kann. Dieser Planner muss alle Varianten und Gestaltungsmöglichkeiten kennen und einen kreativen Kopf besitzen.

Im Falle der Unternehmensnachfolge ist das Engagement eines Estate Planners mit einem etablierten Team unabdingbar.

RATSCHLAG NR. 10

Auch Nachlassverbindlichkeiten können vom Vermögenswert, der übereignet werden soll, abgezogen werden. Man prüfe also genauestens die Schulden und die Kosten des Unternehmens, weiter Leasing-Verträge, Zinsverbindlichkeiten, Bestattungskosten für den Erblasser, Notarkosten sowie Beratungskosten für Spezialisten, bevor man dem Finanzamt eine endgültige Zahl offeriert. Auch die Versorgungsbeiträge für Ehepartner, Lebenspartner und Kinder können gemäß § 17 ErbStG abgezogen werden. Für Vermögen im Ausland ist ebenfalls eine Expertenberatung unabdingbar. Grundsätzlich gilt jedoch immer, wiederholen wir:

Nachlassverbindlichkeiten können vom Vermögenswert, der übereignet werden soll, abgezogen werden.

Nun ist die Theorie immer hübsch und leicht verdaulich, aber der Teufel steckt im Detail. Anbei also erneut einige Beispiele, die das Leben selbst schrieb.

LERNBEISPIEL 1

Erfahrung hat uns gelehrt: Die Mehrheit der Menschen ist mit der vernünftigen, zielgerichteten Vermögensstrukturierung heillos überfordert. So begegnen wir immer wieder Klienten, die manchmal sehr wohlhabend sind, aber das Vermögen ist chaotisch strukturiert. Vielfach kennen selbst einige kluge, clevere Zeitgenossen nicht den Unterschied zwischen Brutto- und Nettorendite, nachdem also die *Abgeltungssteuer* abgezogen worden ist.

Wiederholen wir der Klarheit halber: Ein Beispiel für die Abgeltungssteuer wäre die Kapitalertragssteuer. Dazu gehören beispielsweise Dividenden aus Aktien, gewisse Einkommen aus Versicherungsverträgen, Einkünfte aus Gesellschaften und Wertpapiergeschäften, Erträge aus bestimmten Investmentfonds-Arten, Renteneinkommen, Erträge aus Fremdwährungsgeschäften und einiges mehr. Ohne die Steuer in Betracht zu ziehen, bezeichnen sich einige Kunden manchmal als reich, wenn sie zu überblicken versuchen, über wieviel Einkommen sie verfügen.

Wir berieten einst im östlichen Bayern einen Klienten, einen gestandenen Unternehmer, der seine Firma gerade verkauft hatte und der Meinung war, er wäre finanziell vollständig aus dem Schneider. Er leistete sich eine (zu große) Immobilie, fünf Autos, ein Mehrfamilienhaus und führte einen gehobenen Lebensstil. Außerdem unterhielt er drei Kinder, die in München studierten, und denen er eine eigene Wohnung finanzierte an einer Toplage, wo die Mieten schon immer in den Himmel wuchsen. Der langen Rede kurze Sinn … der Mandant übersah einerseits die steuerliche Belastung, was seine Vermögenserträge anging, was sich in einer Reduktion um ein ganzes Viertel der scheinbaren Gesamtsumme niederschlug, zum anderen war das Vermögen, wenn man es genau unter die Lupe nahm, eben doch nicht so umfangreich und üppig, dass man den aufwendigen Lebensstil hätte rechtfertigen können.

Nachdem alle Zahlen auf dem Tisch waren, bestand unsere erste Ansprache in diesem Fall darin, eine Rechnung aufzustellen, die bewies,

dass das gesamte Vermögen schon bei einem Ableben in nur fünfzehn Jahren vollständig aufgebraucht sein würde. Zugegeben sei, dass solche aufklärende Gespräche nicht immer angenehm sind. Lebensträume zerplatzen oftmals wie Seifenblasen. Wir mussten dem Mandanten eine gewisse Zeit einräumen, damit er seiner Emotionen Herr werden konnte. Etwa ein halbes Jahr später begannen wir, das Vermögen neu zu strukturieren. Dies führte unter anderem dazu, dass der Fuhrpark des Mandanten verkleinert wurde. Daraufhin beraumten wir einen „Round table“ der Eltern mit den drei Kindern an, die wir ebenfalls aufklärten und denen wir mitteilten, wie viel Cash durch die drei angemieteten Immobilien an Toplagen „verbrannt“ wurde. Die Kinder fielen aus allen Wolken, sie wussten tatsächlich nicht um die Zahlen und sagten sofort zu, zwei Wohnungen aufzugeben und zusammenziehen zu wollen.
Ohne uns mit den weiteren Details der Neu- und Umstrukturierung des Vermögens aufhalten zu wollen – wir bemühen uns, über Interna eines Klienten stets den Mantel des Stillschweigens zu breiten –, die gesamte Situation konnte geklärt werden. Heute ist alles in trockenen Tüchern, das Vermögen ist gesichert, es nimmt nicht ab, sondern sogar zu.
Allein die korrekten Zahlen, wenn sie auf den Tisch kommen – sofern in der Folge die entsprechenden notwendigen Schritte unternommen werden –, können manchmal schon eine Situation klären.

LERNBEISPIEL 2

Ein Klassiker beinahe ist der Glaube vieler Mandanten, mit dem intelligenten Umgang der Freibeträge bereits alles „regeln“ zu können; sie nehmen an, damit sei „der Fisch geputzt“. Leider verhält es sich durchaus nicht immer so.
Ein Beispiel: Der Senior besaß neben einer eigengenutzten Eigentumswohnung ein Wertpapierdepot über 250.000 Euro, das durch Wertzuwächse auf 400.000 Euro angewachsen war. Die Immobilie wollte er dem Junior vermachen, dem einzigen Kind, er gedachte, sie als Familienheim zu deklarieren. Erbschaftsteuerlich würde damit Zero anfallen, so hoffte er, denn ein Familienheim verlangt nach keiner Steuer.

Das Depot lag mit 400.000 Euro im Rahmen des erlaubten Freibetrages. Aber ... ein Wechsel des Besitztums, ein sogenannter Gläubigerwechsel, fand mit dem Tod des Seniors statt. Sprich, auf den Zugewinn aus dem Depot von 150.000 Euro musste Abgeltungssteuer zzgl. Solidaritätszuschlag und gegebenenfalls Kirchensteuer bezahlt werden, erfuhr der Junior. Obwohl die Kirchensteuer in diesem Fall nicht fällig wurde, mussten 37.500 Euro berappt werden.

Leider kamen wir in diesem Fall zu spät, aber in einem anderen Fall konnten wir genau dieses Szenario vermeiden. Erinnern wir noch einmal an einen Umstand, auf den wir bereits ansatzweise aufmerksam gemacht haben: Angenommen, die Finanzmärkte brechen nach der Übereignung ein und verlieren 40 % ihres Wertes, weil vielleicht ein Diktator auf der Welt verrücktspielt und einen neuen Krieg vom Zaun bricht. Der Fiskus interessiert sich nicht für die hohe Politik und lässt in dieser Beziehung nicht mit sich reden. Da die Handlungsfähigkeit, sprich die Befehlsgewalt über ein Depot, erst mehrere Wochen nach dem Tod des Erblassers eintritt, hätte im obigen Beispiel der Sohn die Steuer von 37.500 Euro zu bezahlen *und* 40 % des Depots hätten sich in Luft aufgelöst. Mit anderen Worten: 50 % des Depot-Vermögens wären verschwunden.

Die Moral von der Geschicht`? Bei einem Vermögensübergang rächt es sich ab einem bestimmten Gesamtvermögen immer, wenn nicht *lebzeitig* begonnen wird, das Vermögen neu zu strukturieren und Handlungsempfehlungen einzuleiten. Verstirbt zum Beispiel ein Elternteil und ein einziges Kind soll erben, so steht in diesem Fall nur noch ein einziger Freibetrag zur Verfügung, nämlich 400.000 Euro. Hätte man lebzeitig Vermögen übertragen, hätte man Anspruch auf 800.000 Euro Freibetrag erheben können, bei zwei Kindern sogar auf 1,6 Millionen Euro.

LERNBEISPIEL 3

In Deutschland ist ein beliebtes Instrument vieler Rechtsanwälte und Notare das sogenannte *Berliner Testament*. Hierbei handelt es sich um ein gemeinschaftliches Testament von Ehe- oder Lebenspartnern, indem diese sich gegenseitig zum Alleinerben einsetzen. Sie legen fest, dass mit dem Tod des zuletzt Verstorbenen der Nachlass an einen Dritten, zum Beispiel ein Kind, fallen soll. Ein scheinbar einfaches und klares Abkommen.

Die Herkunft des Wortes „Berliner Testament" ist bis heute nicht gänzlich geklärt, der Sachverhalt dagegen ist eindeutig. Um es zu wiederholen. Das Vermögen wird beim Ableben eines Ehepartners vollumfänglich bei dem anderen Partner belassen, Kinder erhalten aus diesem Erbgang zunächst einmal nichts. Erst mit Ableben des letzten Elternteils geht das Vermögen an die Kinder über. Das Problem, das gewöhnlich auftritt, kennen wir bereits: Es steht nur einmal ein Freibetrag zur Verfügung. Und schon schlägt die Steuer mitleidlos zu. Auch einen solchen Fall erlebten wir, leider mehr als einmal, als der Zug bereits abgefahren war. Außerdem ist das *Berliner Testament* ein Erbvertrag, der nur von *beiden* Ehepartnern verändert werden kann. Lehnt ein Partner eine Veränderung ab, so ist eine Veränderung ausgeschlossen.

Nun stelle man sich weiter vor, ein Ehepartner verstirbt, der überlebende Partner geht jedoch eine neue partnerschaftliche Verbindung ein. Ein Kind könnte in diesem Fall leer ausgehen, wenn das gesamte Vermögen mit dem neuen Partner verjubelt wird. Die Lösung? Die Übertragung des Vermögens bereits zu Lebzeiten.

LERNBEISPIEL 4

Nehmen wir an, bei einem Depot fallen zu hohe Steuern an. Die Lösung? Mittels einer geschickten Neustrukturierung kann Vermögen so gestaltet werden, dass während der Investitionsphase in ein Depot *keine* Abgeltungssteuer anfällt und abgezogen wird und während der Entnahmephase beispielsweise nur die sogenannte *Ertragsanteilsbesteuerung*, eingefordert wird. Also: Von einem 1-Million-Euro-Depot werden zum Beispiel nach dem ersten Jahr nur 4.000 Euro entnommen, die versteuert werden müssen – wobei sogar noch die ursprüngliche Investition in Rechnung gestellt wird. Auch in diesem Fall liegt die Besteuerung denkbar niedrig.

Darüber existieren weitere Varianten, wie etwa die sogenannte *Halbeinkünftebesteuerung*. In diesem Fall wird die Hälfte der angefallenen Gewinne für die Berechnung der Abgeltungssteuer herangezogen werden. Falls all diese Spezialausdrücke und Varianten im Moment zu viel sind … lassen Sie uns nur soviel festhalten: Es gibt verschiedene Möglichkeiten für eine niedrigere Besteuerung, und es gibt für jede individuelle Situation eine elegante Lösung. Gleichzeitig bewegen sich alle diese Lösungen vollständig im Rahmen des Gesetzes.

Das folgende Beispiel zeigt noch einmal eindrucksvoll den Vorteil der Ertragsanteilsbesteuerung – im Falle eines normalen Bank-Depots und im Fall einer Strukturierung durch *Signature Wealth*, durch uns also:

	Bank-Depot €	**SIGNATURE WEALTH®-Strategie €**
Entnahme	4.000	4.000
Steuerpflichtige Erträge	4.000	154
Abgeltungssteuer 26,375 % inkl. SolZ	- 1.055	- 41
Nettorealisierung / Entnahme nach Steuerabzug	2.945	3.959

Die folgende Grafik stellt den Sachverhalt bewusst vereinfacht dar, aber illustriert sehr schön die unterschiedlichen Zugewinne.

Betrachten Sie den Vergleich der Auszahlung nach Steuern, einmal nicht-optimiert und einmal mit optimierter Struktur:

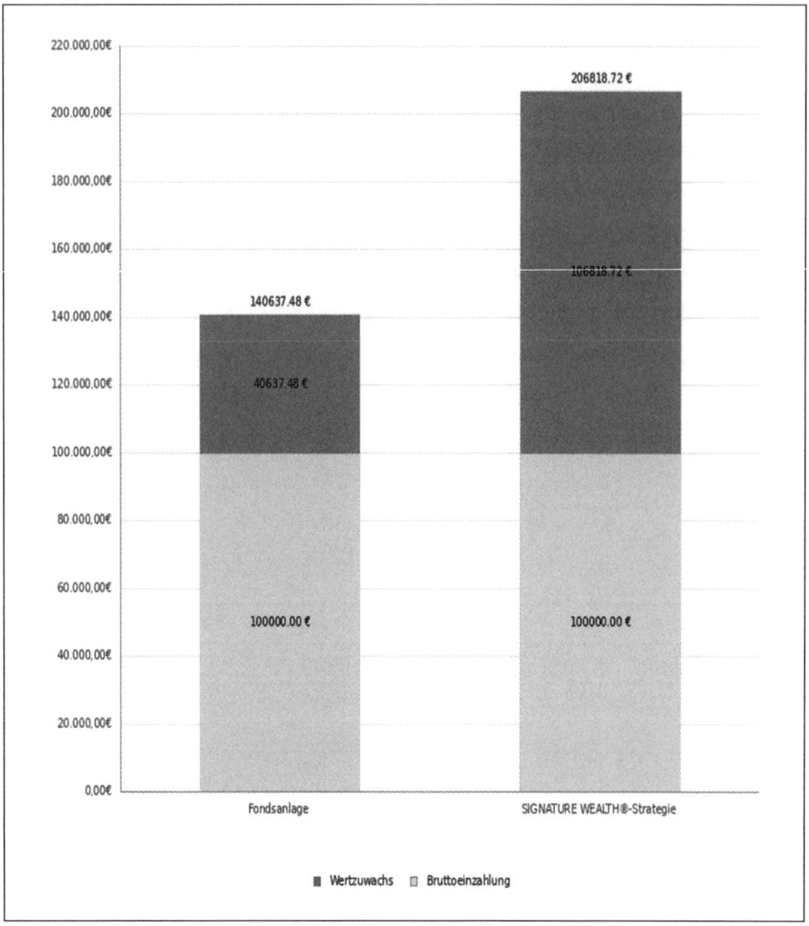

Vereinfacht gesagt baut sich durch den nicht gegebenen Steuerabzug (Abgeltungssteuer) während der Investitionsphase mehr Kapital auf, der Zinseszinseffekt beginnt zu wirken. Je länger die Zeitdauer der Investitionsphase ist, umso höher der Wirkungsgrad. Voraussetzung hierfür sind faire, niedrige Gebührenstrukturen, um diesen Effekt nicht durch überhöhte Strukturkosten zu zerstören. Auch in diesem Sinne konnten wir bereits viele Vermögen und Depots optimieren.

LERNBEISPIEL 5

In diesem Fall wünschten die Großeltern, ihren drei Enkeln lebzeitig 600.000 Euro zu vermachen, forderten aber, dass ihr Einfluss auf das

Geld erhalten bleiben würde; zumindest ein „Resteinfluss“ sollte gegeben sein. Wir boten einen bestimmten Rechtsträger als Strukturlösung an, in den wir diese 600.000 Euro unterbrachten. Die Veranlagung erfolgte nach den Wünschen der Großeltern, in diesem Fall handelte es sich um Aktien, Anleihen und Fonds mit geringstmöglichem Risikopotenzial. Die drei Enkel wurden in der Folge dieser Struktur hinzugefügt, das heißt, die Großeltern quotierten jeweils 200.000 Euro an den jeweiligen Enkel. Aber sie behielten sich 1 % bei jedem Enkel ein. Wir haben auf diese Variante bereits ansatzweise hingewiesen. Rechtlich gesehen bewegte sich das übertragene Vermögen im Rahmen der Freibeträge – 200.000 Euro pro Enkel sind erlaubt. Keine Schenkungssteuer fiel also an. Das verbleibende jeweilige 1 % sicherte den Großeltern jedoch ein Mitspracherecht, sodass die Enkel nicht ohne die Zustimmung der Großeltern Vermögen aus der Struktur abziehen konnten. Noch einmal: 99 % wurden verschenkt, 1 % verblieb bei den Großeltern. Dadurch verfügten Sie über eine Lenkungs- und Steuerungsfunktion gegenüber den Enkeln.

Im „klassischen“ Erbfall würde das Vermögen zunächst den Eltern der Enkel zufließen, also den Kindern der Großeltern, woraufhin aufgrund anderer Vermögensübertragungen Erbschaftsteuer angefallen wäre, in diesem Fall tatsächlich in beträchtlicher Höhe.

LERNBEISPIEL 6

In diesem Exempel ging es sehr einfach darum, das Vermögen steuerlich effizienter zu strukturieren, um in der dritten Lebenszeit mehr Kapital selbst zur Verfügung zu haben, sprich, es ging um höhere Entnahmen in der Bezugsphase, um eine bessere Rente.

Die Mandanten hielten in ihrem Depot überwiegend Immobilienfonds, welche der (Ertrags-)Steuer ausgesetzt waren. Über eine Neustrukturierung und eine Einmalanlage in eine bestimmte Depotart konnte das Vermögen auf eine Art neustrukturiert werden, dass in Zukunft aus 500.000 Euro aufgrund einer steuerlichen Optimierung 928.860 Euro „gezaubert“ werden würden, anstatt nur 625.535 Euro. Das heißt, es werden den Mandanten nach Steuern 303.324 Euro mehr zur Verfügung stehen als es zuvor der Fall gewesen wäre. Der Effekt ist möglich aufgrund der (günstigeren) Ertragsanteilbesteuerung, auf die wir bereits hingewiesen haben.

LERNBEISPIEL 7

Hierbei handelte es sich um eine lebzeitige Vermögensübergangs-Strukturierung. Das Ziel bestand darin, ein Kundenehepaar, das seine Firma verkauft und dafür zehn Millionen Euro erhalten hatte, optimal zu beraten und zu bedienen. Neben bereits existierenden Vermögenswerten sollte dieses Vermögen an das einzige Kind möglichst steuereffizient übertragen werden. Der Wunsch der abgebenden Vermögensgeneration bestand aber auch hier darin, die Hoheit über das Vermögen zu behalten.
Wir betrachteten zunächst gemeinsam den „normalen" Übergang von 10 Millionen Euro an das Kind, depottechnisch gesehen. Unstrukturiert wären hierfür 2.208.000 Euro Erbschaftsteuer angefallen, bei einer angenommenen Steuerklasse 1, die 23 % einfordert. Das heißt, die Rechnung hätte so ausgesehen:

Vermögen:	10.000.000 Euro
Freibetrag:	400.000 Euro
Steuerpflichtig:	9.600.000 Euro
Erbschaftsteuer:	2.208.000 Euro
Auszahlung nach Steuern:	7.792.000 Euro

Mittels des Einsatzes einer sogenannten *Nießbrauchs-Belegung* auf das depottechnisch gehaltene Vermögen optimierten wir die Situation und erhielten die Fungibilität gegenüber dem eigenen Vermögen für die abgebende Vermögensgeneration soweit, dass diese noch den vollen Zugriff auf ihr Vermögen besaß. Noch einmal: Der Nießbrauch ist in Deutschland das Recht, eine fremde Sache oder ein fremdes Vermögen zu nutzen, man spricht von der Nutznießung in der Schweiz. Nun stellte sich die Rechnung ganz anders dar:

	Vater	Mutter
Schenkung:	5.000.000 Euro	5.000.000 Euro
Abzug Nießbrauchswert:	3.932.527 Euro	4.146.237 Euro
Steuerwert Schenkung:	1.067.473 Euro	853.763 Euro
Freibetrag:	400.000 Euro	400.000 Euro
Steuerpflichtig:	667.473 Euro	453.763 Euro
Schenkungssteuer:	126.820 Euro	68.065 Euro

Im Klartext, ein Vorteil von 2.013.115 Euro (2.208.000€ - 126.820€ - 68.065€) konnte realisiert werden. Kein Pappenstiel!
Die Berechnung und das Ergebnis sind maßgeblich abhängig vom Alter der Schenker (in diesem Fall der Eltern). Je jünger diese sind, umso höher ist der Abzugsbetrag. Unterstellt wurde ein Jahrgang 1970 in diesem Fall. Wir werden auf den „Nießbrauch" noch im Rahmen der Immobilien näher eingehen.

LERNBEISPIEL 8

In diesem Fall handelte es sich um einen Mandanten, der ebenfalls eine steuerlich optimierte Vermögensübergabestrukturierung wünschte und dem besonders an dem Schutz seines Vermögens gelegen war, gemäß dem Motto *Das Gut bleibt im Blut.*
Im Mittelpunkt der Betrachtung stand ein erfolgreiches Familienunternehmen, das bereits vier Generationen lang durch alle möglichen Höhen, Tiefen und Untiefen geführt worden war; der Gründer war der Urgroßvater. Der Ehemann innerhalb der Mandanten-Familie fühlte eine starke Verpflichtung gegenüber den vorangegangenen Generationen, das Unternehmen zu erhalten und erfolgreich in die Zukunft zu führen. Auch die Übergabe an die nächste Generation sollte sichergestellt werden.
Seine Frau war etwa zwanzig Jahre jünger als er selbst, es handelte sich um eine „Lebenskünstlerin", wie sie sich selbst beschrieb. Kennengelernt hatten sich die beiden in einem exklusiven Urlaubsort in Fernost, wo die Frau bereits längere Zeit ein Aussteigerleben geführt hatte.

Die Aufgabenstellung bestand darin, beim Tod des Ehemannes das Vermögen steuerlich geschickt an die nächste Generation weiterzuvererben, konkret an den eigenen Sohn, und zugleich eine Art „Schutzschirm" aufzubauen, sollte ihn seine Frau verlassen. Er fürchtete zudem, dass im Falle seines Ablebens seine Frau aufgrund ihres bisherigen Lebenswandels nicht in der Lage sein würde, verantwortungsvoll mit den Vermögenswerten umzugehen. Die Verpflichtung gegenüber den vorangegangenen Generationen und gegenüber der kommenden Generation lastete schwer auf ihm. Um den Gordischen Knoten gleich zu zerschlagen: Das Vermögen wurde mittels Nießbrauch- und (lebzeitigen) Schenkungsstrategien neu strukturiert, wodurch künftig rund vier Millionen Erbschaftsteuern beim Ableben des Mannes vermieden werden können. Zugleich wird die Ehefrau auf das Kernvermögen im Falle des Ablebens des Ehemannes keinen bestimmenden Einfluss ausüben können, was durch ein entsprechendes Testament sichergestellt wurde. Der Vermögensübergang wurde auf das einzige Kind zugeschnitten. Um die Finanzhoheit der lebenslustigen Frau Gemahlin als gesetzlicher Vertreterin für das minderjährige Kind zu begrenzen, wurde außerdem ein Testament formuliert, das mit klaren Instruktionen und Handlungsbandbreiten mittels Testamentsvollstreckung ausgestattet wurde; die „Lebenskünstlerin" wird staunen.

LERNBEISPIEL 9

Effektive Stiftungsgründungen spielen inzwischen in Deutschland eine immer größere Rolle. Aber die *Familienstiftung* ist in Deutschland eine auch von der *Erbersatzsteuer* belastete Stiftungsform.
Erbersatzsteuer? Mit welch schönen Worten man doch die Listen des Fiskus umschreiben kann. Was hat es hiermit auf sich?

Kurz gesagt simuliert der deutsche Gesetzgeber alle dreißig Jahre den Vermögensübergang – der Staat hält kurz gesagt die Hand auf. Noch deutlicher: Inländische Stiftungen, die im Interesse einer Familie oder bestimmter Familien errichtet worden sind, unterliegen im dreißigjährigen Turnus dieser ominösen *Erbersatzsteuer*, die einen Übergang des gesamten Stiftungsvermögens von Todes wegen fingiert. (Für den Paragraphenreiter: Vgl.. § 1 Abs. 1 Nr. 4 ErbStG.) Hierdurch soll verhindert werden, dass das in den Familienstiftungen gebundene Vermögen auf Generationen der Erbschaftsteuer entzogen wird.

Die Höhe der Erbersatzsteuer bemisst sich so, als entfiele das Gesamtvermögen der Familienstiftung auf zwei Kinder des Stifters (§ 15 Abs. 2 Satz 3 ErbStG). Dies gilt ungeachtet der tatsächlichen Verwandtschaftsverhältnisse, also auch dann, wenn weniger als zwei Kinder existieren. Entsprechend ist der doppelte Kinderfreibetrag von insgesamt 800.000 Euro vom Wert des Stiftungsvermögens abzuziehen. (Siehe §§ 16 Abs. 1 Nr. 2, 15 Abs. 2 Satz 3 Hs. 1 ErbStG). Die Steuer für den danach verbleibenden Gesamtwert bemisst sich nach bestimmten Kriterien, die wir hier aus Gründen der Übersichtlichkeit nicht weiter ausführen wollen, denn nicht einmal 1 % aller Leser würden die Kompliziertheiten nachvollziehen können. Hinzu kommen die derzeitigen Körperschaftsteuersätze in Höhe von 15 % und bei gewerblichen Umsätzen die Gewerbesteuer. Vergessen Sie all diese Gesetze und Fachausdrücke schnell, sie verwirren den Nichtfachmann nur. Der langen Rede kurzer Sinn: Die Belastung kann zwischen 30 bis 35 % auf die Erträge ausmachen.

Betrachten wir das Beispiel einer Familienstiftung, die mit einem Gesamtvermögen von 15 Millionen Euro eingerichtet wurde… in Deutschland. Da die Stiftung als juristische Person in keinem Verwandtschaftsverhältnis zum Stifter stehen kann, sind grundsätzlich 30 % beziehungsweise (bei einem Erwerb über 13 Mio. Euro) 50 % Steuersätze anzuwenden. Unsere Lösung?

Durch die Errichtung *mehrerer* (steuerpflichtiger) Stiftungen konnten wir in etlichen Fällen den Anstieg des Steuersatzes um 20 % vermeiden. Die Freude bei den Mandanten kann man sich vorstellen!

Eine noch bessere Lösung besteht in der Nutzung einer liechtensteinischen Stiftung. Ein wesentlicher Vorteil einer Stiftung in Liechtenstein gegenüber einer Stiftung in Deutschland besteht darin, dass der effektive Steuersatz in Liechtenstein niedriger ist. In Liechtenstein beträgt der

Steuersatz bei der Körperschaftsteuer lediglich 12,5 % (gemäß Artikel 61 SteG). Und es existiert keinerlei *Erbersatzsteuer*.
Wir brauchen mit Sicherheit keine Detailberechnungen aufzumachen und müssen den Leser nicht mit weiteren Paragraphen und Fachausdrücken erschlagen. Der Umstand allein, dass es in Liechtenstein keine Erbersatzsteuer gibt, spricht Bände.

LERNBEISPIEL 10

Wichtig ist es vor allem, ständig up to date zu bleiben, was die aktuelle Steuergesetzgebung angeht. Ende 2022 trat beispielsweise ein spannendes Jahressteuergesetz in Kraft. Ohne an dieser Stelle Anspruch auf Vollständigkeit zu erheben, muss man kurz gesagt festhalten, dass einem neuen Gesetzgebungsbedarf Rechnung getragen wurde. Er beschäftigt sich unter anderem mit dem Abzug von Aufwendungen für die betriebliche und berufliche Tätigkeit in Wohnungen, der Einführung einer Ertragssteuerbefreiung für bestimmte Photovoltaikanlagen, der Anhebung des linearen AfA-Satzes (= Abschreibung für Abnutzung) für die Abschreibung von Wohngebäuden auf 3 %, mit dem Sonderausgabenabzug für Altersvorsorge-Aufwendungen ab 2023 und einigen anderen Themen mehr, mit denen wir den Leser an dieser Stelle nicht quälen wollen. Vergessen Sie die Fachausdrücke rasch.
Ohne mit Details zu langweilen: Wenn ein Berater-Team nicht vollständig up to date ist, was neue Steuergesetze angeht, ja selbst Steuergesetze, die „in der Mache sind", kann er Klienten nicht optimal beraten.
Aber auch demografische Entwicklungen muss er einbeziehen und in Rechnung stellen, denn sie schlagen sich rasch auf die Steuergesetze nieder. So wird die Zahl der Rentenbezieher bis 2070 massiv ansteigen, und damit auch der Pflegebedarf. Die Zahl der erwerbstätigen Menschen wird dagegen weiter sinken, in den kommenden 15 Jahren konkret um 1,6 bis 4,8 Millionen Menschen – wissen die Herren Statistiker. All dies muss ein guter Planer umlegen auf die Steuergesetzgebung und entsprechende Ratschläge erteilen.
Im Übrigen ist es unmöglich, alle denkbaren steuerlichen Strategien an dieser Stelle aufzulisten. Jeder Fall ist unterschiedlich gelagert, es gibt

einfach zu viele Unbekannte in der Gleichung. Die individuelle Beratung ist unverzichtbar, zumal über allem immer der eigentliche, der grundlegende Wunsch des Mandanten rangiert: Was will *er* erreichen, worin besteht *sein* Ziel?

Dieses Statement gilt auch für das nächste Kapitel, in dem wir uns ausführlicher über die Vererbung von Immobilien auslassen – sowie über die Methoden, Höchstgewinne mit Immobilien zu erzielen.

6. INSIDER-KNOW-HOW ÜBER IMMOBILIEN

Wenn das Thema „Immobilien" zur Sprache kommt, so muss man zunächst festhalten, dass es in diesem Zusammenhang echtes Insider-Know-how gibt, das normalerweise nur hinter vorgehaltener Hand weitergegeben wird. Der Estate Planner muss damit vertraut sein, und er sollte zumindest über die entsprechenden Verbindungen verfügen, so dass er einen exzellenten Service auch in dieser Beziehung liefern kann. Bis heute besteht eines der gut gehüteten Geheimnisse rund um die Immobilie darin, *wie* und *auf welche Weise* erfahrene Immobilien-Profis vorgehen, wenn sie mit Häusern oder Eigentumswohnungen hohe Gewinne erwirtschaften. Werfen wir einen Blick auf die international operierenden Immobiliengesellschaften und auf Top-Bankers, die sich global engagieren.

FINESSEN DES STANDORTS

Ein geflügeltes Wort besagt, dass bei Immobilien drei Kriterien wichtig sind: Erstens der Standort, zweitens der Standort und drittens der Standort. Diese Einschätzung ist nebenbei bemerkt unrichtig, der Standort allein ist nicht unbedingt von überragender Bedeutung. Es gibt im Gegenteil sogar ein weitaus wichtigeres Kriterium; dazu gleich mehr. Immerhin ist so viel richtig, dass allein mit der Investition in einen hervorragenden Standort Millionen, ja Milliarden von Dollars mit Immobilien verdient worden sind ... und noch immer verdient werden. Auf internationaler Ebene operierende Immobiliengesellschaften gehen so vor, dass sie die verschiedenen (exzellenten) Standorte, sprich alle interessanten, wirtschaftlich hoch entwickelten Länder, ständig scharf im Auge behalten. Das betrifft die politische Entwicklung ebenso wie die wirtschaftliche Prosperität. Eigene Profiteams untersuchen also zum Beispiel, ob Großbritannien gerade einem wirtschaftlichen Tief entgegengeht oder ob die Zeichen auf Sturm stehen und eine Blüte zu erwarten ist. Wird ein Tief prognostiziert, reiben sich global operieren-

de Immobilieninvestoren die Hände. Sie warten den Tiefpunkt ab und kaufen zu diesem Zeitpunkt massenhaft Immobilien in Großbritannien ein, beispielsweise in guten Bezirken Londons. Die alte Kaufmannsregel *billig einkaufen und teuer verkaufen* wird angewendet. Manchmal können Top-Immobilien tatsächlich zu einem Spottpreis erworben werden, speziell wenn der Investor noch auf die „richtige" Entwicklung einer bestimmten Währung setzt. Sobald der Tiefpunkt zu einer späteren Zeit überwunden ist – manchmal kann das schon nach ein paar Monaten der Fall sein, mit Sicherheit aber nach ein paar Jahren – , schießen die Immobilienpreise wieder nach oben. Daraufhin werden die denkbar preiswert eingekauften Immobilien in London wieder abgestoßen.
Wenn man also „international" denkt (und handelt) und den gesamten Globus als seine Spielwiese ansieht, sind unglaubliche Gewinne möglich. Fast immer sind die Entwicklungen in Kanada, Frankreich, Großbritannien, Japan, Deutschland und so fort unterschiedlich. Wenn man sie ins Kalkül zieht, winken immense Immobiliengewinne. Auf Immobilien spezialisierte Top-Banker und professionelle Immobilieninvestoren verfügen über rund hundert politische und wirtschaftliche Indikatoren, die ihnen verraten, in welche Richtung ein Land steuert.

Das noch besser gehütete Geheimnis besteht darin, dass manchmal von den gleichen Top-Bankern ein wenig nachgeholfen wird, damit ein Tief oder ein Hoch in einem Land eintritt. Wir brauchen uns nicht im Rahmen von Verschwörungstheorien zu bewegen, um das zu beobachten.
Die Zinshöhe allein und die zur Verfügung stehende Geldmenge innerhalb eines Landes (Inflation) können weiter dazu beitragen, Papiergeld wertloser und Sachwerte wie Immobilien wertvoller zu machen. Der Trick besteht darin, das Ganze so kompliziert darzustellen, dass niemand die Methode durchschaut. Dabei ist sie denkbar einfach:
Billig einkaufen und teuer verkaufen.
Es gibt 193 von der UNO anerkannte Länder auf Planet Erde. Immer existiert in mehreren Ländern ein Tief oder ein Hoch. Sofort erscheinen gutbetuchte Investoren, die genau diesen Umstand ausnutzen. Die

Formel ist sehr einfach: Bei einem Hoch verkauft man Immobilien, bei einem Tief kauft man. Die Gewinne sind mitunter atemberaubend.

STANDORT-EXPERTEN

Dabei ist das beileibe noch nicht alles zum Thema Standort. Es existieren in Deutschland eigene *Institute*, die sich mit nichts anderem beschäftigen, als die Standort-Qualitäten in verschiedenen Bundesländern und Städten systematisch zu untersuchen. Sie beobachten Entwicklungen wie ein Luchs und werten Daten aus. Ihre Chefs wissen, dass sich ein guter Standort unter anderem durch exzellente Verdienstmöglichkeiten für die arbeitende Bevölkerung auszeichnet.

Erneut kommt genau an dieser Schnittstelle die Immobilie ins Spiel.

Wenn ein Investor also frühzeitig in Erfahrung bringen kann, wo eine Weltfirma eine neue Niederlassung gründen wird, kann er immer davon ausgehen, dass in der Umgebung dieser Niederlassung die Immobilienpreise steigen werden. Manchmal handelt es sich um mehrere internationale Firmen, die plötzlich einen neuen Standort ins Auge fassen – eine bestimmte Stadt zum Beispiel, wie Berlin, Hamburg oder München. Im Klartext bedeutet das, dass die Immobilienpreise dort steigen werden, massiv steigen. Denn Menschen werden an eben diesen Standort ziehen. Diese Firmen müssen neue Mitarbeiter anheuern, manchmal Zehntausende von neuen Mitarbeitern. Und alle müssen sie irgendwo wohnen. Immobilien sind mit anderen Worten gefragt – Häuser und Eigentumswohnungen, die gesamte Palette.

Wer also beizeiten weiß, was in den Köpfen der Entscheider der großen Unternehmen vor sich geht, wird auf ganz andere Art und Weise in Immobilien investieren – klüger, vorausschauender, profitabler. Wir können die Millionen und Milliarden von Euros nicht zählen, die allein auf diese Weise verdient wurden. Generell ist der Zuzug innerhalb einer Stadt oder eines Landes ein zuverlässiger Indikator dafür, ob Immobilienpreise steigen werden oder nicht.

Florida beispielsweise verzeichnet momentan eine stark wachsende Bevölkerung: Aus Deutschland, Kalifornien und New York ziehen Menschen nach Florida und nicht nur, weil dort die Steuern fantastisch niedrig liegen. Florida verfügt auch über intelligente Politiker, die Werte wie Freiheit großschreiben. Ungebrochen ist auch der Zuzug von Lateinamerikanern. Kubaner und Bewohner aus Haiti lassen sich ebenfalls gern in Florida nieder. Dieser US-Bundesstaat scheint eines der letzten Paradiese auf Planet Erde zu sein. Das Ergebnis? Die Immobilienpreise steigen und steigen. Theoretisch muss man also „nur" demographische Entwicklungen im Auge behalten, und schon kann man im Hinblick auf Immobilienpreise relativ leicht bestimmte Voraussagen treffen.

In Bezug auf Städte kann man genauso vorgehen. „Wo geht die Post ab?", lautet die umgangssprachliche Formulierung. „Wo entstehen massenhaft neue Arbeitsplätze?", lautet die sehr präzise Frage. Unterstützen Politiker die Anstrengungen der Wirtschaft? Oder verhalten sie sich wirtschaftsfeindlich und wollen nur alles regulieren und einschränken? Werden Steuern gesenkt oder angehoben? Hohe Steuern verjagen Menschen schneller als Adler einen Hasen.
Es gibt 101 Beispiele aus der Geschichte und der Gegenwart, da Politiker die Steuern senkten oder Unternehmen hervorragende Steuerkonditionen anboten – woraufhin unweigerlich eine Blüte auf dem Fuß folgte. Menschen ziehen dorthin, wo sie nicht mit hohen Steuern drangsaliert werden und wo noch die Luft der Freiheit durch die Gassen weht. Kommen gute geschäftliche, berufliche Möglichkeiten hinzu, so fällt die Entscheidung für einen Standort leicht. Das aber bedeutet, die Immobilienpreise ziehen unweigerlich an. Man betrachte nur die Entwicklung in München oder in Berlin. Die Immobilienpreise und die Mieten sind dort fast unerschwinglich. Die Gründe liegen auf der Hand: Es besteht eine enorme Nachfrage, und die Wirtschaft brummt.
In Berlin finden momentan hinter den Kulissen längst die „heißesten" Gespräche statt zwischen Wirtschaftsfürsten, Immobilienprofis und Politikern. Dort lautet die Frage: Wie lässt sich die Wohnungsnot lösen? Längst stehen findige Architekten in den Startlöchern, die mit völlig neuen, ungewöhnlichen Lösungen aufwarten – wie etwa mit Hausboo-

ten oder umgebauten Wohnwagen. In Tokio und Mexico City tun sich die gleichen Probleme auf.
Stets spielt die Politik eine Rolle. Zu Millionen flüchten die Menschen momentan aus der Ukraine aufgrund des mörderischen Krieges dort. Das bedeutet einen Zuzug in den angrenzenden Ländern und damit automatisch höhere Immobilienpreise. Es ist unserer Ansicht nach schändlich, dass auf diese Weise mit Menschenleben und mit der Existenz ganzer Familien Schindluder getrieben wird, und es ist auch nicht ehrenwert, im Immobiliengeschäft auf diese Weise ein Vermögen zu machen. Es handelt sich jedoch um harte Fakten, die an dieser Stelle nur illustrieren sollen, wie die sprichwörtlichen „Immobilienhaie" denken und handeln und wie wichtig der Standort ist.

MAKRO- UND MIKROSTANDORTE

Bleiben wir positiv. Der Experte unterscheidet zwischen Makro- und Mikrostandorten bei Immobilen. Der Makrostandort wäre zum Beispiel eine Stadt oder ein Stadtteil, der Mikrostandort die Straße, in der sich eine Immobilie befindet. Profis untersuchen auch diese Details minutiös.
Jede Großstadt besitzt beispielsweise ihre „Goldene Meile", wie das im Fach-Slang genannt wird. Hierbei handelt es sich um die noblen, belebten, teuren Einkaufsstraßen, in denen ein unglaublicher Publikumsverkehr herrscht. Viele Läden und Geschäfte, die hier ansiedeln oder auch eine Immobilie nur anmieten wollen, zahlen exorbitante Preise, nur und allein, um in diesen Goldenen Meilen präsent sein zu dürfen. Der Grund liegt auf der Hand. Selbst auf einigen wenigen Quadratmetern können die eigenen Waren einem weitaus größeren Publikum gezeigt werden, denn täglich flanieren Hunderte, ja Tausende von Menschen an den Schaufenstern vorbei. Und so gibt es innerhalb der Immobilienbranche eigene Experten, die sich auf nichts anderes konzentrieren, als in Goldene Meilen zu investieren.
Aber es gibt auch andere hervorragende Lagen, die sich etwa durch eine gute Verkehrsanbindung auszeichnen, durch gute Einkaufsmöglichkei-

ten oder durch eine Schule in der Nähe, was besonders für Familien wichtig ist. Alle Informationen, die dazu dienen, eine künftige gute Lage vorherzusagen, sind für den Immobilienprofi pures Gold. Unter Experten gibt es eine weitere Erfolgsformel, wenn man nach den „richtigen", das heißt gewinnträchtigsten Immobilien Ausschau hält. Sie lautet: *Kaufen Sie das schlechteste Haus in der besten Straße.*

Dadurch verfügt man automatisch über einen exzellenten Makrostandort, während man das „schlechteste Haus" gewöhnlich preiswert einkaufen kann. Die Ausdrücke Makro- und Mikrostandort werden also recht flexibel gebraucht. In der Folge wird das hässliche Entlein erst aufgehübscht und dann weiterverkauft. Da der Standort stimmt, kann gewöhnlich ein satter Zugewinn erwirtschaftet werden.

An diesem Beispiel erkennt man außerdem sehr schnell, dass selbst ein scheinbar unbedeutender, lokal operierender Immobilienmakler, der sich jedoch jahrzehntelang am gleichen Platz aufhält und alle Standortvorteile und Standortnachteile aus dem Effeff kennt, dennoch ein höchst wertvoller Ansprech- und Kooperationspartner sein kann. Denn jeder Standort verfügt über seine Eigenheiten und Besonderheiten, die man auf den ersten oberflächlichen Blick selten vollumfänglich wahrnimmt.

DIE HOHE SCHULE IN PUNCTO AUSSTATTUNG UND SUBSTANZ

Nicht nur durch den klug gewählten Makro- und Mikrostandort werden Vermögen aufgebaut und Vermögen vor dem Verfall bewahrt.

Es gibt weiterhin ein ausgefeiltes Know-how, was die Ausstattung und die Substanz einer Immobilie anbetreffen. Profis wissen beispielsweise genau, in welchen Jahren Immobilien „solide" gebaut wurden und in welchen Jahren nicht.

Als beispielsweise Florida von den Amerikanern selbst als idealer Urlaubsort entdeckt wurde, leisteten sich viele dort eine Zweit- oder Ferienwohnung. Da es sich jedoch "nur" um eine Ferienwohnung handelte, baute man billig, sagen wir der Einfachheit halber im 19. Jahrhundert – bis hin in die 1950er Jahre. Die Bausubstanz war anfänglich also (im

Durchschnitt) recht minderwertig, und schon ein kleiner Hurrikan konnte ein Haus wegblasen. Deshalb hört man bis heute so viel von den Hurrikanschäden in Florida, die nebenbei bemerkt nicht halb so dramatisch sind, wie sie die Presse darstellen.
Eines Tages kamen Investoren auf den Trichter, das heißt, viele bauten nun weitaus massiver und substanzhaltiger, sagen wir wieder der Einfachheit halber seit den Achtzigerjahren des letzten Jahrhunderts, was natürlich eine unzulässige Verallgemeinerung ist. Das Ergebnis? Diese Gebäude stiegen unaufhaltsam im Preis. Jedenfalls kann ein Profi allein am Baujahr einer Immobilie erkennen, ob sie etwas taugt oder ob man mit hundert Reparaturen rechnen und Vorsicht walten lassen muss.

Gönnen wir uns ein zweites Beispiel: In Wiesbaden, wo die meisten Millionäre Deutschlands leben, von Berlin immer abgesehen, waren die 1860er Jahre (bis etwa 1900, ja bis 1914) architektonisch besonders interessant. Die Gebäude, die in diesem Zeitraum erstellt wurden, waren grundsolide, massiv und ein einziger Augenschmaus. Man sprach und spricht bis heute vom „Historismus", wenn man versucht, diesen Stil zu beschreiben. Kurz gesagt griff man auf Stilrichtungen vergangener Jahrhunderte zurück. Wiesbaden wuchs von 2 500 Einwohnern (im Jahr 1800) bis auf 100 000 Einwohner (1905), man muss sich diese Zunahme der Bevölkerung vor Augen halten! Stürmisch wurde in Wiesbaden vor allem ab 1850/1860 gebaut, und zwar auf höchstem Niveau und in bester Qualität. Der monotonen Massenbauweise wurde eine Absage erteilt. Bis heute sind diese Gebäude von der Bausubstanz her gefragt, offenbar bestand die Absicht der Architekten darin, dass diese Häuser ewig überlebten. Allein ein Know-how-Vorsprung über die Bausubstanz garantiert, dass das Vermögen nicht nur erhalten bleibt, sondern dass vor allem von Anfang an in die „richtigen" Immobilien investiert wird.
Der Autor Gerhard Lidl beschäftigte sich mit diesem Know-how detailliert.[1]

Um sich ein genaues Bild von einem Gebäude zu verschaffen, ist es sinnvoll, die Bauzeichnungen, den Grundriss und die Baubeschreibung einzusehen. Dies gibt Aufschluss über Baujahr und Bauweise, Art und Dicke des Mauerwerkes, der Dachkonstruktion, der Außenhaut und vieles mehr. Profis checken sogar die durchgeführten Reparaturen und Modernisierungsarbeiten. Nichts führt jedoch an einer persönlichen Inspektion vorbei. Begutachtet wird vor allem:

1. Keller (Elektrik, Heizung, Feuchtigkeit, Abwasserleitungen, Heiß- und Kaltwasserversorgung),
2. Fenster, Heizkörper, Bad und
3. Dach (Feuchtigkeit und Zustand).

Will man in puncto „Ausstattung" Land gewinnen, so gehören auch und vor allem gewachsene, gediegene Verbindungen dazu, was Handwerker und Baumaterialien anbetrifft. Wenn eine Person über die entsprechenden Kontakte verfügt, um ein Gebäude preiswert in einen besseren Zustand zu bringen, und wenn sie Baumaterialien billig einkaufen kann, ist sie die berühmte Nasenlänge voraus. Insofern können erfahrene Handwerker und exzellente Einkaufsmöglichkeiten dafür sorgen, dass das Niveau von Immobilien aufrechterhalten bleibt, ohne dass Unsummen neu investiert werden müssen. Ideal ist natürlich eine einzige Kontaktperson, die über die entsprechenden Verbindungen verfügt. Weiter können umgekehrt schon geringe optische Verbesserungen dafür sorgen, dass eine Immobilie auf ein höheres Niveau gehoben wird, sodass sie leichter verkauft werden kann. Allein die Außenfassade ansprechend herzurichten sowie ein einfacher frischer Anstrich der Räume im Innern lassen schon den Wert eines Gebäudes steigen.

Längst existierte eine hohe Schule, was die preiswerte Sanierung von Immobilien anbetrifft. Wie Autor Lidl verrät, unterscheidet man bei Sanierungsspezialisten zwischen Generalunternehmen (die gewöhnlich Sicherheit bieten, aber teuer sind) und Einzelkämpfern. Der Nachteil von Einzelkämpfern besteht darin, dass sie leicht Konkurs anmelden können, ohne für eventuell entstandene Schäden zu haften.

Immobilienexperten, die in einer höheren Liga spielen, „veredeln" ihre Immobilie immer höchst preiswert – durch Rabatt-Masseneinkäufe oder durch Konzentration auf „Specials", die viel hermachen, dabei aber gleichzeitig preiswert sind. Kleine Whirlpools im Badezimmer etwa oder ein Handy, mit dem die Beleuchtungen, die Türen und die Heizung steuerbar sind, können allein schon Eindruck schinden.

Generell gibt es zwei Ansatzpunkte, um Geld bei der Renovierung zu sparen. Wiederholen wir: Sie können am

1. Arbeitslohn und an den
2. Materialkosten sparen.

Es würde an dieser Stelle jedoch zu weit führen, wenn wir auf die Details eingehen – wichtig ist im Moment nur, einen generellen Überblick zu gewinnen. Aber immerhin noch ein „heißer" Tipp: Sofern man in Bezug auf die Ausstattung punkten kann, sind manchmal Objekte, die niemand besitzen will, exzellente Anlagen. Warum? Den meisten potenziellen Käufern mangelt es an Fantasie, sich vorzustellen, dass man aus einem hässlichen Entlein einen stolzen Schwan zaubern kann. Sie lassen sich zu stark von Gefühlen leiten.

Erfahrene Immobilieninvestoren dagegen reagieren und urteilen emotionslos, sie lassen nur die nackten Zahlen und Fakten gelten. Wenn sich ein hässliches Entlein in einer guten Lage relativ rasch wieder in einen guten Zustand bringen lässt, mit verhältnismäßig geringem finanziellem Einsatz, so handelt es sich um ein Immobilien-Schnäppchen. Experten checken anfallende Kosten für die Reparatur oder die Sanierung im Vorfeld blitzschnell ab – und schlagen zu. Weiter darf man das Mieter- und Vermieter-Know-how nicht unterschätzen. Auch hierum rankt sich eine eigene kleine Wissenschaft. Doch was ist das wirkliche Geheimnis bei einem Immobilieninvestment, über das niemand spricht?

DAS GEHEIMNIS: ROI

Nun, es ist natürlich der ROI, wie der Fachausdruck heißt. Unter dieser Abkürzung versteht man den *Return on Investment*, die Kapitalrendite. Es geht also in erster Linie um die Mieteinnahmen. Die Frage lautet:

Wo kann man den höchsten Mietzins für sein Kapital erhalten? Eine generelle Antwort: bei Miethäusern. Diese Anlageimmobilien sind besonders attraktiv. Speziell bei Mehrfamilienhäusern bleibt in der Regel sehr viel mehr Bares im Geldsäckchen hängen, weil die Mieteinnahmen überdurchschnittlich sind.

Für den *Estate Planner* sind deshalb „Zinshäuser" und Mehrfamilienhäuser besonders interessant. Manchmal wünscht ein Erbe, dass nicht nur sein ererbtes Vermögen sicher angelegt wird, sondern dass es darüber hinaus auch einen guten Rückfluss generiert, einen ROI, der sich sehen lassen kann.

Stellen wir einen Vergleich an: Wenn Sie eine Kapitallebensversicherung mit einer drittklassigen Gesellschaft abschließen, winken gemäß einschlägigen Untersuchungen am Schluss vielleicht nur 4 % Gewinn, statt der versprochenen 7 % – im Verhältnis zu Ihrem eingesetzten Kapital.[2] Sprich, 100.000 Euro lassen Sie gerade mal in den Genuss von 4.000 Euro kommen.

Eine Insider-Information am Rande: Keine Versicherungsgesellschaften erreichen die angepeilten 7 % Rendite. Nun rechne man jedoch die Inflation dagegen, die gerade im Moment wieder an Fahrt aufgenommen hat. In diesem Fall erkennt man sehr rasch, dass der tatsächliche ROI relativ bescheiden ist, denn man muss ja die Inflation gegenrechnen.

Bei der Immobilie dagegen, die zu den „Sachwerten" zählt, besitzt man drei Vorteile:

1. Man erhält sofort, jeden Monat, einen „Rückfluss", durch die Mieteinnahmen. Man wartet nicht, wie bei der Lebensversicherung, zwanzig oder dreißig Jahre lang.
2. Mieten können erhöht und der Inflation angepasst werden, sofern wir einmal von dem Mitpreisdeckel absehen.
3. Die Immobilie selbst steigt gewöhnlich im Wert, speziell wenn sie sich an einem guten Standort befindet und vielleicht sogar noch geschickt auf ein besseres Ausstattungsniveau gehoben worden ist.

Aber bleiben wir fair: Die Lebensversicherung hat auf der anderen Seite ebenfalls Vorteile, die man nicht einfach beiseite wischen sollte. Vereinfacht gesprochen wird der Punkt Sicherheit großgeschrieben. Grundsätzlich ist die Frage des „richtigen" Investments in eine Immobilie auch davon abhängig, welches *Ziel* ein Besitzer verfolgt.

Wir verfügen über nicht wenige Kunden, die mit 5 % ROI völlig zufrieden sind. Alles, was sie wünschen, ist höchste Sicherheit, eine künftige mögliche Wertsteigerung und eine Methode, der Inflation ein Schnippchen zu schlagen. Ein höchst erfahrener Bauunternehmer oder Bauträger dagegen, dessen ganzes Geschäft darin besteht, mit Immobilien sehr viel Geld zu verdienen, wird sich mit einem ROI von 5 % nie zufriedengeben. Er wird 20 % verdienen wollen. Tatsächlich könnte er mit 5 % nicht überleben, weil er schließlich ein ganzes Unternehmen finanzieren und am Leben erhalten muss. Es kommt also immer auf die grundlegenden Absichten an, die man mit einer Immobilie verfolgt.

Im Übrigen spielt erneut das Land eine Rolle beim ROI. In Florida ist es nicht ungewöhnlich, einen ROI von 10 % zu erzielen, also weitaus höhere Mieten als in Deutschland – im Durchschnitt, muss man einschränkend sagen. Allerdings baut man vielerorts in Florida nicht so massiv, nicht auf so hohem Niveau und so teuer wie in Deutschland, selbst wenn sich die Qualität teilweise sehr verbessert hat, wie schon ausgeführt. Ein besserer ROI bedeutet auf jeden Fall, dass man unmittelbar höhere Zinsen für sein Geld erhält.

Was besagt das alles im Klartext? Nun, beim Kauf einer Immobilie sind dies immer die drei wichtigsten Fragen: Erstens: Rechnet sich das Objekt, das heißt, taugen die Mieteinnahmen etwas im Verhältnis zum Einkaufspreis? Zweitens: Rechnet sich das Objekt? Drittens: Rechnet sich das Objekt?

Es ist *nicht* Lage, Lage, Lage.

Es ist ROI, ROI, ROI!

Es ist also klüger, zehn Immobilien in B- oder C-Lagen zu besitzen, die sich hervorragend rechnen, als nur eine einzige Immobilie in einer ab-

soluten Top-A-Lage, bei der man jeden Monat Geld zuschießen muss, damit man die Immobilie überhaupt halten kann.
Natürlich ist auch die Lage wichtig, wie bereits dargelegt. Doch sie ist nicht so bedeutsam wie die Frage, ob bei einem Objekt die Mieteinnahmen hoch sind und im Falle eines Falles ein zügiger Wiederverkauf für einen anständigen Preis kein Problem darstellt.
Es ist also unrichtig, die Immobilie nur auf den Standort reduzieren zu wollen. ROI heißt das Zauberwort! Bei dem Thema ROI und Immobilie handelt es sich nebenbei bemerkt um eine Information über Immobilien, über die normalerweise selten aufgeklärt wird. Für den Estate Planner, den Erblasser und die Erben ist jedoch zusätzlich eine ganz andere Frage von Bedeutung.

IMMOBILIEN UND STEUERN

Nichts ist kontraproduktiver für die gesamte Wirtschaft eines Staates als hohe Steuern, die an allen Ecken und Enden abgegriffen werden. Heute wird auf alles und jedes Steuern erhoben. Das schadet der Ökonomie und der Lebensqualität der Menschen insgesamt. Leider hat sich diese Erkenntnis in den Hirnen der Herren Politiker noch nicht eingenistet.
Selten verfügt ein Unternehmer über den Überblick, in welcher Beziehung er (oder seine Familie) von Vater Staat im Falle seines Ablebens zur Kasse gebeten werden wird, wenn es um das Thema Steuern geht. Natürlich kennt er die Begriffe „Erbschaftssteuer“ und „Vermögenssteuer“, doch jeder weiß auch, dass es noch andere Steuerarten gibt, von den heimlichen und indirekten Steuern ganz zu schweigen.
Um den Informationsdschungel mit der Machete zu durchschlagen, verlässt man sich deshalb innerhalb der Unternehmen normalerweise auf einen zuverlässigen „Steuerberater“, der jedoch oft nur über einen begrenzten Wissensstand verfügt, denn er ist normalerweise nicht gleichzeitig ein Anlageberater und Vermögensverwalter oder gar ein Notar. Das kann man ihm nicht einmal anlasten.
Dennoch ist ein versierter Steuerberater unabdingbar, wenn er sich auch einer Gesamtstrategie im Rahmen des *Estate Planning* unterord-

nen muss. Was die Immobilie angeht, so existieren im Grunde genommen mehrere attraktive Möglichkeiten, bestimmte Steuern zu vereiteln. Diese Möglichkeiten gehen weit über die Kenntnis der AFA hinaus = der Abschreibung für Abnutzung, wie sie im Rahmen des Steuerkauderwelschs genannt wird, die nebenbei bemerkt von Immobilie zu Immobilie variiert und teilweise vom Baujahr eines Gebäudes abhängig ist. Selbst in diesem Zusammenhang ändern sich jedoch die Gesetze und Spielregeln gelegentlich. Es gilt also, auch künftige Entwicklungen in Rechnung zu stellen. Darüber hinaus sind manchmal die Kenntnisse der Steuergesetze anderer Länder notwendig, sofern sich im Ausland Immobilienbesitz befindet.

Kurz gesagt handelt es sich aufgrund der chaotischen Steuergesetzgebung längst um ein Fachgebiet, das völlig vom Gestrüpp verschiedener Regelungen überwuchert ist. Es gibt mehr als 200 Steuergesetze in Deutschland, aber inzwischen zusätzlich rund 100 000 Steuerverordnungen. Schmerzhaft amüsant ist es festzuhalten, dass ein Großteil der weltweit existierenden Steuerliteratur – auf Deutsch abgefasst ist.

Lieb` Vaterland, magst ruhig sein, kann man nur einen großen deutschen Dichter zitieren. Dennoch gilt in puncto Immobilien dies:

INVESTITION IN IMMOBILIEN

In den nächsten Jahren wird bei 60 bis 70 % aller Menschen in Deutschland ein Großteil der Ersparnisse dahinschmelzen. Der Grund? Die Inflation. Im letzten Jahrzehnt genossen wir eine Niedrigzinsphase. Wer jetzt auf eine Zinserhöhung hofft, wird ebenfalls enttäuscht werden, denn den nur gering höheren Zinsen, die man vielleicht erwirtschaften kann, steht eine Inflations-Explosion gegenüber. Sie zündet gerade den Turbo für die Entwertung des *Fiatgeldes.*

Unter Fiatgeld (lat. fiat = Es geschehe!) versteht man Geld ohne inneren Wert, wie also zum Beispiel unser bedrucktes, buntes Papiergeld, dem kein wirklicher Wert – wie Gold, Silber, Bronze, Tabak oder wertvolle Waren – zugrunde liegt. Der Staat druckt einfach Geld nach, wenn er es benötigt. Er ruft: „Fiat!“, und schon zaubert er Geld aus dem Nichts. Man könnte es auch *Simsalabim-Geld* nennen. Wir haben bereits auf den Unterschied zwischen *Geldwert* (= Fiatgeld) und *Sachwert* aufmerksam gemacht. Wem es also bislang nicht gelungen ist, „richtig" zu investieren, das heißt in Sachwerte, wird künftig unangenehm überrascht werden. „Richtig" investieren bedeutet, in *Sachwerte* zu investieren, wie etwa in Immobilien, die außerdem noch den Vorteil besitzen, ein Einkommen/ Einnahmen zu produzieren, nämlich Mieteinahmen.

Besitz muss man durch Sachwerte schützen.

Hat man hierauf kein Augenmerk gelegt, so muss man in den nächsten Jahren mit Turbulenzen rechnen, was den eigenen Geldbeutel angeht. Preissteigerungen bei täglich notwendigen Lebensmitteln, Rohstoffen und Dienstleistungen stehen ins Haus. Teilweise übersteigen sie in einigen Ländern jetzt schon die 8 % Inflationsmarke und sind im Geldbeutel deutlich zu spüren. Deshalb ist es jetzt umso wichtiger, clever zu investieren, damit man nach der Krise, in der wir uns bereits befinden und die sich unserer Einschätzung nach noch verstärken wird, zu den Gewinnern zählt.

Wir denken, es führt kein Weg an gut vermieteten Immobilien vorbei. Während reine Geldwerte massiv aufgrund der Inflation zusammenschrumpfen werden, wird der Sachwertbesitzer die Nase vorn haben. Selbst wenn er Immobilien teilweise finanziert, liegt er richtig, denn in diesem Fall werden sich seine Investitionsschulden durch die Entwertung des Fiatgeldes verringern. Zudem werden laufend Mieteinnahmen generiert. Mit einem guten Konzept spart man auch noch Steuern, manchmal in fünfstelliger Größenordnung. Wir können die entsprechenden Verbindungen herstellen, sodass mietzinsträchtige Immobilien erworben werden können.

Darüber hinaus gibt es selbst in Bezug auf das Thema *Erben und Vererben* einige Steuerlöcher, sprich steuerliche Schlupfwinkel, die man nutzen kann. Kaum ein anderes Anlageobjekt bietet so viele Vorteile wie die Immobilie. Auf vollständig legale Art und Weise kann man sich einiges an Steuern sparen. Selbst während der Lebenszeit – also noch vor der Übergabe des Besitzes an die nächste Generation – ist dieses

Know-how manchmal höchst wertvoll. Betrachten wir einige Tupfer auf der Palette der Finessen genauer.

STEUER-KNOW-HOW FÜR IMMOBILIEN NR. 1

Kaum bekannt ist beispielsweise die „Ehegattenschaukel." In diesem Fall verkauft ein Ehegatte die Immobilie nach Ablauf der Spekulationsfrist von zehn Jahren dem anderen Ehegatten. Durch den höheren Verkaufspreis kann anteilig ein höherer Gebäudewert mit (in der Regel) 2 % abgeschrieben werden. Eine Steuerersparnis ist möglich.

STEUER-KNOW-HOW FÜR IMMOBILIEN NR. 2

Weiter bietet die Rechtsform der GmbH einige Möglichkeiten. Nehmen wir an, mehrere Immobilien sind vorhanden. Dann lohnt es sich, sie alle in eine GmbH zu packen. In der Folge kann man Gewerbesteuerkürzung beantragen und bezahlt nur die jeweils geltende Körperschaftssteuer, solange keine Entnahmen aus der GmbH erfolgen. Durch den geringeren Steuersatz ist eine höhere Liquidität gegeben, die zusätzlich zur Tilgung eines Immobilienkredits genutzt werden kann. Auf diese smarte Weise können Immobilien innerhalb einer GmbH schneller abbezahlt werden.

STEUER-KNOW-HOW FÜR IMMOBILIEN NR. 3

Der Schenker sollte sich bei einer Immobilie, in der er selbst lebt, ein lebenslanges Wohnrecht vorbehalten. In diesem Fall kann er – gemeinsam mit dem Ehepartner – die Eigentumswohnung oder das Haus selbst kostenlos nutzen. Man kann dieses Recht sogar im Grundbuch eintragen lassen, sodass man vollständig abgesichert ist. Weiter kann man eine „Schenkung unter Vorbehalt" festschreiben. Dieser Fachausdruck bedeutet, dass zu Lebzeiten des Schenkers die Immobilie nicht veräußert werden kann. Die steuerlichen Vorteile dagegen, die eine Immobilie mit sich bringt, können die Kinder/die Erben bereits nutzen.

STEUER-KNOW-HOW FÜR IMMOBILIEN NR. 4

Verzichtet der Erblasser darauf, in einer Immobilie zu wohnen, kann ihm stattdessen ein Nutzungsrecht gewährt werden, sodass die Mieterträge, die ein Mieter einbringt, in seine Tasche fließen. Ein Nießbrauchsrecht kann ebenfalls im Grundbuch eingetragen werden.

STEUER-KNOW-HOW FÜR IMMOBILIEN NR. 5

Auf den Vorteil des „Familienheims" haben wir bereits aufmerksam gemacht. Überträgt ein Ehegatte dem anderen Partner das Familienheim, unterliegt dieser Vorgang nicht der Schenkungssteuer. Diese Regelung kann auch nach dem Ableben des Erblassers genutzt werden.
Nehmen wir an, es sind 1.2 Millionen Euro zu vermachen und ein Familienheim für 1.5 Millionen Euro. Erbberechtigt sind drei Kinder und eine Ehefrau. In diesem Fall lässt man die Ehefrau das Familienheim erben und vermacht den Kindern je 400.000 Euro. Die Freibeträge liegen bei 400.000 Euro pro Kind, sie müssen also keinen Cent Steuer bezahlen, genauso die Ehefrau. Sie muss jedoch das Familienheim mindestens zehn Jahre lang weiter bewohnen, wenn diese Regel greifen soll. Nur ein Wohn- oder Nießbrauchsrecht wäre nicht genug.

STEUER-KNOW-HOW FÜR IMMOBILIEN NR. 6

Immobilien müssen zuerst *bewertet* werden, wenn sie vererbt werden. *Wie viel sind sie objektiv wert?*, lautet die Gretchenfrage. Es gibt unterschiedliche Arten für die Bewertung einer Immobilie. Wir brauchen auf sie an dieser Stelle nicht einzugehen. Wichtig ist in unserem Zusammenhang nur, dass Sie mit einer Bewertung Ihrer Immobilie nicht unbedingt übereinstimmen müssen. Je höher sie bewertet wird, umso höher wird natürlich auch die Steuer ausfallen. Sie verfügen jedoch über das Recht, angesichts einer Ihrer Meinung nach zu hohen Bewertung einen eigenen Sachverständigen zu beauftragen, der den Wert der Immobilie feststellt. Die entstehenden Kosten können Sie als Nachlassverbindlichkeit steuerlich absetzen. Vielleicht wird Ihre Immobilie in der Folge realistischer beurteilt.

STEUER-KNOW-HOW FÜR IMMOBILIEN NR. 7

Selbst im Falle von unbebauten Grundstücken kann ein Erbe Einspruch erheben, wenn seiner Meinung nach das Grundstück zu hoch bewertet wurde. Er kann darauf hinarbeiten, dass der Wert niedriger angesetzt wird. Was kann wertmindernd wirken? Nun, zum Beispiel die drittklassige Lage, der ungünstige Zuschnitt eines Grundstücks, eventuelle Umweltschäden, eine ungünstige Bodenbeschaffenheit und einiges mehr. All das sind Umstände, die den Wert eines Grundstücks schmälern können. Durch das Engagement eines eigenen Sachverständigen können Grundstückwerte manchmal gedrückt werden und damit die Steuern.

STEUER-KNOW-HOW FÜR IMMOBILIEN NR. 8

Tatsächlich existiert noch sehr viel mehr Know-how, man denke etwa an die Möglichkeit einer *Immobilienstiftung*. Im Rahmen einer Immobilienstiftung werden Mieteinkünfte nur in Höhe von 15 % versteuert. Weiter darf man nach Ablauf der Spekulationsfrist die Immobilien steuerfrei verkaufen. Finden Schenkungen an eine Immobilienstiftung statt, öffnen sich ebenfalls neue Tore. Es wird darauf keine Einkommenssteuer und keine Grunderwerbssteuer erhoben – die Ausnahmefälle brauchen wir hier nicht aufzulisten.

STEUER-KNOW-HOW FÜR IMMOBILIEN NR. 9

Stets muss ein Estate Planner, der sein Geld wert ist, auch Kombinationsmöglichkeiten in seine Überlegungen einbeziehen. So sollte man allein mit dem *Nießbrauchvorbehalt* verschiedene Varianten gedanklich durchspielen, bevor man sich für eine bestimmte Lösung entscheidet.

Und bei der *Ehegattenschaukel*? Nun, der schenkende Ehegatte könnte später seine Immobilie wieder zurückkaufen, woraus sich erneut eine vorteilhafte Situation ergeben mag. Und was geschähe, wenn er nach einer geraumen Weile diese gleiche Immobilie erneut verschenkt?

Verbindlichkeiten bei einer Immobilie kann man übertragen oder beim Schenker belassen. Man könnte nur den Eigenkapitalanteil in Höhe der Freibeträge verschenken, eine Variante, die nebenbei bemerkt auch im

Rahmen verschiedener rechtlicher Konstruktionen möglich ist. Die Kontrolle des Erblassers als Komplementär in einer entsprechenden Rechtsstruktur wäre im Übrigen auch dann möglich, wenn er zu 0 % an dem Vermögen beteiligt ist. Weiter kann man exakt bestimmen, wie viel bei einer (nicht voll abbezahlten) Immobilie getilgt werden soll und wie viel nicht. All diese Entscheidungen haben steuerliche Auswirkungen.

STEUER-KNOW-HOW FÜR IMMOBILIEN NR. 10

Schließlich kann und sollte man zwischen Gewerbe- und Wohnmobilen scharf unterscheiden. Der erfahrene Estate Planner kann damit geschickt jonglieren, auch in puncto Steuern. Wenn eine Immobiliengesellschaft (ein Wohnungsunternehmen) im Rahmen einer GmbH & Co. KG operiert, kann es beispielsweise dritten Personen Grundbesitz zur Nutzung überlassen, sodass kein (steuerlich nachteiliges) sogenanntes *Verwaltungsvermögen* entsteht. Auch hieraus ergeben sich erbschaftssteuerlich gesehen Vorteile. Darüber hinaus gibt es eigene Regelungen, was Gewerbeflächen angeht, die man ausnutzen kann. Auch in Bezug auf die erlaubte Abschreibung von Immobilien können verschiedene Varianten durchdacht werden. Kurz und gut, es existieren zahlreiche Gesetze, Regeln und Kombinationsmöglichkeiten, die wir aufgrund des Umfangs dieses Buches nicht einmal ansatzweise erläutern können. Der Leser wird längst erkannt haben, wie viele Varianten in steuerlicher Hinsicht allein durch die gerade *angedeuteten* Möglichkeiten entstehen können. Es handelt sich um ein Paradies für den kreativen Kopf, *sofern* er in den entsprechenden Paragraphen beschlagen ist.

STEUERN UND IMMOBILIEN

Der Wert von Immobilien im Ausland ist ein eigenes Thema, wie schon erwähnt. Aus Gründen des Umfangs können wir an dieser Stelle auch in dieser Beziehung nicht alle Varianten abhandeln, denn es gibt unterschiedliche Gesetzgebungen in 193 Ländern der Erde, die von der UNO als „Staat" anerkannt sind. Jedenfalls gibt es fast immer Mittel und Wege, Steuern zu sparen – es ist alles eine Frage des Know-hows und der Kreativität. Das gleiche für das Thema Aktien. Der *Estate Planner* hat jedoch auch hierfür einige Asse im Ärmel.

7. DIE *RICHTIGEN* STRATEGIEN MIT AKTIEN

Die Spatzen pfeifen es längst von den Dächern: Das „richtige", geschickte Investment in Aktien wirft langfristig gesehen die höchsten Renditen ab. Doch was bedeutet „richtiges" Investment?

Studiert man mit der Geduld eines Säulenheiligen hundert Bücher über Aktien, in denen die Autoren ihr Credo hinsichtlich der „richtigen" Aktienanlage darlegen, lernt man sehr rasch dies: Es gibt (gefühlte) zweihundert unterschiedliche Aktienstrategien, die nur einen Umstand gemeinsam haben: Sie widersprechen sich gegenseitig, teilweise sogar vehement.

Man erfährt vielleicht, dass die Erfindung der Aktie im 16. Jahrhundert in Holland zu einem unglaublichen wirtschaftlichen Boom führte, den England im 17. Jahrhundert fortsetzte. Plötzlich wurde die Welt „englisch", nicht nur aufgrund der überlegenen Schifffahrtstechnologie, sondern auch aufgrund der Möglichkeit, an den Gewinnen geschickter Fernkaufleute und Fernhändler teilzuhaben – eben mittels Wertpapieren und Aktien. Plötzlich eröffnete das „Kapital", das in „Aktiengesellschaften" floss, völlig neue Möglichkeiten sowohl für den Unternehmer als auch für den Investor. Unversehens gab es die Gelegenheit, schier über Nacht reich zu werden – oder jedenfalls innerhalb von ein paar Monaten oder Jahren –, ja schwerreich sogar ... freilich auch die Gefahr, sein eingesetztes Geld zu verlieren. Aber die hohen Gewinne lockten. Erfahrene Kapitäne, die die Meere kannten, machten solche Gewinne immer wahrscheinlicher. „Verzinsungen" oder Renditen von zehn, ja zwanzig Prozent waren auf einmal nichts Außergewöhnliches mehr. Ein Unternehmer und Schiffseigner, der zum Beispiel sündhaft teure, begehrte Gewürze aus Indien nach Europa importierte, verdoppelte und verdreifachte nicht selten seinen Gewinn, ja, manchmal verzehnfachte er ihn.

Ein goldenes Zeitalter schien mit der Erfindung der „Aktie" angebrochen zu sein.[1] Der Enthusiasmus für diese Anlageform war auch in den folgenden Jahrhunderten nicht zu bremsen, wenn man auch anmerken muss, dass in US-Amerika und Großbritannien die Wellen der Begeisterung höherschlugen als etwa im braven Deutschland, wo lange, bis weit ins 20. Jahrhungert hinein, der Lebensversicherung vor der Aktie der Vorzug gegeben wurde.

Aber verschiedene historische Ereignisse erinnerten schließlich auch die Deutschen immer wieder daran, dass reine Geldwerte, *Fiatgeld*, von einem Tag auf den anderen … vollständig entwertet werden konnte. Aktien dagegen durfte man dem Sachwert zuordnen, denn man erwarb mit einer Aktie schließlich einen (winzigen) Teil eines Unternehmens. Und dieses Unternehmen repräsentierte einen handfesten Wert, es verfügte normalerweise über Immobilien, Fahrzeuge, Transportmittel zur See vielleicht, Personal, und es produzierte eine handfeste Sache oder lieferte eine nachvollziehbare Dienstleistung. Außerdem traf man in einem Unternehmen normalerweise ein ausgefuchstes oder gediegenes Geschäfts-Know-how an, der „Wert" bestand nicht nur aus einem Stück bunt bedrucktem Papier. Der einzige Pferdefuß bei Aktien schien darin zu bestehen zu entscheiden, in *welche* Aktien es sich lohnte zu investieren – und in welche nicht.

AKTIEN-STRATEGIEN

Der erfahrene Aktienberater unterscheidet zwischen verschiedenen Arten von Anlegern. Ist ein Anleger risikofreudig oder neigt er eher einer konservativen Strategie zu? Ist ihm mehr an dem Faktor Sicherheit gelegen oder rollt eine gehörige Portion „Spielerblut" durch seine Adern? Ist er bereit, alles „auf eine Karte" zu setzen und vielleicht sehr hoch zu gewinnen (oder zu verlieren), oder ist er ein beinharter Investor, der in erster Linie einen regelmäßigen, ständigen, sicheren Rückfluss bevorzugt? Den Ausdruck ROI kennen wir bereits – Return on Investment!

Wir werden an dieser Stelle nur eine einzige Aktienstrategie vorstellen und zwar die des erfolgreichsten Aktieninvestors der Welt, die Strategie von Warren Buffets. Er erteilt folgende zwölf Ratschläge:

BUFFETTS AKTIEN-CREDO

1. **Investiere nie in ein Unternehmen, das du nicht verstehst.**
   Buffett arbeitet sich zunächst in eine *Branche* ein, bevor er in eine Aktiengesellschaft auch nur einen Cent investiert. Es existieren weltweit (gefühlte) 400 000 Aktienunternehmen, in die man investieren kann, aber es gibt nur eine begrenzte Anzahl von Branchen. Dazu gehören etwa die Automobilbranche, die Computertechnologiebranche, Sicherheitsunternehmen, die Chemiebranche und so fort. Der intelligente Investor steckt sein Geld nur in Branchen und Unternehmen, die er begreifen und persönlich beurteilen kann.

2. **Investiere nur in hochqualitative Unternehmen**
   Warren Buffett versucht nie, den Billigheimer zu spielen und lediglich die preiswertesten Aktien einzukaufen. Er bevorzugt Aktien, die ein Unternehmen repräsentieren, welches in puncto Qualität an der Spitze angesiedelt ist und echte Vorteile für den Verbraucher bietet. Buffett ist also kein „Sparbrötchen“, es kommt ihm immer nur auf die ausnehmende Qualität eines Unternehmens an.

3. Auch Buffet ist ein Vertreter der ROI-Strategie. Das ist die erste Zahl, nach der der beste Investor der Welt Ausschau hält. ROI – Return on Investment – wird auch *Kapitalrentabilität* oder *Kapitalrendite* genannt, weiter *Kapitalverzinsung* oder *Anlageverzinsung*. Nach Buffets Ansicht handelt es sich hierbei um die wichtigste Finanz-Kennzahl innerhalb eines Unternehmens. Sein Ratschlag lautet:
   Investiere nur in ein Unternehmen, das einen hohen, stabilen ROI-Faktor von 10 bis 20 % aufweist.
   Wenn diese Zahl stimmt und das Unternehmen eine hohe Qualität aufweist, gilt weiter dieser Satz:

4. **Investiere nur in Aktien, wenn du bereit bist, sie zur Not auch zehn Jahre lang zu halten.**
Warum? Das wäre ein weiterer Beweis für „Qualität". Man springt nicht zwischen verschiedenen Aktienanlagen hin und her wie ein Hase zwischen Rüben. Man kultiviert die Tugend der Beständigkeit. Man hofft nicht auf den schnellen Gewinn, verbringt zehn Minuten bei einer Aktie, verabschiedet sich dann geschwind und hüpft in ein anderes Engagement. Verfolge eine langfristige Strategie, lautet Buffetts Rat. Und: Lasse dich nicht vom psychotischen Auf und Ab des Marktes irritieren.

5. Buffet ist weiter ein richtiggehender Gegner der Presse. Er hält nichts davon, stets den „News" nachzujagen. Er kennt den „überinformierten" Zeitgenossen, der ständig nur den jüngsten Meldungen lauscht. Dieses Vorgehen führt zu panikartigen Käufen und Verkäufen und gewöhnlich zu hohen Verlusten. Pressemeldungen können sich von einem Tag auf den anderen verändern und eine andere Farbe annehmen. Sie sind unzuverlässig. Oft sind sie einseitig, manchmal werden sie sogar absichtlich manipuliert. Die Medien sind die schlechteste Informationsquelle, wenn es um Aktien geht. Da sie jeden Tag ihre Produkte verkaufen müssen, da sie jeden Tag Zuschauer/Zuhörer/Leser bei der Stange halten müssen, neigen die Redakteure und Journalisten dazu, eine Meldung aufzubauschen und marktschreierisch zu verpacken. Darüber hinaus stellt die Geschichte einige abenteuerliche Beispiele zur Verfügung, da Journalisten einfach die Hände gesalbt wurden, damit sie bestimmte Aktien anpriesen.
Auf der anderen Seite schreibt die Presse oft honorige Persönlichkeiten nieder, die seriös und konstruktiv sind. Wenn es überhaupt eine unzuverlässige Informationsquelle gibt in Bezug auf Aktien, so sind es laut Buffett die Medien, gleichgültig ob es sich dabei um das Fernsehen handelt, das Radio, Zeitungen oder um Informationen aus dem Internet. Natürlich müsste man zwischen unterschiedli-

chen Medien schärfer unterscheiden. Speziell die tagesaktuellen Medien sind mit höchster Vorsicht zu genießen.
Buffet rät deshalb:
Ignoriere die Informationen der Medien über Aktien.
Als eine Informationsquelle für eine langfristige, intelligente Investmentstrategie sind sie denkbar ungeeignet. Viele andere professionelle Aktienstrategen stimmen diesem Ratschlag Buffetts ausdrücklich zu.

6. Irrationales Verhalten entsteht außerdem, wenn man „Experten", den sogenannten „Aktien-Gurus", nachläuft. Buffett urteilt vernichtend über sie. Fast allen "Experten", inklusive Professoren, Doktoren und ökonomischen „Koryphäen" misstraut er. Nicht wenige sind gekauft und stehen heimlich und ungesehen auf der Gehaltsliste bestimmter „Haifische", denen nur daran gelegen ist, Investoren einzufangen.
   Nur am Rande, der Kuriosität halber: Es gibt sogar professionelle Investoren, die anraten, das genaue *Gegenteil* dessen zu tun, was „Experten" anraten. Wenn sie also empfehlen, eine Aktie zu halten ... verkaufen diese Investoren. Wenn die gleichen fragwürdigen Experten anraten, eine Aktie schnell abzustoßen ... kaufen sie.
   Höre nicht auf „Experten", rät jedenfalls Warren Buffett.

7. Buffet unterscheidet scharf zwischen dem *Preis* einer Aktie und ihrem wahren inneren *Wert*. Wenn der Preis einer Qualitätsaktie nachgibt und nach unten purzelt, so bedeutet das noch lange nicht, dass dadurch der Wert dieses Unternehmens ebenfalls in den Keller rutschen würde. Es kann sich um ein momentanes Tief handeln, das man nur aussitzen muss. Das hektische Kaufen und Verkaufen einer Aktie ist ein Fehler. Manchmal empfiehlt es sich im Gegenteil, bei einem momentanen Tief eines exzellenten Unternehmens Aktien nachzukaufen.

Der Preis einer Aktie repräsentiert nicht ihren Wert.

8. Buffett versucht nicht, die wenigen Super-Champions im (Aktien-) Markt zu finden. Er vergeudet seine Zeit nicht damit, den „besten Aktien" nachzujagen oder die „heißeste Aktie der Welt" aufzuspüren. Dafür sei er nicht intelligent genug, konstatiert Buffett ironisch. Demgegenüber bemüht sich Buffet, die *Historie* eines Unternehmens in Erfahrung zu bringen. Hat es in der Vergangenheit gute oder exzellente Gewinne eingefahren? Von wem wird das Unternehmen geführt? Handelt es sich um einen Topmanager oder Unternehmer der Spitzenklasse? Hat die Performance der Aktie in der Vergangenheit überzeugt?
   Man kann von der Geschichte eines Unternehmens nicht immer auf die Gegenwart schließen, aber sie liefert mit Gewissheit wichtige Anhaltspunkte. Buffet gibt zu, dass diese Methode „langweilig" ist. Aber es sei besser, behauptet er, wieder mit einem Schuss Humor, mit dem Gefühl der „Langeweile" sein Geld zu vermehren, als mit dem Gefühl der „Aufregung" sein Geld zu verlieren.
   Jage keinen „Aktien-Champions" nach.

9. Buffett rät weiter zur Geduld und zum langfristigen Investment. Er unterscheidet zwischen Spielern und echten, klugen Investoren und rät immer zu der zweiten Kategorie. Wichtig ist es, bei einer guten Aktie eben diese Geduld aufzubringen und sich von einem momentanen Tief nicht irritieren zu lassen. Sobald das Tief überstanden ist, wird diese Aktie wieder nach oben klettern.
   Die simple Investment-Regel lautet:
   Verkaufe Aktien nicht zu Tiefstständen, sondern nur zu Höchstständen.

10. Bestimmte Aktienindizes schlagen gewöhnlich eine Anlage, hinter der ein Investor steht, der nur hektisch nach den „besten Aktien" Ausschau hält. Buffet rät deshalb – sofern man sich nicht pausen-

los um das eigene Aktieninvestment kümmern will – Aktienindizes den Vorzug zu geben.

Was ist ein *Aktienindex*?

Aktienindizes beschreiben einen *Teilmarkt* des weltweiten Finanzgeschehens. Ganze Volkswirtschaften/Länder lassen sich durch einen einzigen Aktienindex beschreiben oder abbilden, von Japan bis Deutschland, von den USA bis hin zu Äthiopien. Der *Dow Jones* etwa ist für die USA ausschlaggebend, benannt nach seinen beiden Gründern Charles Dow und Edward Jones. Beim Dow Jones handelt es sich um den weltweit führenden Aktienindex.

In Deutschland gibt es den DAX – den Deutschen Aktienindex.

Es existieren jedoch nicht nur eigene Indizes für zahlreiche Länder, sondern auch für unterschiedliche Arten von Fonds, für bestimmte Branchen, für Regionen und für *Blue Chips* etwa. Unter Blue Chips versteht man umsatzstarke Aktien großer Unternehmen, die von Profis häufig gehandelt werden und geringere Kursschwankungen aufweisen als andere Aktien. In Deutschland zählen zu den Blue Chips-Aktien etwa die Aktien von Siemens oder Volkswagen. Weiter gibt es Indizes, in denen die Aktien mit den höchsten *Dividenden* (Ausschüttungen) versammelt sind. Der *DivDAX* beinhaltet beispielsweise die Aktien mit den höchsten Dividenden im DAX.

Buffet rät, in Indizes zu investieren, sofern ein Anleger nicht selbst im Aktienmarkt tätig werden will.

Gute Indizes schlagen langfristig gesehen fast immer das Aktien-Engagement unerfahrener Investoren.

11. Weiter ist es klug, den richtigen Moment für den Aktienkauf abzuwarten. Der unerfahrene Investor engagiert sich gewöhnlich, wenn eine Aktie gerade abhebt. Rasch versucht er, auf den abfahrenden Zug aufzuspringen. Der „richtige Moment“ ist jedoch im Gegenteil dann gekommen, wenn eine (gute) Aktie steil abstürzt, aus welchen Gründen auch immer.

Investiere im richtigen Moment.

12. Endlich warnt Buffet davor, in Unternehmen zu investieren, die nicht das Wohl der Aktionäre im Auge behalten. Wenn die Aktionäre nicht im Mittelpunkt der Überlegungen des Unternehmensmanagements stehen, wird ein Aktienkurs kaum in bedeutendem Umfang steigen.[2]
Investiere nur in Unternehmen, die die Aktionäre zufriedenstellen wollen.

ANDERE AKTIENSTRATEGIEN

Es würde zu weit führen, an dieser Stelle die zahlreichen existierenden Aktienstrategien aufzulisten oder gar die unterschiedlichen Strategien gegeneinander auszuspielen. Tausend kluge Köpfe haben sich bereits den Kopf zerbrochen, um herauszutüfteln, wie man in diesem Spiel, genannt Aktieninvestment, möglichst hoch gewinnen kann. Man darf nie vergessen, dass man in diesem Fall gegen die erfahrensten Experten antritt. Viele versuchten bereits, Computerprogramme aufzustellen, um etwa im „Day-Trading" himmelhoch zu gewinnen, indem man also „automatisch" täglich aus bestimmten Aktien aussteigt oder fix in sie einsteigt. Wir kennen nur Verluste, die auf diese Weise eingefahren wurden. Die beste Methode für den Nichtfachmann besteht noch immer darin, in gute Indizes zu investieren, will man nicht acht Stunden pro Tag vor dem Bildschirm sitzen und Aktienkurse verfolgen.
Doch wie vererbt man nun Aktien am besten?

RATSCHLÄGE FÜR ERBLASSER UND ERBEN

Bei der Vererbung von Aktien muss man zunächst auf die Freibeträge reflektieren, über die wir bereits berichtet haben. Es kommt bei diesen Freibeträgen nicht darauf an, welche Vermögenswerte man bevorzugt, Aktien sind so gut wie Bargeld. Im Auge behalten muss man jedoch den Umstand, dass bei Aktien zur Erbschaftsteuer die *Ertragssteuerbelastung* hinzukommt, denn Aktien werfen gewöhnlich Gewinne ab.

Für das Finanzamt stellt es sich so dar, dass ein Erbe ein neuer Gläubiger ist, den er zur Kasse bitten darf. Der Erbe muss also darauf vorbereitet sein, dass er die angefallenen Gewinne in einem ererbten Depot versteuern muss, selbst wenn sein Freibetrag für das gesamte Depot ausreichend wäre – er verfügt zum Beispiel über einen Freibetrag von 400.000 Euro und hat exakt für 400.000 Euro Aktien geerbt. Trotzdem wird die sogenannte *Abgeltungssteuer* oder *Ertragssteuer* fällig. Ein Erbe kann sich also zu früh freuen, wenn er nur den Freibetrag im Auge behält.
Zusätzlich zu dem unerwarteten Boomerang der *Abgeltungssteuer* (25 %) kommen außerdem noch der Solidaritätszuschlag und gegebenenfalls die Kirchensteuer hinzu, wie bereits geschildert.
Zugleich ist mit dem Tod der Eltern (beziehungsweise des Erblassers) ein Depot für ein Kind (oder den Erben) nicht sofort zugrifffähig, da die depotführende Stelle erst einmal Auskunft darüber verlangt, WER der Erbe ist. Ein Erbschein muss ausgestellt werden, falls nicht schon Vollmachten über den Tod hinaus erstellt worden sind und ein Testament bereits notariell beglaubigt wurde. Die Ausstellung eines Erbscheins kann viele Tage, ja Monate dauern, stellt man in Rechnung, dass es vielleicht viele Erben gibt, die zudem zerstritten sind. Innerhalb vieler Monate kann sich jedoch der Kurs der Aktien nach „oben" oder „unten" bewegen. Es gilt also zu vermeiden, dass dadurch Verluste in Kauf genommen werden. Aktien sollten nicht zum unrichtigen Zeitpunkt an einen neuen Besitzer übergehen.
Wir haben bereits auf den Schock hingewiesen, den ein Erbe erfahren kann, wenn ein Depot plötzlich die Hälfte seines Wertes einbüßt.
Natürlich muss man den Teufel nicht an die Wand malen. Ebenso gut könnte man argumentieren, dass eine Immobilie, deren Wert für die Erbschaftssteuerberechnung herangezogen wurde, zwei Tage nach der Übereignung abbrennt. Sofern keine Feuerversicherung existiert, ist das Objekt danach wertlos. Möglicherweise müssen sogar noch zur Beseitigung der Brandschäden Gelder aufgewendet werden. Damit bliebe nur

noch das Grundstück im Topf, das einen Wert besitzt. Der Fiskus berechnet auch in einem solchen Fall erbarmungslos die Erbschaftsteuer zum Todeszeitpunkt, als also ein wesentlich höherer Wert vorhanden war.

LÖSUNGEN

Aber nehmen wir endlich Lösungen unter die Lupe und fixieren wir uns nicht allzu sehr auf Probleme. Auch Aktienwerte kann man *strukturieren*. Wir haben es bereits angedeutet: Während der Investitionsphase fällt in diesem Fall keine Ertragsteuer (Abgeltungssteuer) an, ebenso wenig wie kaum in der Entnahmephase ... wenn es „richtig" gemacht wird. Hierzu ist eine neue Rechtsstruktur notwendig, sodass auch der Vermögensübergang steuereffizient in die Wege geleitet werden kann. Die Integration eines Vermögensverwalters steht dann auf dem Plan, aber man kann auch die eigenen Kinder (oder Erben) als aktiven, rechtsfähigen Part in diese neue Struktur einbinden.

Beim Tod der abgebenden Generation verstreicht unter bestimmten Bedingungen in diesem Fall keine überlange Zeitdauer, die die Handlungsunfähigkeit mit sich im Schlepptau führen würde. Negative Positionsveränderungen durch Marktkorrekturen und unerwünschte Konsequenzen können vermieden werden.

Zusammen mit Immobilien, dem „Betongold", gehen rund 20 Billionen Euro in Deutschland in den nächsten Jahren an die kommende Generation über. Wird Geld geschickt, das heißt strukturiert, übertragen, können Unsummen an Steuern eingespart werden. Will man jedoch wirklich „intelligent" Vermögen übertragen, führt kein Weg daran vorbei, noch lebzeitig aktiv zu werden. Der verantwortungsvolle Erblasser ordnet deshalb seine Angelegenheiten rechtzeitig. Und er hört nie auf, über das Thema *Stiftung* nachzudenken. Mit dieser Anmerkung nähern wir uns dem Höhepunkt dieses Buches.

8. WAS ÜBER STIFTUNGEN NICHT BEKANNT IST

Wenn wir über Stiftungen sprechen, begegnen wir dem besseren Teil der Menschheit. Wir spüren gute, konstruktive Absichten auf, die unser Herz erwärmen und uns an das Gute im Menschen glauben lassen.
Und zu recht!
Schon der griechische Philosoph Platon gründete eine „Stiftung", konkret eine Akademie, die berühmteste Stiftung des Altertums. Immerhin hatte sie von 347 v. Chr. bis 529. n. Chr. Bestand, also rund 800 Jahre lang! Im Rahmen seiner Akademie wurden derart wichtige philosophische Erkenntnisse weitergegeben, dass wir noch heute davon zehren.
Bekannt sind uns außerdem viele Stiftungen, die im Mittelalter (ca. 500 bis 1500 n. Chr.) ins Leben gerufen wurden. Tatsächlich war das Mittelalter überreich an Stiftungen. Zugegeben, zugestanden: Manchmal dachte ein Stifter nur an das eigene ewige Seelenheil, wenn er eine Stiftung ins Leben rief. Aber wie auch immer die tiefer gelegene Motivation in Wahrheit aussah, Stiftungen im Mittelalter sorgten für Tausende von guten Taten. Zahlreiche Klöster wurden gegründet, die der Bevölkerung als Zufluchtsorte im Krieg dienten und den Menschen Unterstützung angedeihen ließen. Nicht nur Bauern, auch Mönche, machten den Boden urbar und bestellten manchmal die Äcker. Mit den Feldfrüchten halfen sie während Hungernöten die Armen zu speisen. Vergessen wir nie, dass während des Früh- und Hochmittelalters Mönche und Priester außerdem die einzigen Zeitgenossen waren, die der Bevölkerung lesen und schreiben beibringen konnten, das gesamte Schulwesen ruhte einst auf ihren Schultern. Mönche und Nonnen kannten sich zudem mit Kräutern und Heilpflanzen aus, sie behandelten die Kranken. Sie brachten Kultur in eine mitleidlose, barbarische Welt ein, indem sie die Nächstenliebe nicht nur predigten, sondern sie auch praktizierten.
Als Stiftungen galten Waisenhäuser, Hospitäler, manchmal Kirchen und immer wieder Mönchs- und Nonnenklöster. Noch heute müssen wir den Stiftern Respekt zollen.

DER ZWECK VON STIFTUNGEN

Stiftungen können zahlreiche (edle) Intentionen zugrunde liegen. Dem Stifter ist es daran gelegen, eine gute Absicht die Zeit selbst überdauern zu lassen, eine Idee soll „ewig“ weiterleben. Damit geht eine Stiftung über den armseligen, kurzen Zeitraum eines einzigen Menschenlebens hinaus. Mit Stiftungen kann man beispielsweise in unterentwickelten Ländern für sauberes Trinkwasser sorgen, man kann aber auch die Kunst fördern oder die Wissenschaft. Man vermag eine bestimmte Idee, wie den Frieden, mit einer Stiftung zu unterstützen, oder aber sogar einen Sportverein, der zum Beispiel die Absicht verfolgt, die Jugend auf dem rechten Pfad zu halten. Nach wie vor kann die Kirche oder jede religiöse Organisation mit einer Stiftung unterstützt werden. Es kann einem Stifter jedoch auch daran gelegen sein, ungeeignete Erben von der Übertragung des Vermögens auszuschließen, er will stattdessen vielleicht der Gesellschaft etwas zurückzugeben oder die Welt in eine bessere Richtung schubsen. So oder so will er einem persönlichen, konstruktiven Anliegen Dauer verleihen.

Forschung und Lehre können durch Stiftungen vorangetrieben werden, ein neuer Lehrstuhl an einer Universität kann mit Stiftungsvermögen ausgestattet oder ein ansehnlicher, reputationsfördernder Preis in ihrem Rahmen verliehen werden. Mit Stiftungen kann man Ausstellungen ermöglichen, das Gesundheitswesen oder die Gesundheitspflege fördern, der Jugend oder dem Alter unter die Arme greifen, den Denkmal- Natur- und Tierschutz fördern und vieles mehr.

Die Anzahl der konstruktiven Intentionen, Ziele und Zwecke sind Legion und verraten uns, dass die Mehrzahl der Menschen von guten Absichten beseelt ist.

Mit einer Stiftung kann man jedoch auch Vater Staat einen Riegel vorschieben, sodass das eigene Vermögen nicht sinnlos verschleudert wird. Die wenigsten Bürger heute sind mit der Ausgabepolitik der Herren Politiker einverstanden, denn in Deutschland werden heute über fünf Millionen Beamte gefüttert, von denen die Hälfte so überflüssig ist wie ein Kropf. Weiter werden mit Steuergeldern regelmäßig Waffenkäufe

in Milliardenhöhe getätigt und Gelder für alle möglichen Projekte verplempert.
Die meisten Stiftungen verfolgen demgegenüber lobenswerte, gemeinnützige Ziele. Ohne Stiftungen wäre auch unsere Gegenwart sehr viel ärmer. Viele hochwichtige Aktionen, die in die richtige Richtung führen, könnten nicht angeschoben werden, wenn es keine Stiftungen gäbe. Der Zweck einer Stiftung wird von dem Stifter festgelegt und genau definiert. Dieser Zweck darf nicht willkürlich abgeändert werden. Mit einer Stiftung wächst eine Person über sich selbst hinaus und verleiht einer guten Intention Dauer.
Man kann ohne Übertreibung sagen, dass ohne Stiftungen Millionen von guten Taten nie ausgeführt werden würden.
Stiftungen lassen den Stifter deshalb in einem gewissen Sinne „ewig" leben, sie verschaffen ihm ein Stück Unsterblichkeit, und sie heben das allgemeine Ethikniveau auf einen neuen, höheren Level. Immer verfolgen sie einen guten Zweck, denn ansonsten wird eine Stiftung nicht anerkannt. Niemand stellt heute den Wert von Stiftungen ernsthaft infrage.

WIE EINE STIFTUNG FUNKTIONIERT

Grundsätzlich unterscheiden wir zwischen privatnützigen und gemeinnützigen Stiftungen. Auch gibt es zwei unterschiedliche Varianten, wie Sie Stiftungen führen wollen. Es gibt die fiduziarische, unselbständige Treuhandstiftung. Hierfür benötigen Sie einen Träger z.B. die Estate Planning GmbH, die ihre Stiftung vertritt. Diese Form finden wir ideal, wenn Sie es versuchen wollen mit einer Stiftung, die die gleichen Rechte und Pflichten hat wie die andere Variante, die selbständige Stiftung, die vertreten wird über ihr Organ. Also ran an das „Probestiften"!
Es gibt in Deutschland mehr als 25.000 selbständige Stiftungen, 90 Prozent von ihnen verfolgen einen gemeinnützigen Zweck – und nur diese Variante ist für unser Thema interessant.
Über das Geld, das ein Stifter einer Stiftung zur Verfügung stellt, kann er in der Folge nicht mehr verfügen. Andererseits kann dieses Geld nicht

mehr zu anderen Zwecken missbraucht werden. Wird eine Stiftung erst nach dem Ableben des Stifters ins Leben gerufen, ist ein Testament oder ein Erbvertrag notwendig. Bestimmte Formvorschriften müssen eingehalten werden: Das Testament muss handschriftlich verfasst und unterschrieben sein, ein Erbvertrag ist von einem Notar zu bestätigen.

Ideal ist es, wenn ein Stifter noch lebt, wenn er einer Stiftung Leben einhaucht, damit sie in die gewünschte Richtung angeschoben werden kann. Wurde eine Stiftung zu Lebzeiten des Stifters aus der Taufe gehoben, kann er persönlich sicherstellen, dass alles gemäß seinen Wünschen und Vorstellungen in die Wege geleitet wird.

Selbständige Stiftungen müssen von staatlicher Seite anerkannt werden und stehen in der Folge auch unter staatlicher Aufsicht, konkret unter der Aufsicht der einzelnen Bundesländer, in denen sie angesiedelt sind. Auf das Sondermodell Liechtenstein werden wir noch zu sprechen kommen.

Die Stiftung ist eine selbständige Rechtspersönlichkeit, es gibt keine Eigentümer, die Stiftung gehört gewissermaßen sich selbst. Ein Vorstand steuert sie. Neben dem Stiftungsvorstand gibt es manchmal ein Kontrollgremium (genannt Stiftungsrat, Beirat oder Kuratorium).

Vorbedingung für eine Stiftung ist, dass die Stiftung einen entsprechenden Namen trägt, der über sie Auskunft gibt, dass der Zweck feststeht und eine Satzung existiert.

Immer muss ein gewisses Vermögen für die Ausstattung der Stiftung zur Verfügung stehen. Die Mindestausstattung für eine Stiftung beträgt zwischen 50.000 und 150.000 Euro, aber Erfahrung hat uns gelehrt, dass 200.000 Euro eine gute „Hausnummer“ sind. Eine Stiftung darf nicht unterkapitalisiert sein, ansonsten kann sie möglicherweise ihren Zweck nicht verfolgen. Das Vermögen kann aus Barvermögen bestehen oder aus Aktien, aus Grundstücken oder Beteiligungen an Gesellschaften, aus festverzinslichen Wertpapieren oder aus allen möglichen Arten von Sachwerten. Immer gilt es, dieses Stiftungsvermögen in seinem Bestand zu erhalten, die Vermögenssubstanz muss unangetastet bleiben. Die sichere und wirtschaftliche Vermögensverwaltung hat Vorrang vor dem

Renditedenken. Das heißt, nicht nach den höchsten Zinserträgen wird Ausschau gehalten, sondern nach den sichersten Erträgen. Das gesamte Modell der Stiftung ist der zugrunde liegenden guten Absicht, dem guten Zweck der Stiftung, untergeordnet.

STIFTUNGEN UND STEUER

Stellen wir zunächst die Regelungen vor, die in Deutschland üblich sind. Zunächst gilt:

Gemeinnützige Stiftungen sind von der Erbschafts- und Schenkungssteuer befreit.

Man muss kein Sherlock Holmes sein, um zu kombinieren, welche Perspektiven sich hierdurch auf einmal auftun. Der Fiskus hat in der Folge keinerlei Zugriff mehr auf das Stiftungsvermögen. Man bewegt sich dabei völlig im Rahmen des Gesetzes.

Aber es kommt noch besser:

Die Gewinne aus dem Stiftungsvermögen – wie etwa Mietzinsen oder Aktienrenditen – die dem gemeinnützigen, mildtätigen oder konstruktiven Zweck zugeführt werden – sind von der Ertragssteuer ebenfalls befreit.

Die Ertragssteuer nennt sich *Körperschaftssteuer* im Fall einer Stiftung. Wieder kann kein Finanzbeamter Steuern einfordern, man unterliegt keiner Regelung, die eine Person zwingt, einen gewissen Prozentsatz abführen zu müssen.

Und weiter im Text:

Steuerfreie Zuwendungen zu der Stiftung sind bis zu 1 Million Euro erlaubt.

Dadurch kann sich ein erheblicher Einkommenssteuervorteil ergeben. Bei Verheirateten handelt es sich sogar um 2 Millionen Euro. Bleiben wir bei 1 Million im Moment. Diese (erlaubten) 1 Million Euro können beliebig auf einen Zeitraum von zehn Jahren verteilt und dann steuerlich abgesetzt werden, wenn es gerade „passt", wie es der Österreicher gern ausdrückt (§ 10 b EstG, Sonderausgabenabzug).

Nicht nur der Stifter, auch andere Personen dürfen in dieser Höhe Gelder spenden. Dieser Höchstbetrag von 1 Million Euro darf nach zehn Jahren erneut abgesetzt werden, sogar die Wiederholung ist möglich. Der Maximalbetrag für Spenden beträgt zwanzig Prozent der Einkünfte. Für Unternehmen, die spenden wollen, gilt der Höchstsatz von vier Promille der Umsätze.

Welche Möglichkeiten sich dadurch auftun, erkennt der erfahrene Unternehmer im Bruchteil eines Augenblicks. Es handelt sich um derart beträchtliche Steuervorteile, dass ein Entrepreneur nicht zweimal nachdenkt. Er kann nun die Geldströme, die ihm zur Verfügung stehen, in die Richtung lenken, die *er* für richtig hält. Er entkommt zunächst den Finanzbeamten auf völlig legale Art und Weise, und er kann Gelder für Anliegen einsetzen, die *ihm* am Herzen liegen.
Im Übrigen besitzt der Stifter die absolute Freiheit, was die Strukturierung seines Stiftungsvermögens angeht. Er kann seine Stiftung ebenso gut mit exzellenten Aktien ausstatten wie mit Immobilien zum Beispiel. Die Flexibilität könnte nicht höher sein. Er hat das Vermögen abgegeben und hat im engeren Sinne auch keinen Zugang mehr zum Vermögen. Er kann sich aus einem Drittel der Erträge eine sogenannte Stifterrente genehmigen, ansonsten ist auch er nicht mehr in der Lage, über sein Vermögen zu verfügen.

Wir empfehlen bei der Ausstattung einer Stiftung zu diversifizieren und Sachwerten den Vorzug zu geben, wie schon an früherer Stelle dargelegt. Dadurch befindet sich der Faktor Sicherheit auf dem höchstmöglichen Niveau. Wir raten unter anderem, spezielle Sachwert-Fonds zu favorisieren, die an globale Werte gebunden sind. Aber der Stifter allein bestimmt, was mit seinem Vermögen geschehen soll. Er wird in jene Richtung investieren, mit der er in der Vergangenheit die besten Erfahrungen gemacht hat. Grundsätzlich verfügt er, er besitzt die Entscheidungshoheit, niemand anders. Da der Stifter völlig freie Hand hat, wie das Vermögen angelegt werden soll – wobei er bei gemeinnützigen

Stiftungen jedoch Anlagen wählen muss, die ausschütten – sieht man erneut sehr schnell, wie fruchtbar der Acker ist, der hier bestellt werden kann.

Weiter ist die Rechtssicherheit einer Stiftung fast nicht zu schlagen. Das Vermögen ist geschützt, es bleibt in den richtigen Händen.
Aber wiederholen wir: Fiskalisch von höchster Bedeutung sind die steuerfreien Erträge, die durch eine Stiftung erzielt werden. Wir wissen bereits, dass der Staat keinerlei Zugriff auf diese Erträge besitzt. Und es gibt selbst in dieser Beziehung noch eine zusätzliche gute Nachricht, die gewissermaßen die Sahne auf der Torte darstellt:
Ein Drittel der Erträge, die eine Stiftung alljährlich erzielt, darf der Gründer/der Stifter für sich und seine nächsten Angehörigen verwenden.
Kurz und gut, die steuerlichen Vorteile sind so bedeutend, dass man auch unter diesem Aspekt an die Wahl einer Stiftung denken sollte.
Reflektieren wir jedoch noch auf einige weitere Vorzüge der Stiftung, die man ins Kalkül ziehen sollte.

DIE UNGESEHENEN VORTEILE

Es ist eine Sache, über Stiftungen theoretisch zu reden und einige gelehrte akademische Ausführungen darüber von sich zu geben, aber um eine ganz andere Sache handelt es sich, wenn man bereits zahlreiche Stiftungen ins Leben gerufen hat und bis an die Zähne mit praktischem Know-how bewaffnet ist. Erst dann werden die Vorteile einer Stiftung wirklich sichtbar. Die Praxis ist immer der beste Lehrmeister.

Wir arbeiten inzwischen mit einer ganzen Reihe von Gründern exzellent zusammen, deren Stiftungen wir selbst aus der Taufe gehoben haben. Unsere jahrelange Erfahrung ermöglicht es uns, die jeweils beste Struktur für einen Klienten zu definieren. Wir kennen darüber hinaus alle Fallgruben, die umgangen werden müssen und alle Gesetze, Verordnungen und Regeln aus dem Effeff. Unsere Stifter bestätigten uns

deshalb immer wieder, dass es ein Segen war, der Rechtsform der Stiftung den Vorzug zu geben.
Nicht der geringste Vorteil besteht in der völlig freien, individuellen Nachlassgestaltung im Rahmen einer Stiftung. Dazu gehört auch die Erbfolge. *Wer* soll *was wann* erben? Die steuerliche Förderung nach § 10 b Est G über den Tod hinaus steht fest.

Aber noch wichtiger für viele Stifter ist der Umstand, dass tatsächlich ein *ideeller Wert* geschaffen wird. Das Wissen, etwas Gutes zu tun, sollte nie unterschätzt werden! Der eigene Name bleibt erhalten und eine neue, langlebige Institution erblickt das Licht der Welt. Eine Person, die alle finanziellen und beruflichen Ziele erreicht hat – aufgrund von Kompetenz, harter Arbeit, Professionalismus und dem Quäntchen Glück, das immer dazugehört – erkennt fast immer, dass es noch höhere Werte im Leben gibt, als man bislang angenommen hat.
Mit einer Stiftung kann man nicht nur den Nachlass sinnvoll gestalten. Häufig stellt sich ein Gefühl von Dankbarkeit ein. Das Bedürfnis wächst, durch die konkrete Tat dieser Dankbarkeit Ausdruck zu verleihen. Es erfüllt eine Person mit tiefer Befriedigung, wenn Sie ihrem Geld, das sie erwirtschaftet hat, im Rahmen der Nachlassgestaltung eine sinnvolle Zielrichtung geben kann. Bei einer Stiftung handelt es sich um die Fortsetzung der eigenen Werte und Wertvorstellungen.

Stiftungen sind (entgegen gängiger Klischees) nicht nur etwas für Superreiche, sondern sie eignen sich auch schon für Vermögen ab 100.000 bis 200.000 Euro. Selbst dann stellen sie eine wertvolle Option dar. Insbesondere für Menschen, die ihr Geld nicht nur innerhalb des Unternehmens oder im Rahmen der Familie übertragen wollen (oder diese Option schlichtweg fehlt), ist die Stiftung eine echte Alternative. Neue kulturelle, karitative oder gesellschaftliche Werte können geschaffen werden, die unter Umständen für die nächsten Jahrhunderte Bestand haben werden. Erinnern wir uns nochmals: Platons Akademie überlebte fast achthundert Jahre! Eine Stiftung zu gründen bedeutet, ein erfolgreiches Leben geführt zu haben und noch zu führen, reich an Erfüllung und an Sinn.

Der unschlagbare Vorteil einer Stiftung besteht ganz einfach darin, dass der Stiftungszweck frei gewählt werden kann. Oft basiert er unserer Erfahrung nach auf den ganz persönlichen Erfahrungen des Stifters, häufig stehen individuelle Interessen und Neigungen Pate. Die Stiftung trägt damit nicht nur den Namen des Stifters, sondern vor allem die unveränderlichen und charakteristischen Wesensmerkmale der Stifter-Persönlichkeit. Die Bandbreite der Stiftungen ist deshalb enorm: Die Stichworte Kultur, Wissenschaft, Bildung, Erziehung Forschung, Sport, benachteiligte Gruppen, Schulprojekte, Umwelt, Gesundheit Kunst und Tierschutz bieten lediglich *Anhaltspunkte*, sie beschreiben nicht einmal vollumfänglich alle Möglichkeiten. Stiftungen können also für die unterschiedlichsten Ziele eingesetzt werden. Insbesondere die Förderung konstruktiver sozialer Zwecke steht heute oft im Mittelpunkt von Stiftungen. Weit über den eigenen Tod hinaus kann damit sichergestellt werden, dass die Dinge, die dem Stifter wichtig sind, nachhaltig in seinem Namen gefördert, unterstützt und weitergeführt werden.

Der Stifter stellt sich also diese Fragen: Was sind *meine* wahren Interessen und Neigungen? Wo erblicke ich Menschen oder Potenziale, die gefördert werden sollten? Wir sind immer wieder erstaunt darüber, wie vielfältig die individuellen Wünsche eines Stifters sind. Der eine Stifter mag sich für den Tierschutz begeistern oder sich um die Bäume im Amazonasgebiet kümmern wollen, der andere interessiert sich für die wissenschaftliche Forschung, was Hautprobleme angeht, denen er endlich zu Leibe rücken möchte und unter denen er vielleicht selbst leidet. Die Palette ist bunt und vielfältig.

Flexibel ist auch die Strukturierung, tatsächlich kann der Stifter schon von Anfang an darauf Einfluss nehmen und auf die eine oder andere Art davon profitieren. Am Beginn steht jedoch immer das persönliche Gespräch, nichts ist wichtiger in der Gründungsphase. Ein kompetenter Sparrings- oder Ansprechpartner ist notwendig, der die richtigen Fragen stellt.

Obwohl wir dazu anraten, in eine Stiftung 200.000 Euro einzubringen, spricht nichts dagegen, sie auch „nur" mit 100.000 Euro auszustatten, wenn es denn nicht anders möglich ist. Fakt ist: Weit über 60 Prozent aller bestehenden Stiftungen besitzen „nur" ein Vermögen von bis zu 500.000 Euro. Also auch über die finanzielle Ausstattung einer Stiftung kann man diskutieren. Selbst mit den Erträgen einer bescheidenen Ausstattung von 100.000 Euro kann man schon kleinere Projekte sinnvoll unterstützen. Zusätzlich kann man mit Spenden rechnen und Spendenaktionen in die Wege leiten.

Die notwendige Höhe der finanziellen Ausstattung ist abhängig von dem Zweck, der erreicht werden soll. Schon ein Ertrag von 1.500 Euro jährlich aus einer 100.000-Euro-Stiftung kann benachteiligten Waisenkindern in Form von neuem Spielzeug helfen. Hinzu kommen vielleicht noch Spendengelder. Forschungen, die medizinische Zwecke unterstützen sollen, verlangen naturgemäß nach einer höheren finanziellen Ausstattung.

Generell ist die Flexibilität im Rahmen einer Stiftung enorm. Da die Lebenserwartung im Moment ständig ansteigt, können sich Bedürfnisse, Einsichten und damit auch Ziele jederzeit ändern. Deshalb ist es wichtig, dass der Stifter selbst zu Lebzeiten die Gestaltungshoheit besitzt. In Zeiten zunehmend komplexer Rechtsstrukturen, hochvolatiler Märkte, extremer Zinsschwankungen und zunehmend oberflächlicher Beratungsqualität wird es für einen Gründer immer wichtiger, über eine Organisation zu verfügen, über die sie selbst die Kontrolle besitzt. Der Stifter hat die Kontrolle über die gemeinnützige Organisation nur im Rahmen des Stiftungsrechts. Es ist keine privatnützige Organisation. Wir müssen immer strikt zwischen privat- und gemeinnützig trennen.

Viele außergewöhnliche Möglichkeiten, die sich durch eine Stiftung ergeben, lassen sich erst dann erkennen, wenn man die *Praxis* befragt. Durch die intelligente Kombination von Rechtsmantel und Anlageebene lassen sich viele Gestaltungsvarianten formulieren, die vorher auf den ersten, oberflächlichen Blick nicht gesehen werden konnten. Letztendlich muss ein intelligentes Portfolio für die Stiftung das Ergebnis sein. Jedenfalls gilt, dass man mit Stiftungen das eigene Vermögen nachhaltiger schützen kann, man kann es steueroptimierter anlegen und exakt auf die eigenen Zielvorstellungen zukomponieren.

DER VORTEIL DER ERFAHRUNG

Es wäre jedoch ein Fehler, sozusagen auf eigene Faust, allein oder mit einem Berater, der das Stiftungswesen nicht in- und auswendig kennt und es nicht viele Male praktiziert hat, eine Stiftung auf die Beine stellen zu wollen.

Wir achten beispielsweise von Anfang darauf, dass jede mögliche Variante besprochen wird, die dem Stifter von Nutzen sein könnte. Weiter sorgen wir dafür, dass jedes Gesetz penibel eingehalten wird und jede Spende, die später der Stiftung zugeführt wird, dem Zweck zukommt, für den sie bestimmt ist. Davon abgezogen werden nur allfällige Verwaltungskosten, sofern der Stifter diese nicht selbst trägt. Wir bieten sogar so etwas wie ein Qualitätsmanagement an, wenn dem Gründer daran gelegen ist. Das heißt, wir wissen exakt, mit welchen Partnern man zusammenarbeiten darf (und mit welchen nicht). Wir achten weiter auf vollständige Transparenz und die Überwachung des Stiftungszweckes, wenn es von uns eingefordert wird, und übernehmen noch einige weitere Aufgaben. Mit Argusaugen beobachten wir, dass die Verwaltungskosten niedrig liegen und 15 % nicht übersteigen, wenn wir in den Stiftungsrat berufen werden. In der Vergangenheit kooperierten wir außerdem bereits mit 15 000 Spendern, ganz abgesehen davon, dass wir bereits die unterschiedlichsten Arten und Varianten von Stiftungen aus der Taufe gehoben haben.

Die sogenannte *Treuhandstiftung* wäre etwa eine Variante, die man kennen muss. Sie beruht auf dem Umstand, dass der Stifter mit einem Treuhänder operiert (engl. Trustee), der aufgrund eines Vertrages gesetzlich dazu verpflichtet ist, die Interessen eines anderen Rechtssubjektes (des Stifters zum Beispiel) wahrzunehmen. Die Rechtsmacht wird übergeben, aber der Treuhänder darf sie nur „zu treuen Händen“ ausüben, das heißt im Sinne des Auftraggebers. Die Treuhandstiftung könnte man als eine Art „Unterstiftung“ oder eigene Variante der Stiftung bezeichnen, mit ihren speziellen Vor- und Nachteilen. „Auf Treu und Glauben“ wird eine Sache, ein Recht, übergeben. Aber der treuhänderisch übertragene Gegenstand oder das Eigentum muss auf Verlangen des Stifters selbstverständlich an die korrekte Person (oder Personen) weitergegeben werden.

Der Vorteil der Treuhandstiftung besteht darin, dass sie schneller zu gründen und flexibler zu gestalten ist. Sie verfügt über die gleichen Rechte und Pflichten wie eine „normale“ Stiftung. In ihrem Rahmen operiert man ohne Landesaufsicht, nur dem Finanzamt muss man Rede und Antwort stehen.
Soweit nur eine einzige Variante. Sie lehrt uns, dass es selbst im Rahmen einer Stiftung verschiedene Spielarten gibt. Denkt man zudem an all die unterschiedlichen Landesgesetze, so sieht man sofort, wie bunt auch diese Palette ist. Die wichtigsten Varianten muss der Estate Planner kennen, speziell wenn sie neue, eigene Gestaltungsmöglichkeiten bieten.
Grundsätzlich darf jeder eine Stiftung ins Leben rufen, es gibt auch keine beschränkende Altersgrenze. Stiftungen eignen sich außerdem hervorragend dazu, den Nachlass zu regeln – unser eigentliches Thema. Wenn keine Erben vorhanden sind oder die vorhandenen Erben auf eine andere Art und Weise bedacht werden sollen, als es die normalen Nachlassregelungen vorsehen, ist die Stiftung das geeignete Instrument, seine Absichten durchzusetzen.

Unser hochspezialisiertes Team verfügt mittlerweile über zwanzig Jahre Erfahrung, was das Thema Stiftung und die optimale Vermögensübertragung angeht. Machen wir das Ganze etwas anschaulicher und stellen wir stellvertretend für viele andere Stiftungen zumindest ein Beispiel vor, damit wir nicht im luftleeren Raum argumentieren.

DIE WELL:FAIR FOUNDATION ehemals DIE NEVEN SUBOTIC STIFTUNG

Neven Subotic, so weiß der Fußballfan, ist ein bekannter Star. Er kickte unter anderem für die serbische Fußballnationalmannschaft, absolvierte sechsunddreißig Länderspiele, spielte in hochrenommierten Vereinen wie Borussia Dortmund und erhielt zahlreiche Auszeichnungen.
Es handelte sich nur scheinbar um einen eher untypischen Gründer einer Stiftung, aber Subotic formulierte seine Absicht, eine Stiftung ins Leben zu rufen, wie folgt – man spricht in diesem Fall im angelsächsischen Raum auch von einem „Mission-Statement“:
„Ich hatte viel Glück in meinem Leben und weiß aus eigener Erfahrung, dass Wohlstand und Sicherheit nicht selbstverständlich sind. Ich möchte daher, in großer Dankbarkeit, etwas zurückgeben. Insbesondere die Schwächsten unserer Gesellschaft – und das sind in den allermeisten Ländern unsere Kinder – möchte ich mit meiner Stiftung fördern und unterstützen.“
Der Star gründete auf unsere Anregung hin im Jahre 2012 die Neven Subotic Stiftung. Bereits 2016 wurde die Stiftung mehrfach ausgezeichnet. Renommierte Zeitschriften berichteten darüber, wie etwa „Sport Bild“. Der beliebte Kicker erhielt sogar das Bundesverdienstkreuz – eine der höchsten Auszeichnungen, die vergeben werden können. Der Hauptautor des Buches befindet sich im Stiftungsvorstand, weiter gibt es darin eine ganze Reihe von hochqualifizierten Experten, die unter unseren Fittichen operieren.

Was steht nun im Fokus dieser Stiftung? Womit beschäftigt sie sich?
Vorausgeschickt sei, dass weltweit gesehen rund 770 Millionen Menschen immer noch über keinen Zugang zu einer einfachen, sauberen Trinkwasserversorgung verfügen. Im Rahmen der *well:fair foundation* (bisheriger Name Neven Subotic Stiftung) werden deshalb regelmäßig Brunnen und Sanitätsanlagen gebaut, speziell in bestimmten Regionen Äthiopiens, Kenias und Tansanias. Diese Initiative erzielt einen direkten Effekt auf das Bildungswesen in diesen Ländern, denn die Kinder

können nun den Schulunterricht besuchen, da es ihnen erspart bleibt, vor dem Unterricht oftmals kilometerweise zu laufen, um aus einer entfernten Wasserquelle halbwegs sauberes Wasser zu schöpfen und nach Hause zu transportieren. Es handelte sich im Falle des (verunreinigten) Wassers oft sogar um lebensbedrohliche Umstände für die Kinder Afrikas, denn nicht selten sind Wasserstellen verseucht. Dabei gilt Wasser als wichtigstes Lebensgut, ja förmlich als Quelle des Lebens. Verschmutztes Wasser jedoch nimmt Leben, statt es zu geben. Etwa 700 Kindern sterben täglich an Krankheiten, die durch verunreinigtes Wasser oder mangelnde Hygiene bedingt sind. Mädchen sind besonders gefährdet. Der Zugang zu sauberem Wasser und vernünftigen Sanitäranlagen wurde deshalb von den Vereinten Nationen vor rund dreizehn Jahren zum *Menschenrecht* erklärt – konkret am 28. Juli 2010.

Auf welche Weise wurde (und wird) nun die well:fair foundation aktiv? Zunächst wird von einem Experten der Stiftung ein Problemfall lokalisiert, etwa eine Gemeinde in Afrika, in Äthiopien zum Beispiel, wo sauberes Wasser fehlt. Alles wird genauestens untersucht und dokumentiert. Die Vorbereitung für ein konkretes Projekt beträgt zwischen sechs und neun Monaten. Schon jetzt wird die bestmögliche Lösung visioniert. Der Stiftungsexperte arbeitet Hand in Hand mit Hydrologen und den nationalen Wasserbehörden. Früh wird eine geeignete Stelle für einen Brunnen identifiziert und visioniert. Die Planungsphase dauert drei weitere Monate, die Umsetzung ebenfalls drei Monate. Ein Bohrteam macht sich schließlich an die Arbeit. Gebohrt wird durch Erdschichten, durch Sand und durch Gestein. Auf diese Weise gelangt man an sauberes Wasser. Der nächste Schritt besteht in der Installation der Pumpe durch erfahrene Techniker und Ingenieure. Die Gemeinde wird einbezogen und für den nachhaltigen Umgang mit dem neuen, sauberen Brunnenwasser geschult. Parallel dazu wird die Gemeinde mit Sanitäranlagen ausgestattet. Jeder Schritt wird genauestens dokumentiert. Alle Phasen werden dreimal überprüft, weiter wird exakt festgehalten, wie viele Personen von der neuen Brunnenanlage profitieren werden. Ein detailliertes Protokoll gibt Auskunft über jeden Schritt. Die Dokumentation und das Protokoll werden schließlich den Spendern zur Verfügung gestellt.

Von jedem gespendeten Euro fließen 100 Cent in die Projekte vor Ort. Kein einziger Cent geht auf diesem Weg verloren. Zusätzliche Gebühren und Kosten bezahlt erstmal die well:fair foundation, doch am Ende des Jahres übernimmt der Stifter Neven Subotic die Verwaltungs- und Reisekosten der Fachleute, ja alle Kosten, die bei einem solchen Projekt zusätzlich anfallen. Deshalb gehen in dieser Stiftung 100 % der Spenden in den Zweck, also anders als bei anderen Organisationen, die nach Abzug der Verwaltungskosten den Rest in den Zweck investieren.
Jeder Spender wird mit Fotos, Videos und GPS-Daten ständig auf dem Laufenden gehalten. Er *sieht*, was mit seinem Geld passiert. Die exakten Zahlen der gesamten Stiftungsaktivitäten erhält jeder Spender noch einmal zusätzlich zum Jahresabschluss, weiter erneut die Tätigkeitsberichte. Jedes Detail ist prüf- und abrufbar. Die Stiftung ist Mitglied von *Transparency International*, in deren Rahmen sichergestellt wird, dass alles hundertprozentig korrekt und öffentlich ist.

Die Erfolge der well:fair foundation können sich denn auch sehen lassen. Bei der Gründung im Jahr 2012 gab es nur einige wenige ehrenamtliche Mitarbeiter, die sich gemeinsam mit dem Fußballstar persönlich auf den Weg nach Afrika machten, um Menschen Zugang zu sauberem Wasser zu verschaffen. Aber schon bald geriet die Arbeit für die Mitarbeiter zum Lebensinhalt. Das Team wuchs jedes Jahr fast automatisch. Das konkrete Ergebnis: Bis 2022, in nur zehn Jahren, konnten 484 Projekte realisiert werden; jedes einzelne Projekt bestand aus einem Brunnen mit sauberem Wasser und Sanitäranlagen, die in Gemeinden und Schulen errichtet wurden. Weitere 120 Projekte befinden sich derzeit auf dem Weg. Insgesamt hatten dadurch rund 250 000 Menschen sicheren Zugang zu sauberem Wasser. Das Ziel besteht darin, bis 2025 rund 300 000 Menschen geholfen zu haben. Das Team der well:fair foundation wächst und wächst. Für die Finanzen und rechtlichen Fragestellungen der Stiftung ist der Autor des vorliegenden Buches verantwortlich. Darüber hinaus gibt es einen Leiter für die verschiedenen Programme, eine Chefin für das Spendenmanagement, einen leitenden Ingenieur für die technischen Fragen, eine Person, die nur für die Ausbildung der Gemeinden in Afrika zuständig ist und einen Leiter für das Fundraising und das Eventmanagement.

Über allen steht selbstverständlich der Stifter Neven Subotic selbst, der jedoch durch das Wachstum und die nicht mehr völlige Fokussierung auf ihn als Stifter etwas zur Seite tritt, und diesem Umstand gerecht wird durch die vorgenommene und erwähnte Namensänderung der Stiftung. Was eine einzige Stiftung an Hochgefühlen und positiven Wirkungen zaubern kann, lässt sich in Worten kaum ausdrücken.

DER RICHTIGE NACHFOLGER IN EINEM UNTERNEHMEN

Es gibt zahlreiche Motive, um eine Stiftung zu gründen. Nicht das unwichtigste Motiv besteht mitunter darin, den Bestand eines ganzen Unternehmens zu garantieren, das ansonsten gegen die Wand gefahren werden könnte.

Diese Frage hören wir deshalb immer wieder: Wie verhindere ich es, dass ein (nicht geeigneter) Sohn oder eine (nicht geeignete) Tochter die Nachfolge in meinem Unternehmen antritt? Wie stelle ich sicher, dass eine bessere, fähigere, qualifiziertere Person den Job an der Spitze übernimmt?

Für den Erblasser handelt es sich um eine höchst heikle Angelegenheit, denn er will das eigene Kind nicht vor den Kopf stoßen und ihm keine seelischen Wunden zufügen. Aber er besitzt auch Verantwortung gegenüber seinen Angestellten, die ihm jahrzehntelang treu zur Seite gestanden haben.

Zitieren wir nur zwei Beispiele, wie wir dieses Problem lösen konnten – in beiden Fällen war eine Menge Diplomatie, Fingerspitzengefühl und Verhandlungsgeschick gefragt:

Im ersten Fall wusste der Erblasser nur zu genau, was es bedeutete, fünfundsiebzig Angestellten/Mitarbeitern jeden Monat einen Gehaltsscheck in die Hand zu drücken. Von fast jedem Mitarbeiter war seinerseits der Unterhalt einer ganzen Familie abhängig. Die Sorge um „seine" Leute bereitete ihm jedenfalls schlaflose Nächte, wenn er an die Übergabe seines Unternehmens nur schon dachte.
Was tun, sprach Zeus. So lautete die philosophische Frage. Wir krempelten die Ärmel hoch und machten uns an die Arbeit. Zunächst organisierten wir für dieses Unternehmen einen Drittgeschäftsführer – neben dem momentanen Inhaber und dem Sohnemann. Ja, zugegeben, das ist normalerweise der Job eines Top-Recruiters, aber wir konnten bereits etablieren, dass ein *Estate Planner* in vielen Disziplinen zu Hause sein muss. Aus vielen Kandidaten wurde die geeignete Person ausgewählt. Diesen Drittgeschäftsführer testeten wir zudem nach allen Regeln der Kunst. Es wurde schließlich eine Vereinbarung getroffen: Dem Sohn, der sich auf der anderen Seite bemühte, Reife zu zeigen, wurde von uns mit dem nötigen diplomatischen Taktgefühl beigebracht, dass es ihm zehn Jahre lang erlaubt sein würde, zu beweisen, für das Unternehmen konstruktive, zukunftsfähige Entscheidungen zu treffen. Der Drittgeschäftsführer schränkte seine Handlungsvollmacht in dieser Periode jedoch ein. Er besaß zudem das Recht zu beurteilen, ob der Sohnemann nach diesen zehn Jahren das Unternehmen allein und selbständig leiten könne oder nicht. Kürzen wir die Story ab. Das Ergebnis? Bislang existiert dieses Unternehmen noch immer und blüht und gedeiht.

In einem zweiten Fall überführten wir ein Familienunternehmen in eine Stiftung. Der Inhaber besaß ebenfalls nur einen einzigen Sohn, der theoretisch das Unternehmen hätte weiterführen sollen. Aber der Erblasser traute auch in diesem Beispiel seinem Junior den Job nicht zu. Der Vater/der Erblasser bat uns, dem Sohn schonend beizubringen, dass er ihm das Unternehmen nicht übergeben könne, aufgrund seiner eigenen hohen Verantwortung gegenüber rund hundertfünfzig Mitarbeitern. Es solle deshalb eine Familienstiftung gegründet werden, in der

der Sohn jedoch seinen Platz, der ihm zustünde, bekommen werde. Er würde durch erfahrene Beiräte bei der Fortführung des Unternehmens unterstützt werden. Das Problem wurde also in die Sphäre des Positiven gehoben. Die Rahmendaten zu diesem Vorgang legten wir gemeinsam mit dem Erblasser fest. Auf diese Weise konnte gegen künftige Fehlentscheidungen wirksam Einspruch erhoben werden. Der Sohn war in diesem Fall sogar erleichtert, als er erkannte, dass ihm erfahrene Berater zur Seite stehen würden.

Das Resultat? Auch in diesem Fall existiert das Unternehmen noch immer, es floriert ebenfalls. Die Satzung der Stiftung garantiert, dass das Unternehmen über viele Generationen hinweg erhalten bleiben wird. Die Stiftung ist mit externen Profis bestückt, die den Vorstand und den Beirat stellen. Grundsätzlich gilt auch hier: Es gibt für alles eine Lösung.

DIE FÜNF SCHRITTE, UM EINE STIFTUNG INS LEBEN ZU RUFEN

Und so könnte man sich weiter durch das Dickicht der Stiftungen schlagen, die inzwischen so viel Gutes bewirken, dass sie tatsächlich einen enormen Unterschied in der Lebensqualität bewirken. Grundsätzlich gibt es fünf Schritte, um eine Stiftung ins Leben zu rufen:

1. Zunächst klärt man die Frage, ob die Stiftung zu Lebzeiten gegründet werden soll oder erst nach dem Ableben.
2. Daraufhin findet und definiert man ein Motiv für die Stiftung, einen Zweck oder ein Ziel.
3. Jetzt legt man die Satzung fest, weiter die Anlagerichtlinien und benennt die Organe (den Vorstand). Bei einer Treuhandstiftung findet man einen adäquaten, vertrauenswürdigen Träger. Mit ihm schließt man einen Treuhandvertrag ab. Es ist keine Selbstverständlichkeit, als Träger zu fungieren, gewisse Voraussetzungen sind notwendig. Unsere Gesellschaft, die *Estate Planning GmbH*, dient unter anderem auch als Träger von Treuhandstiftungen.
4. Danach wird die Satzung bei der (Landes-)Aufsicht eingereicht, bei der Treuhandstiftung ist nur ein Treuhandvertrag notwendig, der

dem Finanzamt vorgelegt werden muss. Daraufhin gilt es zu warten, bis das Finanzamt die *Freistellungsbescheinigung* ausstellt. Von diesem Zeitpunkt an können Spenden entgegengenommen werden.

5. Nun haucht man der Stiftung Leben ein und verfolgt ihren Zweck. Es ist wichtig, konkrete Resultate zu erzielen.

STIFTUNGEN IN LIECHTENSTEIN

Immer wieder werden wir nach den Unterschieden zwischen deutschen und liechtensteinischen Stiftungen gefragt. Tatsächlich ranken sich nicht wenige Mythen und Legenden um dieses Thema. Stiftungen in Liechtenstein stehen im Ruf, besonders effektiv zu sein, was das Thema Steuersparen angeht, weiter sollen sie angeblich höchst flexibel sein, während die deutsche Stiftung eher als relativ unbeweglich gilt.

Schieben wir alle Gerüchte beiseite. Es ist nicht unwahr, dass in der Vergangenheit liechtensteinische Stiftungen tatsächlich mehr als einmal zur Steuerverkürzung genutzt wurden. Aber Gerichte in Deutschland versagten solchen Missbräuchen die zivilrechtliche und damit auch die steuerliche Anerkennung.

Ab dem Jahre 2008 unterwarf sich Liechtenstein deshalb einer konsequenten Weißgeldstrategie. Wir haben bereits darauf aufmerksam gemacht. Ein entsprechendes Abkommen mit Deutschland zum Informationsaustausch in puncto Steuern wurde abgeschlossen. Das bedeutet unter anderem auch die zivilrechtliche Anerkennung einer liechtensteinischen Stiftung, speziell in steuerlicher Hinsicht. Durch die Wahl des Steuerstandorts Liechtenstein lässt sich die individuelle Steuerposition in bestimmten Fällen nun *völlig legal* optimieren. Dazu gleich mehr.

Grundsätzlich lässt sich eine Stiftung in Liechtenstein sowohl für gemeinnützige als auch für private Zwecke nutzen. Das liechtensteinische Stiftungsrecht ist tatsächlich flexibler als sein deutsches Pendant – das ist also kein Mythos und keine Legende.

Einsatzzwecke können neben gemeinnützigen Zwecken, anders als bei der herkömmlichen deutschen Stiftung, auch die Nachlassplanung

sein, sowie der Vermögenschutz (Asset Protection) oder eben die (legale) Steueroptimierung. Aber auch für Mitarbeiterbeteiligungen oder zur Professionalisierung hinsichtlich der Vermögensverwaltung eignet sich eine Stiftung in Liechtenstein.

Weiter ist die Satzung einer deutschen Stiftung tatsächlich relativ unbeweglich, wie gerade erwähnt. Während in der Stiftungsurkunde einer liechtensteinischen Stiftung ein Widerruf oder eine Änderung der Satzung ohne weiteres festgeschrieben werden kann und deshalb leicht in die Wege zu leiten ist, verbietet das das deutsche Recht.

Bei einer Stiftung in Liechtenstein eröffnet sich dadurch die Möglichkeit, dass die Stiftungsorgane Ergänzungen oder Feinjustierungen an der Satzung vornehmen können, ohne dabei vom Wohlwollen anderer Institutionen abhängig zu sein.

Dadurch kann man auf wirtschaftliche Veränderungen, die das Stiftungsvermögen direkt oder indirekt betreffen, schneller reagieren.

Es existieren gewisse Gründungsvoraussetzungen bei einer liechtensteinischen Stiftung. Das erforderliche Mindestkapital beträgt nur 30.000 Euro (oder Dollar oder Schweizer Franken). Dieses Mindestkapital ist gegenüber einer deutschen Stiftung ein erheblicher Vorteil, da es dort gewöhnlich höher liegt, wie schon ausgeführt. Das deutsche Stiftungsrecht kennt zwar nicht dieses sogenannte Mindestkapital, die Stiftungsaufsicht orientiert sich vielmehr an der „nachhaltigen Erfüllung des Stiftungszwecks“, wie das im Amtsdeutsch so schön heißt, aber im Endeffekt bedeutet das jedoch, dass das Gründungskapital gewöhnlich höher angesetzt wird als in Liechtenstein.Wieviel Kapital in Deutschland tatsächlich benötigt wird, führt regelmäßig zu Diskussionen mit der deutschen Stiftungsaufsicht. Diese Tatsache, verbunden mit dem Umstand, dass in Deutschland – außer bei einer Verbrauchsstiftung – nicht der Kapitalstock, sondern nur die Erträge bei einer Stiftung genutzt werden können, führt dazu, dass die Anforderungen in puncto Gründungskapital bei einer deutschen Stiftung deutlich höher liegen.

In einem Satz: **Eine Stiftung in Liechtenstein erfordert ein geringeres Gründungskapital.**

Weiter kennt die liechtensteinische Stiftung keine Erbersatzsteuer, die in Deutschland alle dreißig Jahre im Falle einer Familienstiftung anfällt. In Deutschland gibt es zudem eine Körperschaftsteuer, in Liechtenstein nicht. Bei einer Stiftung in Liechtenstein befindet man sich dennoch im gleichen Rechtskreis wie bei einer Stiftung in Deutschland – will heißen, das Rechtsschutzniveau ist in Liechtenstein hoch.
Ein Nachteil ist andererseits, dass im Ausland ein größerer administrativer Aufwand für die Verwaltung einkalkuliert werden muss. Zudem ist man im Hinblick auf die zivile und steuerliche Ausgestaltung auf einen ausländischen Gesetzgeber angewiesen, der die Rahmenbedingungen grundsätzlich ändern könnte, obwohl dies nicht wahrscheinlich ist. Zur Beruhigung muss man deshalb hinzufügen, dass die Vermögensverwaltung im Rahmen einer liechtensteinischen Stiftung über eine lange, *stifterfreundliche* Tradition verfügt, große Änderungen der Rahmenbedingungen sind also kaum zu erwarten. Vorteilhaft ist außerdem, dass der Standort Liechtenstein eine professionelle Infrastruktur mit etablierten Treuhändern und Kontrollgremien bietet.
Aufgrund der Flexibilität und steuerlichen Vorteile einer liechtensteinischen Stiftung kann hier leichter und kosteneffizienter eine passende Gestaltungsvariante einer Stiftung gefunden werden. Alles geschieht rascher und unkomplizierter. **Keine Anerkennung durch eine Behörde ist in Liechtenstein erforderlich.** Natürlich ist die Steuer der springende Punkt, wer will es leugnen. Steigen wir also einmal mehr in das Gestrüpp der Verordnungen hinab. Zunächst liegt der effektive Steuersatz niedriger, er liegt gemäß Artikel 61 SteG nur bei 12,5 %. In Deutschland liegt er bei 15 %. Hinzu kommt in Deutschland in aller Regel noch die Gewerbesteuer hinzu, die meist in ähnlicher Höhe anfällt. In Liechtenstein kennt man keine Gewerbesteuer.
17,5 % Steuern können also in Liechtenstein eingespart werden.
Schließlich gibt es keine Erbersatzsteuer in Liechtenstein. Auf der an-

deren Seite existiert in Liechtenstein eine jährliche Mindeststeuer von 1.800 Schweizer Franken (Artikel 62 SteG). Diese Steuer wird auch dann fällig, wenn keine Einkünfte existieren. Doch dieser Betrag ist nur ein kleiner Nachteil im Verhältnis zu dem großen Vorteil bei den anderen Steuern.

Bei einer Stiftung in Liechtenstein ist es außerdem möglich, dass der Stifter weder Mitglied des Vorstandes noch eines anderen Organs oder Gremiums ist. Dadurch kann er in Fällen einer persönlichen Haftung darauf verweisen, dass das Vermögen nicht unter seiner Kontrolle steht. **Die fehlende persönliche Haftung ist ein effektiver Vermögensschutz.** Nicht der geringste Vorteil schließlich und endlich besteht darin, dass der Zinseszinseffekt für eine Stiftung in Liechtenstein spricht. In diesem Zusammenhang müssen wir noch einmal auf die Steuerersparnis reflektieren: Durch die geringere Steuer, die eine Stiftung in Liechtenstein alljährlich zu entrichten hat, stehen mehr liquide Mittel zur Verfügung, die man investieren kann. Schon im Laufe von wenigen Jahrzehnten findet hierbei eine enorme Entfaltung finanzieller Potenz statt. Der Grund? Der Zinseszinseffekt macht es möglich. Die wenigstens Zeitgenossen realisieren die Power dieses Zinseszinseffektes – wenn also erwirtschaftete Zinsen „im Topf" verbleiben, zu der Anfangssumme hinzuaddiert werden und ihrerseits ebenfalls Zinsen abwerfen.
Anbei ein Beispiel zur Illustration:

Ausgangssumme 10.000 Euro / 10 % Verzinsung

Nach 7 Jahren	19.487,17 Euro
Nach 10 Jahren	25.937,42 Euro
Nach 20 Jahren	67.275,00 Euro
Nach 30 Jahren	174.494,02 Euro

Eine erstaunliche Summe! Nach nur sieben Jahren verdoppelt sich die Summe nahezu, nach 30 Jahren ist sie bereits sechsstellig.

Nehmen wir spaßeshalber nun auch 100.000 Euro ins Visier. Hier sieht die Rechnung so aus:

Ausgangssumme 100.000 Euro / 10 % Verzinsung

Nach 7 Jahren	194.871,71 Euro
Nach 10 Jahren	259.374,25 Euro
Nach 20 Jahren	672.750,00 Euro
Nach 30 Jahren	1.744.940,23 Euro

Natürlich sind 10 % Verzinsung nicht immer zu erreichen. Sicherheit, soviel haben wir bereits gelernt, wird bei einer Stiftung großgeschrieben. Mit dem Faktor Sicherheit gehen jedoch gewöhnlich niedrigere Zinsen einher. Aber es geht uns an dieser Stelle lediglich um die *Illustration* des Zinseszinseffektes.

Nehmen wir nun an, dass eine Stiftung nicht nur 30 Jahre, sondern 100 oder gar 200 Jahre überlebt. Sie erkennen sofort, welch gewaltige Summe aus ursprünglichen 10.000 Euro oder 100.000 Euro entstehen kann. Wir bewegen uns jetzt im dreistelligen Millionenbereich!

Das Geheimnis? Der Zinseszinseffekt. Es handelt sich um eine Stiftung, der viele Hunderte von Millionen Euro zur Verfügung stehen, schon nach nur 100 Jahren.

Erkennen Sie die Perspektive? All das ist möglich, wenn man über den Tag hinaus denkt und in geistiger Hinsicht nicht nur in einer einzigen, kleinen, bei Licht betrachtet erbärmlich kurzen Lebensspanne befangen ist. Da der Stifter seine Stiftung zumeist als eine langfristige, meist sogar Generationen überschreitende Vermögensverwaltung verstanden wissen will, sollte man diesem Aspekt genügend Aufmerksamkeit zollen. Er ist im Grunde genommen begeisternd.

Vermögen vermehrt sich schneller in Liechtenstein, speziell wenn man längere Zeitspannen ins Auge fasst.

Kurz gesagt handelt es sich also um einen ganzen Sack voller Vorteile, die mit einer Stiftung in Liechtenstein einhergehen. Das Vermögen kann über Generationen hinweg erhalten bleiben und sich dabei ständig vermehren – sofern man es „richtig“ anstellt. Eine konstruktive Absicht des Stifters kann sich von einem Schneeball zu einer Lawine entwickeln, die nach einiger Zeit alles mit sich reißt. Eine gute Absicht kann Jahrhunderte überdauern. Sie haben es längst erraten: Hierbei handelt es sich um die wahre Macht einer Stiftung.

Betrachten wir nun noch einige Details, die notwendig sind, um diesen gewaltigen Effekt in Szene zu setzen. Auch in dieser Beziehung gibt es nicht eben wenig Know-how. Nur seine Kenntnis stellt sicher, dass Sie die berühmte Nasenlänge voraus sind und dass Ihr „Letzter Wille“ tatsächlich in die Tat umgesetzt wird.

9. DER LETZTE WILLE UND DAS TESTAMENT

Kaum ein Thriller ist spannender als das Werk des genialen Autors John Grishams, der mit seinem Buch „Das Testament“ darauf hinwies, wie viele rechtliche Komplikationen und Betrügereien bei einem Nachlass möglich sind, so, wenn etwa eine Bande von Schurken mit allen möglichen Tricks versucht, einen legitimen Erben beiseitezuschieben und auszubooten.

Das Werk handelt davon, wie ein knurriger Rechtsanwalt sich auf ein unwägbares Abenteuer einlässt: Er will die legitime Erbin eines verstorbenen Multimilliardärs finden und dafür sorgen, dass ihr das vermachte Geld zukommt. Einige Schurken und Erbschleicher suchen seine Absicht zu durchkreuzen. Nach einigen Anstrengungen spürt der Anwalt die Erbin auf. Sie lebt im Dschungel bei Indianern und ist eine hingebungsvolle Ärztin und Missionarin. Den Ureinwohnern hilft sie an allen Ecken und Enden. Der Rechtsanwalt ist fasziniert von ihrer Person, ihrem natürlichen Wesen und ihren guten Absichten. Er macht ihr sogar einen Heiratsantrag, weil er sich ihrer Güte und Anziehungskraft nicht entziehen kann. Aber er muss zurück in die Zivilisation. Dort verteidigt sie der Anwalt gegenüber den Schurken und sucht ihr Recht auf das Geld durchzusetzen. Er demontiert falsche Zeugen und korrupte Figuren und kämpft wie ein Löwe für die Dschungelärztin. Endlich kommt ein Vergleich zustande. Das Haupterbe geht an die Ärztin. Um sie zu der Annahme des Erbes zu überreden, begibt sich der Rechtsanwalt zurück in den Dschungel. Aber die Erbin ist inzwischen an Malaria verstorben. Er findet jedoch ihr Testament, in dem sie sich bereit erklärt, das Erbe anzutreten. Er selbst, der Anwalt, ist gehalten, das Geld in eine Stiftung einfließen zu lassen, deren Zweck die Ideale verfolgen soll, die sie selbst, als Ärztin, immer vorgelebt hat. Zum Testamentsvollstrecker und Treuhänder der Stiftung bestimmt sie den Rechtsanwalt.

Grisham, der Autor dieses Romans, war zeitweilig die unbestrittene Nummer eins aller US-amerikanischen Federfuchser. Da er das Buch ständig mit Spannung würzt, kann man sich der Attraktivität seines

Thrillers in keiner einzigen Zeile entziehen. Natürlich spielt Grisham mit der christlich motivierten Ärztin auf ein bekanntes Vorbild an – auf niemand anderen als Albert Schweitzer, den berühmten und beliebten Urwalddoktor.
Für unser Thema interessant ist jedoch nur der Umstand, dass es durchaus auch Schurken und unwürdige Erben gibt, die das geerbte Vermögen ihrer Väter oder Großväter vielleicht nur verschleudern würden. Geld schmilzt in diesem Fall dahin wie Schnee in der Sonne. Kurz und gut: Wenn Vermögen und Erbschaften auf dem Spiel stehen, gilt es, Vorsorgemaßnahmen zu treffen.

IM WIRKLICHEN LEBEN...

... geht es selten auf diese mörderische Art und Weise zu, wie es uns Krimiautoren zu suggerieren versuchen. Immerhin ist soviel wahr, dass es tatsächlich ein enormer Fehler ist, vorher nicht genau festzulegen, was mit Besitztümern, Verantwortlichkeiten und Geldern passieren soll. Ein ganzes Lebenswerk kann vernichtet werden, wenn man nicht Vorsorge trifft.
Der Grund hierfür liegt auf der Hand: Jeder Mensch verfolgt seine ureigensten Ziele und Absichten. Sie müssen nicht einmal krimineller Natur sein. Aber es mag sich sehr wohl so verhalten, dass die ursprünglichen Ziele eines Unternehmers nicht mit den Zielen eines Erben identisch sind. Womöglich liegen sie außerhalb seines Interesses. Der Erbe möchte vielleicht schnell viel Bares sehen, um danach seine Absichten und Ziele durchzusetzen. Die Intentionen von Menschen können denkbar unterschiedlich sein.
Das heißt, ein kluger Unternehmer, dem wirklich am Wohl der ihm Anvertrauten und seiner Firma gelegen ist, wird dafür Sorge tragen, dass sein Lebenswerk erhalten bleibt, dass alles in geordneten Bahnen weiterläuft und dass nur jene Personen begünstigt werden, die es seiner Meinung nach „verdient" haben. Außerdem sollen sie *seine* Absichten weitertragen.

Der Krimiautor liegt also nicht ganz falsch. Er liegt jedoch mit Sicherheit insofern falsch, als sich bei ihm am Schluss gewöhnlich alles in Wohlgefallen auflöst und der Schurke verliert, während das hübsche Zimmermädchen mit den guten Absichten gewinnt. Es stellt sich überdies heraus, dass das hübsche Zimmermädchen eine Verwandte des Tycoons ist …

Aber lassen wir die Fantasie beiseite. Halten wir jedoch so viel fest: Es muss nicht einmal eine böse Absicht vorliegen, wenn ein Ziel nicht weiterverfolgt wird. Ein kluger Unternehmer wird deshalb immer ein unzweideutiges, klares Testament verfassen. Beispiele aus tatsächlichen Firmengeschichten beweisen, dass zum Beispiel drittklassige Nachfolger selbst ein florierendes, hochprofitables Unternehmen verhältnismäßig rasch in Grund und Boden wirtschaften können.

Man denke nur an eines der prominentesten Beispiele der Wirtschaftsgeschichte, an das Schicksal der *Ford Motor Company*, die beinahe, beinahe … Holen wir ein wenig aus und gönnen wir uns einen kleinen Ausflug.

DIE ERBEN DER FORD MOTOR COMPANY

Die Story ist unterhaltsam und lehrreich zugleich. Erinnern wir uns: Der phänomenale Aufstieg der *Ford Motor Company* wurde von dem Gründer, dem legendären Henry Ford (1863–1947) herbeigeführt. Heute schreibt das Unternehmen rund 130 Milliarden Dollar Umsatz, bei einem Gewinn von etwa 5 Milliarden Dollar. Es handelte sich um eine absolute Genie-Idee des Gründers, auf die Fließbandproduktion und schlechthin auf Erfindungen und Verbesserungen rund um das Auto zu setzen. Tatsächlich veränderte die Massenproduktion des Autos den gesamten Globus, die Menschheit kam auf die Räder. Die Idee, ein Auto für die breite Masse zu entwickeln, war brandneu. Bis heute wird das bekannteste Ford-Modell, Spitzname *Tin Lizzy* (= die zinnerne Elisabeth), als unvorstellbarer Verkaufserfolg gewertet. Wagen konnten auf einmal günstiger und schneller hergestellt werden, die Montagezeit eines Autochassis verringerte sich von über zwölf Stunden auf nur ein-

einhalb Stunden. 1918 war die Hälfte aller Autos in den USA eine Tin Lizzy. *Die Hälfte!*

Erst Anfang 1972 schlug der *VW Käfer* diese gigantischen Verkaufszahlen. Die Ford Motor Company tummelte sich in der Folge auf allen möglichen Gebieten. Sie produzierte Traktoren, Lastwagen und verschiedene Nutzfahrzeuge und war sogar eine Weile im Flugzeugbau tätig. Aber wie war es um die Nachfolgeregelung bestellt?

Edsel Ford (1893–1943), der einzige Sohn Henry Fords, trat das Erbe an, ihm folgte der Enkel, Henry Ford II, auf den Thron. Edsel arbeitete zunächst als Sekretär seines Vaters, der ihn auf diese Weise mit den Unwägbarkeiten des Geschäfts vertraut machte. Edsel Ford hatte kein leichtes Leben unter dem allmächtigen Vater, die beiden gerieten sich oft über die Unternehmenspolitik in die Haare. Edsel wollte die Tin Lizzy, die „Blechliesel", ersetzen, während Henry Ford in ihr seinen größten Erfolg sah und in das Auto verständlicherweise verliebt war.

Schließlich kam der Enkel ans Ruder, Henry Ford II (1917–1987). Und plötzlich traten allenthalben Probleme auf. Henry Ford II berief die falschen Männer in Top-Positionen, leistete sich einen unnützen Kampf mit Ferrari und hinkte der rasanten Entwicklung in Japan und Deutschland hinterher. Er führte das Unternehmen zwar an den öffentlichen Aktienmarkt heran, aber er verpulverte in der Folge alle Gewinne. So setzte er beispielsweise auf ein neues Automodell, das sich nur schleppend verkaufte und beinahe den gesamten Konzern in den Abgrund gerissen hätte. Sein größter Flopp war jedoch sein Kampf mit Iacocca.

Um wen handelte es sich bei diesem interessanten Mann?

„Lee" Iacocca (1924–2019) war kurz gesagt ein Genie, was das Management anging, tatsächlich mischte er den Kosmos der gesamten Managementphilosophie auf. Jeder verehrte ihn am Ende und versuchte von ihm zu lernen, selbst die geschickten Japaner. Eine Zeit lang wurde er als der „beste Manager der Welt" gefeiert, weil er schier Unmögliches geleistet hatte. Iacocca begann ganz unten auf dem Karrieretreppchen, konkret als Praktikant beim Automobilriesen Ford. Unaufhaltsam stieg er nach oben, bis er einen ganzen Unternehmensteil bei der *Ford Mo-*

tor Company leitete. Er sorgte dafür, dass völlig neue Automodelle vom Fließband liefen, mit hoher Motorleistung und einer Ausstattung, die die Menschen liebten. Der Erfolg gab ihm recht. Schon 1965 wurde er zum Vizepräsidenten der Ford Pkw- und Lkw-Produktion gekürt. 1978 leitete er die gesamte Company als Präsident – immerhin eine der größten und profitabelsten Firmen der Welt.

Doch eines Tages geriet er mit Henry Ford II aneinander, dem Enkel des Gründers. Zunächst riss der fast 80-jährige Großvater Henry Ford I die Zügel wieder an sich, weil er mit der Leitung des Unternehmens durch seinen Enkel nicht einverstanden war; denn dieser traf eine Fehlentscheidung nach der anderen. Aber aus Altersgründen verschwand Henry Ford I schließlich wieder in der Versenkung. Ein harter Schlagabtausch, ja eine Schlacht zwischen Henry Ford II und Lee Iacocca folgte auf dem Fuß, eine Auseinandersetzung, die sich gewaschen hatte. Obwohl Iacocca bewiesen hatte, dass er ein glänzender Manager war, mit sternhohen Statistiken, obgleich er Ford in die Gewinnzone geführt hatte, musste er dem neuen Chef der Company schließlich weichen, denn Henry Ford II besaß die Aktienmehrheit.

Um den internen Krieg abzukürzen: Henry Ford II entließ schließlich den Supermanager, obgleich er im letzten Jahr seiner Präsidentschaft allein für zwei Milliarden Dollar Gewinn gesorgt hatte. Aber die persönlichen Differenzen waren unüberbrückbar. Kein größerer Bock wurde je von einem Nachfolger, einem Erben, geschossen, als die Entlassung dieses begnadeten Top-Managers. Hätte Henry Ford I dies mit einem entsprechenden Testament verhindern können? Wahrscheinlich.

Aber schreiben wir auch diesen Wirtschaftskrimi fort und lassen wir die „losen Enden" nicht in der Luft hängen. Iacocca war zunächst am Boden zerstört. Er hatte seine gesamte Karriere, seine ganze Lebensplanung, sein Herz und seinen Verstand in die Ford Motor Company investiert. Plötzlich stand er vor dem Nichts. Aber er wusste, das Leben ging weiter, er durfte nicht mit dem Schicksal hadern. Nachdem er seine Wunden geleckt hatte, drehte er sich auf dem Absatz um und wechsel-

te zur *Chrysler Corporation*. Das Unternehmen steckte zu diesem Zeitpunkt in beträchtlichen Schwierigkeiten. Iacocca sah sich einem völlig maroden Automobilhersteller gegenüber, der von unfähigen Managern in Grund und Boden gewirtschaftet worden war.
Kürzen wir auch diese Story ab: Iacocca gelang es, das Rad bei Chrysler völlig herumzureißen, trotz schier unüberwindlichen Schwierigkeiten. Henry Ford II wirtschaftete dagegen die Ford Motor Company fast in den Abgrund. Erst als er in die zweite Reihe zurücktrat, zeigten die Statistiken auch in diesem Konzern wieder nach oben. Das nur als ein einziges Musterbeispiel, wie ein „falscher" und ungeeigneter Erbe selbst ein Milliardenunternehmen beinahe vernichtet hätte.

DIE "NORMALE" ERBSCHAFTSFOLGE

Gesetze in verschiedenen Ländern haben längst festgelegt, wer ein Erbe antreten darf und wer nicht, sollte kein Testament vorhanden sein. In Deutschland sind die Gesetze eindeutig, aber im Falle eines Falles, wenn Immobilien oder Geschäftsteile im Ausland existieren, muss man sich vorher informieren, wie das Erbschaftsrecht dort gehandhabt wird.
Hat man seinen letzten Willen nicht in einem Testament oder einem Erbvertrag festgehalten, greifen in Deutschland bestimmte Gesetze. Diese Gesetze können auf den ersten Blick verwirrend erscheinen. Ein Beispiel: Ein (deutsches) Gesetz beinhaltet etwa, dass selbst ein Ehegatte nicht mehr als drei Viertel des Nachlasses erben kann, solange noch einer der Neffen des Verstorbenen lebt. In diesem Fall würde der Neffe tatsächlich ein Viertel des Erbes erhalten.
Ungerecht?
Vielleicht.
Unlogisch oder logisch?
Niemand frage uns nach der Logik von Gesetzen! Einige Gesetze erscheinen auf den ersten Blick nachvollziehbar, andere nicht.
Allein an diesem kleinen Beispiel erkennt man sofort, wie wichtig ein Testament oder ein Erbvertrag ist.

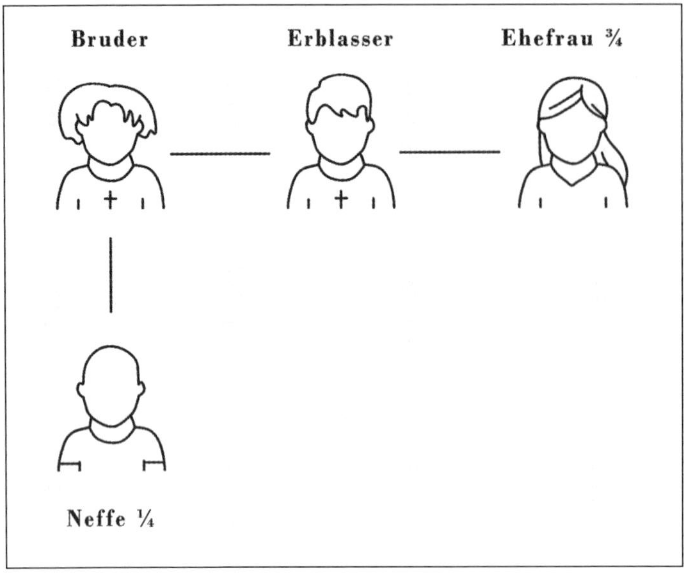

Unser Ratschlag lautet also ganz einfach:
Verzichten Sie nie auf ein Testament oder einen Erbvertrag.

Wie verhält es sich beispielsweise im Falle einer Lebenspartnerschaft? Für eine Lebenspartnerschaft, die nicht in eine Ehe umgewandelt worden ist, gelten die gleichen Regeln wie in einer Ehe. Sprich, dem überlebenden Lebenspartner steht ein einem Ehegatten entsprechendes Erbrecht zu. Das mag unter Umständen Ihren Vorstellungen entsprechen, muss es aber nicht. Und was geschieht, wenn Sie mit Ihrem Lebenspartner ausgewandert sind?
Vielleicht sind Sie inzwischen in den USA ansässig? Nun, in den USA gibt es *fünfzig* verschiedene gesetzliche Regelungen, denn es gibt fünfzig *Staaten* in den Vereinigten *Staaten* von Amerika: In Kalifornien beispielsweise besitzt sogar schon ein Lebenspartner, der nur ein einziges Jahr mit einer Person zusammengelebt hat, gewisse Besitz- und Erbrechte. In Florida dagegen ist das nicht der Fall, dort ist ein unverheirateter Partner in dieser Beziehung praktisch rechtslos.
Es mag also Komplikationen geben, bedingt durch verschiedene Staatsangehörigkeiten oder sogar durch unterschiedliche Regelungen inner-

halb eines einzigen Staates. Das internationale Erbrecht muss deshalb manchmal befragt werden, mitunter sogar das Verschollenenrecht. Kurz und gut: Es existieren zahlreiche unterschiedliche nationale Rechtsnormen, die durchaus nicht alle miteinander übereinstimmen.

Die beliebtesten Auswanderungsländer für die Deutschen sind nebenbei bemerkt die Schweiz, Österreich und die USA, in eben dieser Reihenfolge. Es folgen Großbritannien, Spanien und die Türkei, an vierter, fünfter und sechster Stelle. Überall gibt es eine unterschiedliche Gesetzgebung. Und nicht überall wird Deutsch (oder auch nur Englisch) als Sprache akzeptiert.

Würden wir versuchen, selbst im Ansatz die unterschiedlichen Regelungen der „normalen", das heißt gesetzlich verankerten Erbschaftsgesetze in den verschiedenen Ländern aufzulisten, wäre ein Scheitern vorprogrammiert; wir würden in Teufels Küche geraten. Anbei deshalb nur einige Probleme, um die Synapsen unseres Gehirns zum Klapsen zu bringen, wie das einst ein deutscher Dichter so schön ausdrückte:

- Was würde passieren, wenn die (verstorbenen) Ehepartner oder Lebenspartner über *verschiedene* Staatsangehörigkeiten verfügten?
- Wann wird eine „Lebenspartnerschaft" gesetzlich wie eine Ehe angesehen?
- Haben die beiden Verstorbenen unterschiedliche Testamente hinterlassen, die nicht auf einen Nenner zu bringen sind?
- Was passiert, wenn sich die Angehörigen streiten und ein Testament nicht eindeutig genug formuliert wurde?
- Wie verfährt man, wenn eine ungleiche Interessenslage unter Erben zum Streit führt, wenn zum Beispiel eines der Kinder das elterliche Haus übernehmen möchte, aber mangels nennenswerter anderer Vermögenswerte im Erbgang keine Mittel zur Auszahlung des Geschwisterteils besitzt und die eigene Bonität eine Finanzierung zur Auszahlung des Geschwisterteils unmöglich macht?
- Wie stellt ein Erblasser sicher, dass sich nach seinem Tod Streitereien nicht jahrelang in die Länge ziehen, weil vielleicht eine Partei renitent gegen jede Lösung votiert?

- Oftmals pflegt ein Kind hingebungsvoll die Eltern/ein Elternteil unter persönlichem Verzicht, während das Geschwisterkind keinerlei Anstrengungen unternimmt. Haben die Eltern keine Regelung hinterlassen, wird das Vermögen dennoch gleich unter den Kindern aufgeteilt. Die Hoffnung des pflegenden Kindes, eine späte Anerkennung zu erfahren, zerschlägt sich in diesem Fall und Streit und Unfrieden sind vorprogrammiert. Wie kann man dies verhindern?
- Wie geht man vor, wenn ein Kind das Familienheim aus emotionalen Gründen unbedingt in seinem Besitz behalten möchte, aber ein anderes Kind strikt dagegen votiert?

Hören wir auf, hören wir auf! Wir werden an dieser Stelle nicht in die Falle tappen, 101 Situationen intelligent zu „lösen“ und das gesetzliche Erbrecht näher erläutern. Wir werden auch *nicht* versuchen, die wichtigsten Fälle vorzustellen, denn sie sind gar zu unterschiedlich. Manchmal kann man tatsächlich über einen einzigen Fall einen ganzen Roman verfassen, so wie es Grisham getan hat.
Wie man es auch dreht und wendet, es gilt der Satz:
Verzichten Sie nie auf ein Testament oder einen Erbvertrag.
Damit wird sofort jeder Gordische Knoten zerschlagen, denn Sie können für *alle* Eventualitäten Vorsorge treffen. Sie können alle Fragen, die wir gestellt haben, in Ihrem Testament beantworten. Damit wischen Sie jedes Problem vom Tisch. Warum das Thema verkomplizieren, wenn es auch einfach geht?

DAS HANDSCHRIFTLICHE TESTAMENT

Theoretisch ist es so kompliziert nicht. Sie legen einfach ihren *Letzten Willen* nieder, in einer sogenannten „letztwilligen Verfügung“, wie das im Amtsdeutsch so schön heißt. Darin bestimmen Sie, was mit Ihrem Vermögen nach Ihrem Ableben passieren soll.
Ein solches Testament muss jedoch höchstpersönlich verfasst werden, dazu handschriftlich, man kann den Job nicht delegieren und sich nicht vertreten lassen oder eine Schreibmaschine oder einen Computer be-

nutzen. Voraussetzung ist, dass Sie „testierfähig“ sind, wie das genannt wird. Testierfähig ist jede volljährige Person, das heißt ab dem 16. Lebensjahr. Nicht testierfähig ist eine Person unter Umständen aufgrund ihres Gesundheitszustandes, weiter, wenn eine Bewusstseinsstörung oder Demenz vorliegt. Aber auch Alkohol, Medikamente oder Drogen können die Testierfähigkeit beeinträchtigen. (Es verhält sich *nicht* wie in Las Vegas, wo Sie zur Not auch alkoholisiert heiraten können.)
Ein entsprechendes Testament muss wie gesagt eigenhändig verfasst und der Letzte Wille klar zum Ausdruck gebracht werden. Empfehlenswert, wenn auch nicht gesetzlich vorgeschrieben ist es, den Ort und die Zeit hinzuzufügen. Ein drittes Mal: Sie müssen *mit eigener Hand* das Testament verfassen und es unterschreiben, mit vollständigem Vor- und Nachnamen, und Sie müssen die Unterschrift unter den Text setzen. Es MUSS von Hand geschrieben werden. In dem einfachsten aller Fälle könnte also beispielsweise eine solche Verfügung so aussehen:

Mein Testament
Ich,, Horst Mehler,, setze hiermit meine Ehefrau, Catalina Mehler, geborene Milicevic, zu meiner Alleinerbin ein.

Horst Mehler

Frankfurt, den 1. Oktober 2024

Die Vorteile liegen klar auf der Hand: Es entstehen keine Kosten, Sie können ein solches Testament in Windeseile erstellen, und Sie können es ohne Kostenaufwand später ändern. Zusätzlich können Sie es beim Amtsgericht hinterlegen – müssen dies aber nicht.
Die Nachteile fallen erst auf den zweiten Blick ins Auge. Ein solches Testament könnte nicht gefunden werden oder ein gewissenloser Erbschleicher könnte es vernichten.

Bei schwierigen, nicht eindeutigen Regelungen und Besitzverhältnissen werden außerdem mit hoher Wahrscheinlichkeit Streitigkeiten dennoch nicht vermieden werden können.
Und es gibt noch eine weitere Fallgrube: Enthält ein Testament keine Angabe über die Zeit, da es verfasst wurde, und resultieren hieraus Zweifel über seine Gültigkeit, so wird das Testament nur dann anerkannt, wenn die Zeit anderweitig ohne Zweifel festgestellt werden kann. Dasselbe gilt entsprechend für ein Testament, das keine Angabe über den Ort enthält.

DAS DREI-ZEUGEN-TESTAMENT

Natürlich können Sie alle möglichen Zusätze in Ihr Testament einflechten. Weiter gibt es die Möglichkeit, in einem Unglücksfall, auf hoher See etwa, vor drei Zeugen Ihren Letzten Willen zu erklären und ihn schriftlich festhalten zu lassen. Aber selbst das „Drei-Zeugen-Testament" muss unterschrieben werden, von allen drei Zeugen und dem Erblasser selbst. Dieses sogenannte „Nottestament" ist eine Variante, um die man zumindest wissen sollte.

DAS NOTARIELLE TESTAMENT

Abgesehen davon gibt es noch das öffentliche oder notarielle Testament. In diesem Fall sucht man einen Notar auf, im Ausland kann das deutsche Konsulat die entsprechenden Dienste tun.
Vor dem Notar erklären Sie mündlich Ihren *Letzten Willen*. Der Notar fasst ihn in eine schriftliche Form. Dann liest er Ihnen Ihr Testament noch einmal vor. Daraufhin lässt er Sie das Schriftstück unterzeichnen, der Notar selbst unterschreibt ebenfalls.
Sie können aber auch dem Notar ein offenes oder geschlossenes Testament übergeben. Im letzten Fall befindet sich in einem Kuvert ein Schriftstück mit der Erklärung, dies sei Ihr Letzter Wille. Im Zuge dieser Übergabe stellt der Notar eine Urkunde aus, die diesen Vorgang bestätigt, nachdem er Ihre Testierfähigkeit festgestellt und beglaubigt hat.
Ein notarielles Testament ist unserer Meinung nach ein absolutes Muss,

wenn Immobilien vererbt werden, ja wenn überhaupt Vermögen in größerem Umfang vorhanden ist, ob es sich nun um ein Unternehmen oder spezielle Sachwerte handelt. Wenn Immobilien übertragen werden, so ist hierfür entweder ein Erbschein oder ein notarielles Testament erforderlich. Ein notarielles Testament erspart den Erben das zeitaufwendige und kostenpflichtige Verfahren, im Todesfall einen Erbschein zu beantragen. Die Kosten für Erbscheine werden nach dem vorhandenen Vermögenswert berechnet. Bei einem Notar kann man über die Kosten verhandeln.

DAS BERLINER TESTAMENT

Dieses Testament sieht das Gesetz nur für Ehepartner vor, wir haben kurz darüber bereits berichtet. Es handelt sich um zwei letztwillige Verfügungen, die in einem Schriftstück zusammengefasst sind. In seiner einfachsten Form sieht es so aus:

Unser Testament
Wir, …, setzen uns gegenseitig als Alleinerben ein. Die Erben des Längstlebenden sind unsere Kinder, namens Marco, Liam und Logan. Sie erben zu gleichen Teilen.
Frankfurt, den 1. Oktober 2022.
Unterschriften …

Mit dem *Berliner Testament* werden die anderen gesetzlichen Erben, wie etwa weitere Kinder, enterbt. Sie besitzen jetzt nur noch Pflichtteilsansprüche. Wenn Sie also für ein Testament sorgen, ersparen Sie sich und anderen zahlreiche Probleme.

WEITERE PROBLEME UND LÖSUNGEN

Wer auf ein Testament vollständig verzichtet und keinen Letzten Willen hinterlässt, ist der *gesetzlichen Erbfolge* ausgesetzt, wie wir bereits wissen. Sie entspricht durchaus nicht immer den eigenen Vorstellungen. Unter Umständen erhält dann auch die „bucklige Verwandtschaft“ Gel-

der, oder ein Verschwender, von dem man sich zeit seines Lebens mit Erfolg ferngehalten hat. Im Roman und im Krimi stehen in diesem Fall immer die gierigen Verwandten um das Sterbebett herum und lauern wie schwarzgefiederte Totenvögel darauf, dass der (begüterte) Kranke endlich seinen letzten Atemzug ausstößt. Danach stürzen sie sich mit der Lust eines Aasgeiers auf das Erbe.
Die Konflikte zwischen Kindern aus erster Ehe und der Stiefmutter sind ebenfalls Legion. Eine weitere Fallgrube besteht darin, zu lange damit zu warten, ein Testament abzufassen. Schicksalsschläge, ein Unfall oder eine Krankheit können die Testierfähigkeit einschränken. Oft ist es dann für ein Testament zu spät. Wenn eine Person nicht mehr im Vollbesitz ihrer geistigen Kräfte ist, ist der Zug mit Sicherheit abgefahren. Damit gibt man den Erben alle Argumente an die Hand, das Vermögen gemäß der *gesetzlichen Erbfolge* aufzuteilen.

Bedenken sollte man weiterhin, dass selbst ein Erbe, den man eingesetzt hat, frühzeitig versterben kann. Dann greift ebenfalls die *gesetzliche Erbfolge*. Das heißt im Klartext, die „zweite Erb-Schiene“ mag ebenfalls nicht unbedingt mit den ursprünglichen Intentionen des Erblassers übereinstimmen. Es ist also nie falsch, auch einen *Ersatzerben* zu benennen, um wirklich alles in trockene Tücher zu bringen.
„Vergessen“ wird zudem zu oft der Umstand, dass ein nicht ehelicher Lebenspartner leer ausgeht, wenn er nicht ausdrücklich in einem Testament bedacht worden ist. Da unsere gesamte „Kultur“ und „Zivilisation“ im Moment leider in Richtung steigender Scheidungsstatistiken wandert, ist es korrekt, diesem Umstand Aufmerksamkeit zu zollen. Soll ein nicht ehelicher Lebenspartner bedacht werden, soll er Vermögen erben, muss dies ausdrücklich in einem Testament zum Ausdruck gebracht werden, am besten in einem notariell beglaubigten Testament. Nicht selten trifft man auch den Umstand an, dass keine Kinder vorhanden sind. Auch hier sprechen die Statistiken inzwischen eine eindeutige Sprache: In den hochindustrialisierten Ländern erblicken zunehmend weniger und weniger Kinder das Licht der Welt, wenn man von den

Zuwandererfamilien absieht. Sind keine Kinder vorhanden, erben die Eltern und Geschwister vorrangig. Es ist in diesem Fall deshalb sinnvoll, wenn sich die Eheleute gegenseitig zum Alleinerben einsetzen.
Der häufigste Fehler, dem man bei einem Testament begegnet, besteht in der fehlenden Eindeutigkeit. Speziell in dem sogenannten *Berliner Testament* vermisst man oft die notwendigen Ausführungen. Festgelegt werden muss auf jeden Fall, ob der Ehegatte nach dem Tod des Partners frei über das Erbe verfügen darf oder ob seine Befugnisse eingeschränkt sind, etwa zugunsten der Kinder.

AUSFLUG IN DIE WELT DER STATISTIKEN

66 % aller Deutschen verfügen gemäß neuesten Statistiken (statistka.de) über kein Testament. Ein aktuelles und gültiges Testament besitzen sogar nur 20 %. Dabei registrieren laut der *Süddeutschen Zeitung* die deutschen Finanzämter zunehmend höhere Erbschaftssummen. Das *Statistische Bundesamt* spricht inzwischen von rund 50 Milliarden Euro, die jährlich den Besitzer wechseln. Besonders Immobilien und Grundstücke muss man erwähnen. Lag die Wertschätzung im Jahre 2010 noch bei einem Gesamtwert von 7,4 Milliarden Euro, stieg die Summe Jahr für Jahr, von einer einzigen Ausnahme abgesehen, ständig an. Inzwischen hat sich die Summe rund verdreifacht und wird auf rund 22 Milliarden Euro beziffert.
Wieviel die Bürgerinnen und Bürger in Deutschland jedoch tatsächlich insgesamt erben und vererben, darüber schweigen die Herren Statistiker, weil sie ganz einfach kaum zu erfassen sind. In den meisten Fällen bewegen sich die Erben innerhalb oder unterhalb der gesetzlich zulässigen Freibeträge, sodass in der Regel keine Steuer fällig wird. Diese Vermögensübertragungen liegen den Finanzverwaltungen nicht vor. Somit fehlt auch eine amtliche Statistik.

PROBLEME UND LÖSUNGEN

Nun könnte man sich an dieser Stelle erneut in Problemen verlieren, anstatt auf Lösungen zu setzen. Die Anzahl der möglichen Faktoren und Kombinationsmöglichkeiten sind derart hoch, dass es unsinnig ist, jedes einzelne Szenarium durchzuspielen. Auch in diesem Fall ist der erfahrene *Estate Planner* ein unverzichtbarer Ansprechpartner, denn er verfügt über ein Netz von zuverlässigen Rechtsanwälten und Notaren. Dieses Statement gilt auch, wenn es um den weiteren Ablauf geht, die Exekution des *Letzten Willens*. Dieses Thema soll uns ein eigenes Kapitel wert sein.

10. DIE VERTRAUENSPERSON, DETAILFRAGEN UND DIE EXEKUTION

Reflektieren wir getrost noch einmal auf die Literatur. Wir alle kennen die spannungsgeladene Atmosphäre, wenn es um die Testamentseröffnung geht. Vielleicht kennen wir sie aus einem fesselnden Agatha-Christie-Krimi. Vor einem Notar oder vor einem Nachlassverwalter sitzen die Erben eines Tycoons, der gerade das Zeitliche gesegnet und Hunderte von Millionen von Dollars hinterlassen hat. Die Luft knistert förmlich. Das Testament wird eröffnet. Alle warten gespannt darauf zu erfahren, was der letzte Wunsch des Verstorbenen war. Welche Besitztümer und Gelder hat er wem vermacht?
Das gesamte Leben eines Erben kann sich plötzlich verändern. Möglicherweise ist er schon morgen schwerreich und kann sich seine geheimsten Träume erfüllen. Vielleicht kann er endlich eine Weltreise antreten und die ägyptischen Pyramiden sehen? Oder er kann die teuersten Shows in Las Vegas besuchen und die exklusivsten Hotels?
Alles, alles steht auf dem Spiel. In einem Krimi wird ein unscheinbares, aber grundehrliches und natürlich bildhübsches Zimmermädchen den Löwenanteil des Erbes erhalten, denn Autoren wissen, dass sie die Erwartungshaltung des Lesers nicht enttäuschen dürfen. Der Schuft wird leer ausgehen.
Unter dem Tisch, ungesehen, werden jedoch bereits die Messer gewetzt. Der benachteiligte, schurkische Erbe, das schwarze Schaf der Familie, wird versuchen, das Testament anzufechten. Oder er wird sogar ein oder zwei Personen, die in der Erbschaftsfolge vor ihm stehen, unauffällig beiseiteräumen lassen. Vielleicht genügt ein kleiner Stich im Dunkeln, ausgeführt von einem russischen Mafioso. Wenn der Russe seinen Job ordentlich erledigt, befindet sich das schwarze Schaf auf einmal in der Erbschaftsfolge an erster Stelle. Alle Erben fiebern jedenfalls den Worten des Nachlassverwalters entgegen. Doch plötzlich ist das Testament nirgendwo aufzufinden? Der Notar steht Kopf. Was ist passiert?

VERTRAUENSPERSONEN

Es ist nicht immer damit getan, ein Testament zu verfassen, man muss auch sicherstellen, dass es erstens gefunden wird und zweitens daraufhin in die richtigen Hände gelangt. Schon die simple Frage: Wo bewahre ich am sichersten ein Testament auf, wirft manchmal Probleme auf. Nun, die sicherste Art, ein Testament seiner Bestimmung zuzuführen, besteht darin, über absolut vertrauenswürdige Personen zu verfügen, denen man das Testament übergibt. Wir schmeicheln uns, eben dieses absolute Vertrauen zu genießen, denn zahlreiche Mandanten haben uns bereits ihr Testament übergeben. Zusätzlich kann man dem Nachlassgericht – dem örtlichen Amtsgericht – eine Kopie zur Verfügung stellen. Im Todesfall wird durch diese doppelte Absicherung sichergestellt, dass ein Testament nicht magischerweise verschwindet. Sowohl das handschriftliche wie das notariell protokollierte Testament sollte beim Nachlassgericht und zusätzlich bei einer absolut vertrauenswürdigen Person hinterlegt werden. Wer nur darauf setzt, dass ein Testament „zu Hause" gefunden wird, mag dennoch gleichzeitig Kopien im Freundes- und Bekanntenkreis verteilen. In diesem Fall sollte bei den Freunden und Bekannten jedoch auch der Hinweis zu finden sein, wo das Original deponiert wurde. Im Todesfall kann dann das Testament dem Nachlassgericht vorgelegt werden.

Jedenfalls ist es unabdingbar, über eine absolut „wasserdichte" Übergabe-Methode des Testamentes zu verfügen, damit der *Letzte Wille* auch zuverlässig ausgeführt wird.

Hinzufügen muss man nur noch, dass die amtliche Verwahrung Ihres Testamentes bei Gericht vor Fälschung und vor Verlust schützt. Wenn wir bei der *Estate Planning GmbH* Testamente in Verwahrung nehmen, machen wir Mandanten zudem auf eintretende Gesetzesänderungen aufmerksam, sodass ein Erblasser sofort reagieren kann, sofern er es wünscht.

Auch für eine spätere (mögliche) Änderung eines Testamentes sollte der Erblasser Sorge tragen, denn er mag in der Zukunft vielleicht seine Ansicht ändern, wer bedacht werden soll und wer nicht. Das Leben mag ihn mit neuen Erfahrungen versorgen. Änderungen sind mit uns ebenfalls problemlos durchzuführen.

DIE VORSORGE-VOLLMACHT

Auch den Fall, dass der Erblasser von einem Moment auf den anderen nicht mehr geschäftsfähig ist, sollte man vorhersehen. Im Rahmen einer sogenannten „Vorsorge-Vollmacht“ kann man festlegen, wer stellvertretend handeln und entscheiden soll, wenn man selbst nicht mehr dazu in der Lage ist. Wir wollen all die unerfreulichen Dinge, die passieren können, an dieser Stelle nicht auflisten, denn es würde uns und dem Leser die gute Laune verderben. Es reicht, wenn wir darauf hinweisen, dass man sowohl in körperlicher als auch in geistiger Hinsicht plötzlich schachmatt gesetzt werden kann.

Körper, menschliche Körper, sind auf der einen Seite erstaunlich widerstandsfähig und können es manchmal sogar überleben, wenn ein Lastwagen sie überrollt. Auf der anderen Seite sind sie enorm schwächlich, denn sie können nur in einer kleinen Temperatur-Bandbreite überleben und sind vollständig abhängig von Luft, Wasser und Nahrung. Sie sind schutzbedürftig, was das Wetter, Naturkatastrophen und Kriege angeht. Kurz und gut, menschliche Körper sind ein Wunder der Stärke und zugleich anfällig.

Nur wenn man beide Seiten in die Gleichung einbezieht, ist das Bild realistisch. Üblicherweise leben Menschenkörper – wenn wir uns kurz zu einer philosophischen Betrachtungsweise aufschwingen – nicht lange, im Moment in Deutschland rund 78 Jahre im Durchschnitt, das heißt, nicht einmal ein kleines Jahrhundert. Gönnen wir uns erneut einen Schlenker, es ist zu interessant.

LANGLEBIGKEIT

Die Länder mit den höchsten Lebenserwartungen heute sind, in der korrekten Reihenfolge von unten nach oben, die USA, Dänemark, Großbritannien, Finnland, Belgien, Griechenland, Deutschland, die Niederlande, Israel, Luxemburg, Neuseeland, Norwegen, Singapur, Spanien, Österreich, Frankreich, Italien, Kanada, Australien, Schweden, die Schweiz, Monaco, San Marino und Japan.

Mit anderen Worten: In den USA wird man heute 77 Jahre alt im Durchschnitt, in Dänemark und Großbritannien 77,5 Jahre, in Österreich 79 Jahre, in Australien und Schweden 80 Jahre, in der Schweiz ein wenig mehr als 80 Jahre, und in Japan lebt man 81,5 Jahre. Woher wir das wissen? Mehr als 2500 Statistiker aus aller Herren Länder, konkret aus über 110 Ländern, versorgen uns heute systematisch mit diesen Informationen. Hinzu kommt, dass wir jedes Jahr im Durchschnitt etwa 6-8 Wochen länger leben, die Lebensdauer steigt ständig.[1]

Wiederholen wir: Die absolute Nummer eins weltweit ist Japan mit 81,5 Jahren, während in den zivilisierten Ländern die USA mit „nur" 77 Jahren an letzter Stelle steht. Der Unterschied ist jedoch vergleichsweise unbedeutend. Bedeutend dagegen ist der Unterschied zu Ländern, die nicht zu den hochindustrialisierten Staaten zählen. So wissen wir heute, dass man in China im Durchschnitt mit 70 Jahren stirbt, in Russland mit 65 Jahren, in Indien mit ein wenig über 60 Jahren, in Südafrika mit 50 Jahren, in Afghanistan mit 45 Jahren und in Angola mit 35 Jahren. Solche Zahlen liefern uns unmittelbar erste Ergebnisse über die Langlebigkeit. In Russland gibt es nicht genug Arbeit, sehr viel mehr Kriminalität als im Westen, und der Wodka fließt in Strömen!

In Indien ist die Armut der ausschlaggebende Faktor, ebenso wie in Afghanistan oder Angola. Je fortgeschrittener eine Zivilisation, umso besser. Umgekehrt gilt: In Ländern, in denen Krieg oder auch nur politische Instabilität und Unfreiheit herrschen, stirbt es sich früher. Weiter tötet Armut. Will man alt werden, so könnte man konstatieren, sollte man Länder mit niedrigem Pro-Kopf-Einkommen und zweifelhaften politischen Systemen meiden.

Weitere Forschungen haben den Umstand zu Tage gefördert, dass die Regelmäßigkeit der *Arbeit* ein ungemein stabilisierender Faktor ist. Menschen, die keiner geregelten Arbeit nachgehen und die ständig um das nackte Überleben kämpfen müssen, leben nicht so lange wie Menschen, die in relativem Wohlstand leben und kontinuierlich arbeiten.

Auch die Kriminalitätsrate spielt eine Rolle. Je höher die Kriminalität und je unsicherer eine Weltgegend, desto früher stirbt es sich. Es ist also weise, in „guten" Ländern zu leben, in US-Amerika, Deutschland, Frankreich, England oder Japan zum Beispiel.

Man könnte sogar noch weitere Schlüsse aus diesen „nackten Fakten" ableiten. Unter rein gesundheitlichen Aspekten sind Kriege zu verdammen! Nicht nur Soldaten sterben im Krieg. Kriege verursachen Chaos und Unruhe, verursachen Leid und Bedrohung und suggerieren Gefahr und Angst. Sie haben einen negativen Effekt auf die Gesundheit, selbst wenn man „nur" Zuschauer ist.

Man kann sogar die These wagen, dass jeder Krieg auf diesem Planeten einen negativen Einfluss auf die Gesamtgesundheit und Langlebigkeit der Menschen hat, gleichgültig wo sie leben. Da der Planet heute zusammengerückt ist und da Entfernungen kürzer geworden sind, sind Länder und damit ihre Schicksale miteinander enger verwoben. Jeder Krieg, wo auch immer er stattfindet, beeinflusst uns negativ.

Betrachten wir nun die Kehrseite der Medaille: Die sogenannten „zivilisierten" Länder zeichnen sich im Allgemeinen aus durch folgende Errungenschaften:

1. Es existiert eine florierende Wirtschaft und relative Vollbeschäftigung.
2. Gerechtigkeit wird großgeschrieben, Gesetz und Ordnung existieren.
3. Frieden, im weitesten Sinne, ist das Staatsziel.

All diese Faktoren haben Auswirkungen auf unsere unmittelbare Gesundheit. Wenn wir Regierungen und Parteien wählen, die sich diese drei Ziele auf die Fahnen geschrieben haben und definitiv Resultate vorweisen können, so wählen wir, so verrückt es klingt, Gesundheit und Langlebigkeit!

Aber der interessanten Daten noch nicht genug! Wir wissen von den Herren Statistikern weiter mit unumstößlicher Gewissheit, dass verhei-

ratete Menschen länger leben (das heißt Menschen in einer funktionierenden Zweierbeziehung) als Unverheiratete. Zeitgenossen dagegen, die der Promiskuität zuneigen, sprich ständig wechselnde Geschlechtspartner haben, verkürzen aktiv ihr Leben. Es handelt sich hierbei um keine weltfremde Moralpredigt, sondern um Fakten.
Weiter verlängert sich nachweislich die Lebensspanne, wenn man ein edles, gutes Ziel verfolgt und *anderen* hilft, in welcher Beziehung auch immer. Wir alle wollen „wertvoll" sein, wir alle brauchen einen Lebenssinn. Das weist erneut in Richtung Stiftung oder zumindest in die Richtung „Gutes tun", wie auch immer es subjektiv definiert werden mag.
Trotzdem wir also etwas unternehmen können, um unser Leben zu verlängern, ist es sinnvoll und klug, für den Fall der Fälle vorzusorgen.

NOCH EINMAL: DIE VORSORGEVOLLMACHT

Wenn eine Person plötzlich keine Entscheidungen mehr treffen kann, müssen diese Fragen beantwortet werden: Wer kümmert sich um die Bankgeschäfte, ja um die Geschäfte überhaupt? Wer um die Wohnung oder das Haus? Wer schließt den Vertrag mit einem Pflegeheim ab, der vielleicht notwendig ist? Niemand besitzt ohne spezielle Vollmacht das Recht, stellvertretend für Sie zu handeln und zu entscheiden. Fehlt eine solche Vollmacht, bestellt das Betreuungsgericht über unseren Kopf hinweg einfach einen gesetzlichen Betreuer. Mit einer Vorsorgevollmacht dagegen kann man eine Regelung treffen, die den eigenen Wünschen entspricht. Bedingung ist, dass sie frühzeitig aufgesetzt wird, wenn eine Person also noch im Vollbesitz ihrer körperlichen und geistigen Kräfte und geschäftsfähig ist.

Zwar tritt ab 1. Januar 2023 das sogenannte *Notvertretungsrecht* für Ehegatten in Kraft, sodass Ihnen nicht unmittelbar ein gesetzlicher Betreuer „vor die Nase" gesetzt wird. Aber das Recht zur Gesundheitsfürsorge ist auf einen Zeitraum von drei Monaten beschränkt. Entscheidungen hinsichtlich des Vermögens sind außerdem nur in begrenztem Umfang möglich. Nach diesen drei Monaten wird dennoch ein gerichtlich bestellter Betreuer eingesetzt. So oder so ist also eine Vorsorgevollmacht zu empfehlen.

Die Vollmacht kann verschiedene Rechte und Themenfelder einschließen. Sie kann finanzielle Entscheidungen und Verträge, die anstehen, ebenso umfassen wie die Gesundheitsvorsorge und die Aufenthaltsbestimmungen für eine Person im Falle von Krankheit. Sie kann sogar die Art der medizinischen Behandlung umschließen und den digitalen Nachlass. Es gibt für diese Vorsorgevollmacht vorgefertigte Formulare bei Beratungsstellen und Behörden, die man nur ausfüllen muss. Aber man findet sie auch bei einem guten Estate Planner oder im Internet: Man gebe zunächst das Stichwort *Bundesministerium für Justiz* ein und suche daraufhin nach dieser „Vorsorgevollmacht". Eine solche Vollmacht kann man, sobald sie ausgefüllt ist, von den städtischen Betreuungsbehörden oder von einem Notar beglaubigen lassen. Ein Notar ist immer vorzuziehen, denn dort wird die Echtheit der Unterschrift geprüft, es besteht Gewissheit, dass der Vollmachtgeber die Folgen seiner Erklärung überschauen kann und der Unterzeichnende geschäftsfähig ist. Man kann sogar Immobilien-Fragen und Grundstücksangelegenheiten in eine solche Vollmacht einbeziehen. Auf jeden Fall ist die Verlässlichkeit ungleich höher, wenn man eine Person seines Vertrauens, die zudem noch ein Fachmann in diesen Angelegenheiten ist, mit all diesen Aufgaben betraut.

Unserer Meinung nach gehören sowohl das Testament als auch eine Vorsorgevollmacht in die Hände eines erfahrenen Estate Planners, der mit allen Tücken und Unwägbarkeiten hinsichtlich der Themen Geld, Vermögen und Gesundheit vertraut ist. Ansonsten kann einfach zu viel aus dem Gleis laufen.

Zudem ist die beste Vorsorgevollmacht zu nichts nütze, wenn sie nicht aufgefunden wird. Die bevollmächtigte Person sollte also zumindest wissen, wo sich eine solche Vollmacht befindet. Im Falle eines Estate Planners existiert dieses Problem natürlich nicht.

Will man trotzdem einen anderen Weg beschreiten, so muss man wissen, dass man die bevollmächtigte Person auch registrieren lassen kann.

Es gibt ein *Zentrales Vorsorgeregister* bei der Bundesnotarkammer, die über einen entsprechenden Service verfügt. Dorthin wenden sich auch Gerichte, die in Erfahrung bringen wollen, ob eine Vorsorgevollmacht existiert oder nicht. Der Erblasser, der sich dieses Services bedient, erhält eine Karte in Scheckkartenformat, die auf die Registrierung hinweist.

Bei der Vorsorgevollmacht stehen wie gesagt alle möglichen Themen und Fragen im Fokus: Wer bezahlt die fälligen Rechnungen, wenn der Erblasser vorübergehend ausfällt? Ist der Todesfall eingetreten, muss geklärt werden: Wer organisiert die Beerdigung? Ist der Erblasser nur hinfällig, muss das Problem gelöst werden: In welcher Pflegeeinrichtung soll er unterkommen? Im Fall einer Betreuung kann man zusätzlich die sogenannte *Betreuungsvollmacht* ausstellen. Aber warten Sie, es gibt noch mehr.

DIE PATIENTENVERFÜGUNG

Während die Vorsorgevollmacht in erster Linie eine Person des Vertrauens benennt, legt die sogenannte *Patientenverfügen* fest, was Ärzten – im Falle eines Falles – erlaubt ist und was nicht. Im Mittelpunkt der Betrachtung stehen lebensverlängernde Maßnahmen. Jeder von uns hat zu diesem heiklen Thema seine eigene Meinung, und wir wollen an dieser Stelle gar nicht erst versuchen, die unterschiedlichen Ansichten gegeneinander auszuspielen.

Auf der anderen Seite bringen wir dafür Verständnis auf, wenn in Bezug Ärzte und Krankenhäuser eine gesunde Skepsis existiert. Ärzte sind gesetzlich gehalten, alles zu tun, um ein Leben zu verlängern, selbst wenn keinerlei Aussicht mehr darauf besteht, wieder in den Vollbesitz seiner Kräfte zu gelangen.

Nicht unüblich ist es mittlerweile, im Falle einer schwerwiegenden Erkrankung sogar Behandlungsmethoden vorzugeben oder umgekehrt bestimmte Therapien auszuschließen. Meist geht es jedoch darum, ob es den Ärzten gestattet sein soll, lebenserhaltende schulmedizinische Maßnahmen anzuwenden oder eben nicht.

Wenn keinerlei Aussicht auf ein würdiges Leben mehr besteht, ist es dem Patienten erlaubt, diesen lebenserhaltenden Maßnahmen eine Absage zu erteilen. In diesem Fall gibt es bestimmte Formvorschriften, die eingehalten werden müssen. Erneut kann die Vertrauensperson eine wichtige Rolle spielen. Sie kann durchsetzen, ob bestimmte Maßnahmen unterbleiben, selbst wenn Ärzte für einen anderen Weg plädieren. Grundsätzlich ist es hilfreich, ärztliche Maßnahmen oder Nichtmaßnahmen festzulegen. Was man beachten muss? Manchmal ist hierfür eine ärztliche Beratung notwendig, um rechtssicher die richtigen Statements abzugeben. Man kann die Sache auch einfach halten, indem man einem Estate Planner das Problem übergibt.
Gönnen wir uns zu guter Letzt noch einige Anmerkungen zu Fragen, mit denen wir immer wieder konfrontiert werden.

DIE SORGERECHTS-VERFÜGUNG

Wenn minderjährige Kinder existieren, kann man eine sogenannte „Sorgerechtsverfügung" verfassen oder verfassen lassen – für den Fall, dass beide Elternteile nicht mehr leben. Man kann einen Vormund einsetzen und für verschiedene Bestimmungen sorgen. Taufpaten oder nahe Angehörige treten nicht automatisch an die Stelle der Eltern, selbst wenn alles mündlich abgesprochen und scheinbar in trockenen Tüchern ist. Besteht eine schriftliche Anweisung, werden etwaige Probleme zu vollumfänglich vermieden.

DAS GESETZLICHE ERBE FÜR DEN EHEGATTEN

Noch einmal sollten wir darauf verweisen, dass ein Ehegatte nicht „verwandt" mit einem Erblasser ist – das moderne deutsche Recht ist eindeutig –, im Gegensatz etwa zum alten Ägypten, wo der Bruder oft die Schwester heiratete. Das Vermögen und die Thronfolge sollten damit gesichert werden, „Macht" musste in der eigenen Dynastie verbleiben. Aber heute weiß man mit unumstößlicher Gewissheit, dass die Verwandtenehen früher oder später Degenerationserscheinungen zeitigen. Zunehmend nimmt man also Abstand davon, selbst wenn es in einigen

Zirkeln der Hochfinanz und Hocharistokratie in Europa eine geraume Zeit lang ebenfalls an der Tagesordnung war, „untereinander“ zu heiraten.

Aber normalerweise ist der Ehegatte eben nicht leiblich verwandt mit dem Erblasser. Bei der gesetzlichen Erbfolge erbt der Ehepartner neben den Kindern ein Viertel, neben den Eltern die Hälfte. Haben die Ehegatten jedoch im Güterstand der Zugewinngemeinschaft gelebt, erhält der Ehepartner ein weiteres Viertel. Das Erbe beläuft sich dann auf die Hälfte, die anderen Hälfte erben die Kinder. Sind nur Schwiegereltern vorhanden, beläuft sich das Erbe auf drei Viertel. Wenn man diese gesetzliche Erbfolge ändern will, empfiehlt es sich, in einem Testament die entsprechenden Verfügungen zu treffen. Immer wieder gelangt man zu dem gleichen Schluss: **Verfassen Sie ein Testament.**

Grundsätzlich kann man über sein Erbe frei verfügen, mit einer einzigen Ausnahme.

DER PFLICHTTEIL

Das Pflichtteil-Recht kann man nicht in Frage stellen, selbst wenn manchmal das Gegenteil behauptet wird. Enge Familienbande werden in Deutschland und in den meisten anderen Ländern so hoch eingeschätzt, dass man dieses Recht selten oder nie *vollständig* beiseiteschieben kann. Pflichtteilberechtige Personen sind von der Erbschaft nicht mit ein paar Verfügungen auszuschließen. Pflichtteilberechtigt sind die Kinder und Eltern des Verstorbenen sowie der Ehegatte. Sind Kinder des Verstorbenen vorhanden, schließt dies das Erbrecht der Eltern vollständig aus.

Die Höhe des Pflichtteils bemisst sich wie folgt: Die *Hälfte* des gesetzlichen Erbteils muss man zugestehen. Wenn also beispielsweise der Erblasser seine Geliebte als Alleinerbin einsetzt, aber noch drei Kinder und eine Ehefrau existieren, greift diese Regelung: Die Ehefrau hat im Falle einer Zugewinngemeinschaft normalerweise ein Recht auf die Hälfte des hinzugewonnenen Vermögens. Selbst wenn sie offiziell von dem Erbe ausgeschlossen wurde, besitzt sie immer noch das Recht auf ein

Viertel. Die drei Kinder, die enterbt wurden, hätten gemäß der gesetzlichen Erbfolge Anspruch auf ein Sechstel, werden aber immerhin noch mit einem Zwölftel bedacht, das Pflichtteil-Recht verlangt es. Manchmal müssen sie klagen und vor Gericht ziehen, um ihren Pflichtanteil einzufordern. Es gibt keine „geschickte" Gestaltung, womit man das Pflichtteil-Recht vollständig umgehen kann. Will man es wirksam beschränken, so ist dies allenfalls durch Schenkungen zu Lebzeiten möglich. Nach gewissen Zeitspannen unterliegen diese Schenkungen nicht mehr oder nur noch zum Teil den Pflichtteil-Beschränkungen.

DIE ERBENGEMENSCHAFT

Wie der Teufel das Weihwasser sollte man es vermeiden, dass sich eine Erbengemeinschaft um das hinterlassene Vermögen streitet.
Existiert nur ein einziger Erbe, ist die Sachlage klar. Existieren jedoch mehrere Personen, müssen alle Entscheidungen der Erben auf einen gemeinsamen Nenner gebracht werden. Langwierig und teuer wird es, wenn sich die Erben nicht einigen. Deshalb lautet unser Rat, den Fall der Erbengemeinschaft unbedingt zu vermeiden. Man kann stattdessen zum Beispiel einen einzigen Erben einsetzen, der dafür verantwortlich ist, dass bestimmte „Vermächtnisse" an andere, einzelne Personen übergeben werden. Vermächtnisse können Geld, Kapitalanlagen, Gegenstände und Immobilien zum Beispiel sein.

DER TESTAMENTSVOLLSTRECKER

Die letzte Hürde, die es zu nehmen gilt, ist die Exekution des Testamentes. Wenn man Streit oder Probleme vermeiden will, setzt man einfach einen *Testamentsvollstrecker* ein. Wenn ein Erbe minderjährig ist oder der Nachlass recht umfangreich oder kompliziert ist, ist ein Testamentsvollstrecker das Gebot der Stunde.
Der *Real Estate Planner* kann auch in dieser Beziehung behilflich sein und selbst diese Funktion ausüben. Der bestellte Testamentsvollstrecker/der Estate Planner kann in der Folge Schulden begleichen, Vermächtnisse übergeben, die Intentionen des Verstorbenen durchsetzen,

die Erbschaftssteuer bezahlen und einiges mehr. Er besitzt weitreichende Befugnisse. Immer handelt er ausschließlich im Sinne des Verstorbenen. Vorschläge der Erben kann er ignorieren oder annehmen.

DIE KORREKTUR UND DIE ÜBERPRÜFUNG

Wie bereits angedeutet kann ein Erblasser sich manchmal aus persönlichen Gründen bemüßigt sehen, ein Testament zu ändern. Oder aber die Gesetzeslage nimmt eine andere Richtung und neue Verfügungen sind notwendig. Eine Unbekannte in der Gleichung ist immer der Staat, der das Erbschaftssteuergesetz nahezu willkürlich abändern kann. Fehlen wieder einmal Mittel im Staatshaushalt, sieht er sich gern nach neuen Einnahmequellen um, die möglichst hoch aufsprudeln sollen. Die „reichen" Erben geraten dabei immer wieder in das Blickfeld der Herren Politiker.

Aber es kann sich auch eine vollständig neue Konstellation ergeben, so, wenn ein Erblasser plötzlich eine neue Lebenspartnerin hat oder wenn aus heiterem Himmel ein weiteres Kind erwartet wird. Die letzte Verfügung sollte man also regelmäßig überprüfen. Gedanken, Meinungen, Einschätzungen und Konstellationen können sich verändern. Auch in dieser Beziehung ist der Estate Planner gefragt, denn er kann schnell und unkompliziert entsprechende Änderungen in die Wege leiten. Er sorgt auch für die notarielle Beglaubigung.

Soweit, so gut, halten wir einen Moment lang an dieser Stelle ein!

Zunächst müssen wir Ihnen ein Kompliment aussprechen. Sie haben sich tapfer durch das Gestrüpp der Verordnungen geschlagen. Mit den vorangegangenen Seiten haben Sie außerdem die wichtigsten Hürden genommen. Genauer gesagt wurden Mittel und Wege aufgezeigt, wie man die Hürden am leichtesten überspringen kann.

Bleibt uns nur übrig, eine kurze Zusammenfassung hinzuzufügen, die auch die gegenwärtige Politik ins Visier nimmt und damit die sich verändernden Zeitläufte, denen wir im Moment entgegensehen. Das letzte Kapitel wartet auf Sie, mit dem vielleicht wichtigsten Ratschlag.

11. DIE WICHTIGSTE INFORMATION

Damit schließt sich der Kreis, wie es poetisch so schön heißt – der Kreis über das Thema Erben und Vererben, über das *Estate Planning*.
Es handelt sich um die hohe Schule, wenn man wirklich alle Faktoren berücksichtigt und das optimale Resultat im Auge behält. Verschiedene Fachgebiete spielen in das Estate Planning hinein, wie wir jetzt definitiv wissen, und es wäre ein Fehler, nur einen einzigen Gesichtspunkt und nur eine einzige Zugangsstraße zu diesem Thema zuzulassen.
Viele Menschen in Deutschland heute äußern im Übrigen auch ihre Sorgen, was die momentane wirtschaftliche und politische Entwicklung angeht. Verzichten wir also nicht darauf, auch in dieser Beziehung einige Informationen nachzutragen.

DIE POLITISCHE UND WIRTSCHAFTLICHE ENTWICKLUNG IN DEUTSCHLAND

Einst galt unser schönes Deutschland als das prosperierende Land Europas, auf das die Nachbarn voller Neid und Bewunderung blickten, je nach Gemütslage.
Und tatsächlich nahm Deutschland nach 1945 einen sagenhaften Aufschwung. Aus dem Nichts, aus den Trümmern, die der Zweite Weltkrieg hinterlassen hatte, stieg Deutschland wie der Phönix aus der Asche wieder auf, es überflügelte mit seiner Wirtschaftskraft bald sogar schon Frankreich und Großbritannien, die den Krieg doch „gewonnen“ hatten. Die Erfolgsgeschichte Deutschlands nach 1945 war kurz gesagt sensationell.

DAS WIRTSCHAFTSWUNDER

Wir haben bereits am Anfang des Buches darüber berichtet: Unternehmer, Ingenieure und Wissenschaftler legten sich nach 1945 ins Zeug, dass es nur so rauchte. Aber auch die buchstäblichen „Trümmerfrauen“ trugen dazu bei, dass Deutschland schnell wieder auf die Beine kam, und mit ihnen die Heimkehrer.

Der Export begann zu boomen. Die Statistiken schrieben eine fast ungebrochene Erfolgsgeschichte. Wiederholen wir getrost noch einmal: „Schon zwischen 1948 und 1952 stieg die deutsche Industrieproduktion um 110 % und das reale Bruttoinlandsprodukt um 67 %.“[1]
Die Zuwachsraten waren traumhaft, dies auf allen möglichen Gebieten. Im Jahre 1960 betrug das verfügbare Pro-Kopf-Einkommen in der BRD 1.186 Dollar – in den Vereinigten Staaten zu diesem Zeitpunkt 2.491 Dollar. 1970 sah es bereits wie folgt aus: In der Bundesrepublik Deutschland verdiente man im Durchschnitt 10.837 Dollar, in US-Amerika aber nur 9.595 Dollar.[2] Die Westdeutschen überflügelten also selbst die „erfolgreichste Nation der Welt“, sprich die Vereinigten Staaten von Amerika. Nach kürzester Zeit nahm die BRD in wirtschaftlicher Hinsicht erneut eine der führenden Positionen auf dem Globus ein.

PROBLEME, PROBLEME

Spätestens 1990, als „zusammenwuchs, was zusammengehört“, als die Wiedervereinigung mit der DDR auf dem Programm stand, zogen die ersten Wolken am Himmel auf. Die Steuern wuchsen noch schneller in den Himmel. Die Tugend der Sparsamkeit geriet ins Vergessen. Die Idee „Europa“ wurde vorangepeitscht, und eine neue Währung erblickte das Licht der Welt, der Euro, der angeblich stabil sein würde.
2020 bis 2022 erwachten die Menschen endgültig wie aus einem Traum. Die fragwürdigen Covid-19-Massnahmen und der Überfall Putins auf die Ukraine führten zu einer massiven Inflation.
Das politische Spektrum geriet in Unordnung, die Mehrheit der Bevölkerung, die konservative Mitte, fühlte sich nicht mehr repräsentiert. Der „starke Staat“, der angeblich alles richten sollte, trat an gegen den liberalen, freiheitlichen Staat, in dem das Unternehmertum den Ton angab. Leistung wurde weniger und weniger anerkannt, ja, Leistung wurde durch noch höhere Steuern sogar aktiv behindert und ins Abseits gerückt. Die beiden Nachkriegsgenerationen befanden sich auf einmal vielfach in Konflikt mit den „Millennials“ und den noch jüngeren Bürgern. Das staatliche Pensionssystem begann zu wanken, und die künf-

tigen Renten waren unsicherer denn je, trotz aller früheren, vollmundigen Versprechungen.
Die „Lösung“ für einige Zeitgenossen? Sie wanderten aus. Man kann sich an fünf Fingern abzählen, dass künftig noch mehr gut ausgebildete Menschen (und Leistungsträger) Deutschland verlassen werden. Viele Menschen, welche überdurchschnittlich viele Steuern bezahlen, werden von der Bildfläche verschwinden. Dazu gehört ein großer Teil der „Intelligenzia“. Zukunftsforscher rechnen mit einem *Brain-Drain*.
Die Verunsicherung war und ist jedenfalls bedeutend, denn viele Bürger „erkannten auf einmal ihr Heimatland nicht wieder“, wie das vielerorts ausgedrückt wurde. Längst gibt es in Deutschland, aber auch in anderen Ländern, wie in Spanien, Bestrebungen, die Steuerschraube noch stärker anzuziehen. Damit soll angeblich die Inflation bekämpft werden. In Wahrheit wird es noch mehr negative Folgen nach sich ziehen, wie wir bereits aus unserem Kapitel über Steuern wissen. Mit einer solchen Politik gießt man nur Öl ins Feuer.
Nie war es so leicht möglich, als Unternehmer oder auch als gutverdienende Führungskraft in Schwierigkeiten zu geraten. Steigende Preise, Energieknappheit, Lieferkettenproblematiken und Fachkräftemangel waren und sind nur Stichworte, die das Szenario beschreiben. Der Bäcker war und ist ebenso betroffen wie der Vertreter der Großindustrie.
Der Staat führte mit seinen willkürlichen Lockdowns ganze Wirtschaftsbereiche an den Rand des Kollapses, wie die Gastronomie, die Hotellerie und den Veranstaltungsbereich unter anderem. Die staatlichen Zuschüsse erreichten viele Betroffene nicht oder besaßen einen so geringen Umfang, dass sie nur der sprichwörtliche Tropfen auf den heißen Stein waren.
Gerade im Kleinbetrieb und im inhabergeführten Mittelstand war der Fortbestand des Unternehmens vielfach nur möglich, weil die Firmeninhaber Privatvermögen einschossen, das sie über Jahre hinweg angespart hatten. Die Planbarkeit und Rechtssicherheit gerieten teilweise ins Wanken. Das Vertrauen in den „Staat“ nahm ab, um es reichlich zurückhaltend zu formulieren. Politiker, die wissentlich falsche Entschei-

dungen getroffen hatten, verloren noch mehr an Reputation, und die Medien büßten an Glaubwürdigkeit ein. Fast alle Medien kolportierten Fake News. Gute Autoren kritisierten und demaskierten diese *Fake News* am laufenden Band.[3] Wie müssten die Lösungen aussehen?

PRIVATE UND POLITISCHE LÖSUNGEN

Wir können im Rahmen dieses Buches nicht das gesamte Feld bestellen. Zunächst muss man unterscheiden zwischen Lösungen im privaten Bereich und politisch/gesamtgesellschaftlichen Lösungen.
Für den Unternehmer und „Best Ager“ empfiehlt es sich, zunächst die private Seite in Augenschein zu nehmen. Sprich, er muss seinen eigenen Verantwortungsbereich definieren, ordnen und absichern.
Genau dafür gibt es Lösungsansätze, die wir vorgestellt haben. Um optimale Lösungen zu finden, müssen gegebenenfalls alle Ecken, Winkel und Möglichkeiten ausgeleuchtet werden.
Grundsätzlich gilt: Es gibt für alles eine Lösung.

Wir konnten auf den vorangegangenen Seiten auf einige ungewöhnliche Lösungsansätze aufmerksam machen, aber beileibe nicht auf alle. Konkrete Probleme sind in der Regel weitaus komplexer als eine einzige simple „Erfolgsregel“. Nur im persönlichen Gespräch kann man alle Tiefen und Untiefen, alle Chancen und alle Möglichkeiten wirklich ausloten.
Sobald die persönlichen Probleme vom Tisch sind, das heißt, sobald alles weitgehend geregelt ist, im privaten und unternehmerischen Bereich, kann man aufatmen und den Blick auf die Lösung der Probleme im politischen Bereich richten.
Längst gibt es Bestrebungen, eine bessere „Politphilosophie“ aus der Taufe zu heben. Viele Philosophen, Denker und Rebellen des Geistes deuten auf die Schweiz, auf Liechtenstein oder informieren sogar über Singapur, wo politische Probleme mit sehr viel mehr Intelligenz gelöst werden als bei uns.[4]

Es ist nicht nur nicht verboten, sondern im Gegenteil sogar das Gebot der Stunde, darüber nachzudenken, in welche Richtung sich die „Demokratie" weiter- und höherentwickeln sollte. Längst gibt es ausgezeichnete Lösungsansätze, die in die richtige Richtung weisen. Von einigen Politologen und Denkern wird eine neue, bessere Form der Demokratie bereits visioniert und eingefordert.[5]

Das Anliegen des vorliegenden Buches bestand jedoch nur darin, *Ihre* persönlichen Verhältnisse zu ordnen und Lösungen aufzuzeigen, die normalerweise außerhalb des Gesichtsfeldes liegen.

Die wichtigste Botschaft dieses Buches lautet deshalb:

Ordnen Sie zunächst Ihre privaten, unternehmerischen und finanziellen Angelegenheiten, aber lassen Sie dabei nie die Steuern und das Thema Stiftungen außer Acht, sowie die freundlichere, konstruktivere Gesetzgebung in anderen Ländern.

Schauen Sie über den Tellerrand!

Deutschland ist nicht der Nabel der Welt, auch wenn es uns immer wieder suggeriert wird, und selbst wenn wir unser Land abgöttisch lieben.

Bleiben Sie außerdem ein Optimist.

Lassen Sie sich nicht anstecken von dem allgemeinen Pessimismus. Obwohl das Thema der Vermögensübergabe auf den ersten Blick nicht zum Optimismus einlädt, kann man auf den zweiten Blick dem Pessimismus ein Schnippchen schlagen, indem man über den Tag hinaus denkt. Eigentlich ist es eine erhebende Perspektive, wenn man sich vorstellt, dass man die Zukunft weit über ein einziges Leben hinaus in positiver Weise mitgestalten kann. Nur diesem Ausblick und dem Optimismus sollten wir es erlauben, unsere Gedanken zu beherrschen.

ENDE

Literaturverzeichnis

1 https://www.tagesspiegel.de/wirtschaft/die-generation-der-erben-goldene-jahre/20023754.html. Berechnungen nach dem DIW.

2 Zitiert nach Frank Fabian, *Die geheim gehaltene Geschichte Deutschlands*, München, 202210, S. 384ff

3 Siehe Paul Kennedy, *Aufstieg und Fall der großen Mächte*, Frankfurt, 2000, S. 631

4 Vgl. Frank Fabian, *Geheime Verschlusssache*, München 2022, S. 17ff

5 Siehe Frank Fabian, *Die geheim gehaltene Geschichte Deutschlands*, a. a. O.

6 Vgl. die Allensbach-Studie vom 3. 9. 2015, sowie *Die Illusion der Erben-Generation*: https://www.abendblatt.de/politik/article205630823/Die-Illusionen-der-Erben-Generation.html

7 Siehe Statistisches Bundesamt, *Volkswirtschaftliche Gesamtrechnungen*, Fachserie 18 Reihe, vom 1. 4 2021.

Das erste Gespräch

1 Vgl. Frank Fabian, *Geheimnisvolles Mittelalter*, München 2023

Bestandsaufnahme

1 Vgl. Die ausgezeichnete Biografie von Amos Elon, *Der Erste Rothschild*, Reinbek bei Hamburg, 1998

2 Will und Ariel Durant, *The Age of Napoleon*, New York, 1975, S. 603

3 Vgl. Josef Sauer, *Finanzgeschäfte der Landgrafen von Hessen-Kassel*, Fulda 1930

4 Zitiert nach: Frank Fabian, *Geheimschriften*, München 2023

5 Zitiert nach verschiedenen Wikipedia-Einträgen zur Familie Rothschild

6 Vgl. Frank Fabian, *Geheime Verschlusssache*, München, 2022

Versicherungen/ Vermögensschutz

1 Vgl. Alexandre Olivier Exquemelin, *De Americaensche Zee-Rovers*, Amsterdam, 1678

2 Frank Fabian, *Die geheim gehaltene Geschichte Deutschlands*, München, 20226, S. 315ff

3 Siehe (https://www.tagesspiegel.de/wirtschaft/schwarzer-oktober-2008-wir-sagen-den-sparerinnen-und-sparern-dass-ihre-einlagen-sicher-sind-/23130906.html.

4 Siehe https://www.oecd.org/ctp/crime/44751835.pdf

Steuern

1 Will Durant, *Der Aufstieg Roms und das Imperium*, München 1981, S. 295

2 Vgl. Christoph Columbus, *Das Bordbuch*, hgg. von Robert Grün, Lenningen, 1983

3 Ha. Mehler, *Spitzenleistungen der Regierungskunst*, Suhl 1985, S. 205ff

4 Vgl. Ha. A. Mehler, Spitzenleistungen der Regierungskunst, a. a. O.

5 Peter Moraw, *Der „gemeine Pfennig", Mit dem Zehnten fing es an*, Vgl. auch Günther Schmölders, *Kuriosa der Steuergeschichte*, S. 139, sowie https://www.bundesfinanzministerium.de/Content/DE/Standardartikel/Ministerium/Geschaeftsbereich/Bundesfinanzakademie/Steuermuseum/Museumsfuehrer/07-mit-dem-zehnten-fing-es-an.html

6 Peter Moraw, a. a. O., S. 142

7 Vgl. Ralph Brügelmann u. a., *Die Steuerbelastung der Unternehmen in Deutschland*, Frankfurt, 2008

8 Siehe einige Einträge bei Wikipedia, Stichwort Steuer, geordnet nach Ländern. Siehe auch Wikipedia, Stichwort „Irland" und „Lufthansa", sowie
http://www.australien-tipps.de/australien-wirschaft.html und
Siehe http://www.australien-panorma.de/fakten/auswirtschaft.html

9 Zitiert nach Frank Fabian, *Geheime Verschlusssache*, München, 2022, mit Erlaubnis des Verlages und des Autors

10 Siehe Frank Fabian, *Was wir aus 10 000 Jahren Geschichte lernen können*, Suhl 2016, hiernach wurde zitiert

11 Eine umfassende Geschichte über das Thema Steuern findet der Leser hier: Frank Fabian, *Die Steuer-Tyrannei*, Suhl 2013
12 Siehe www.vermoegenszentrum.de/ratgeber/fachartikel/die-hoehe-der-erbschaftssteuer
13 Karl-Heinz Belser, *Erben und Vererben*, Weinheim, 2018, S. 312ff

Immobilien

1 Vgl. Gerhard Lidl, *Mit Immobilien ein Vermögen aufbauen*, Norderstedt, 2021
2 Vgl. https://www.finanztip.de/lebensversicherung/kapitallebensversicherung/

Aktien

1 Vgl. Ha. A. Mehler, *Spitzenleistungen der Regierungskunst*, a. a. O.
2 Siehe Torben Käselow, *Einfach machen*, Frankfurt, 2024

Vertrauensperson

1 Vgl. Torsten Forberger, *Die Anti-Aging-Revolution*, 2006, Güllesheim, 2006, S. 23

Die wichtigste Botschaft

1 Paul Kennedy, *Aufstieg und Fall der großen Mächte*, Frankfurt 1987, S. 631
2 Die Auswertung des Aufstiegs Deutschlands wurde zitiert nach: Frank Fabian, *Die geheim gehaltene Geschichte Deutschlands*, München, 2022, S. 386ff
3 Frank Fabian, *Fake News*, München 2021
4 Vgl. Bernhard Seitz, *Die Erfolgsgeheimnisse Singapurs*, Suhl, 2021
5 Siehe Frank Fabian, *Die Meritokratie*, Suhl 2021

ZUM AUTOR

Dr. Alexander Milicevic, Jahrgang 1972, ist ein renommierter Experte im Bereich Betriebswirtschaft, Volkswirtschaft und Finanzen. Er absolvierte sein Studium als Diplom-Betriebswirt (FH) an der Hochschule Pforzheim und setzte seine akademische Laufbahn an der Universität Mannheim fort. Besonderes Augenmerk legte er jedoch auf sein Masterstudium an der Albert-Ludwigs-Universität in Freiburg, welches er mit Prädikatsexamen abschloss. Dort entwickelte er sich zum absoluten Spezialisten im *Estate Planning* bzw. Generationenmanagement.
Herr Dr. Alexander Milicevic promovierte zu dem Thema: „Internationales Stiftungsrecht unter der Berücksichtigung von supranationalen Rechtsformen und einem Rechtsvergleich von Stiftungen in verschiedenen Ländern". Er gründete im Jahr 1995 die *famfinanz* und ist ein erfolgreicher Unternehmer und Gründer mehrerer Stiftungen. Zudem bekleidet er Vorstandspositionen in verschiedenen Organisationen und ist Inhaber, Mitinhaber oder geschäftsführender Gesellschafter mehrerer Unternehmen, darunter die *Estate Planning GmbH* und die Verbundmarke *Signature Wealth*. Zusätzlich ist Dr. Milicevic Ideengeber und Vorstandsmitglied der *well:fair foundation*, die von Neven Subotic gegründet wurde.

Dr. Milicevic hat sich besonders auf die Beratung der Baby Boomer Generation bzw. der Best Ager spezialisiert. Aus vielen tausenden von Gesprächen kennt er deren Motive, Erwartungshaltungen und Bedürfnisse genau und bietet maßgeschneiderte Lösungen für diese Zielgruppe. Seine Expertise und die seines Teams liegen in der ganzheitlichen Beratung, die alle gesetzlichen, rechtlichen, finanziellen und persönlichen Fachgebiete umfasst. Dabei greift er auf ein umfangreiches Netzwerk von Rechtsanwälten und Steuerberatern zurück. Besonders in den Bereichen Vermögensübertragung, Vermögenssicherung sowie Erben und Vererben bietet er umfassende Lösungen an. Mit diesem Ansatz unterstützt Dr. Milicevic seine Klienten bei der Sicherung und Weitergabe ihres Vermögens auf höchstem Niveau.